俄罗斯宪法

КОНСТИТУЦИОННОЕ
ПРАВО
РОССИИ

第 3 卷

［俄］С.А.阿瓦基扬（С.А.Авакьян）／著

哈书菊／译

上海社会科学院出版社
SHANGHAI ACADEMY OF SOCIAL SCIENCES PRESS

本书由中国—上海合作组织国际司法交流合作
培训基地资助出版

中文版序言

尊敬的读者,呈现在您面前的是一部规模宏大的科学教程的中文译本,它就是《俄罗斯宪法》教程。本教程于2005年在俄罗斯首次出版,此后,经过了多次再版。本次翻译的是2010年版本。当然了,在过去的时日里,俄罗斯宪法也经过了修改。这些修改并没有在本教材的大纲和内容上反映出来。我希望,在下次出版时,过去几年里俄罗斯联邦宪法那些重要的修改变化能够得以呈现。

但是,本教程的内容已经足够详细地展现了俄罗斯当代规范性法律基础和立宪主义的状况。1993年俄罗斯联邦宪法是本教程的依据。宪法规范在最近的立法中得以发展。总体而言,俄罗斯已经形成了宪法制度、市民社会、公民的权利与自由,以及由国家权力机关、地方自治机关、选举法和定期举行的选举、宪法监督和司法机关代表的公权力组织等组成的足够稳定的结构。

俄罗斯出版了为数众多的宪法方面的教科书和教学参考书,其中的大多数都具有较强的实用性,对研究立法和顺利通过大学及其他教育机构的考试都有所帮助。

本教程的特点在于,这是一部学术性的教科书。在很大程度上,本教程不仅希望帮助读者,首先是大学生,掌握规定了俄罗斯宪法制度、公民的权利与自由、权力机关体系等那些规范性法律文件的内容。这当然非常重要。但更为重要的是,帮助读者理解包括俄罗斯国家和社会当代民主体制、权力的本质、个人地位、财产和经济关系、国家的联邦结构、联邦主体和中央相互关系的原则、直接民主制度（包括公开性、公开讨论法律草案、观点多元等）的基本思想。

正是由于这一特点，本教程成了著名的学术著作。尽管规模宏大，但却引起了广大读者的兴趣。而且，特别令人高兴的是，本教程在学生中，尤其是在那些勤于思考、善于分析并探寻俄罗斯立宪主义完善路径的学生中，获得了良好的口碑。

我希望，本书也能在那些对国家和社会发展的良好民主路径感兴趣的中国读者那里产生共鸣，因为邻居的经验也是知识的来源之一。

C.A.阿瓦基扬

莫斯科国立罗曼诺索夫大学法律系宪法与行政法教研室主任

法学博士、俄罗斯联邦功勋科学活动家

俄罗斯联邦功勋法律人

（龙长海译

内蒙古大学法学院教授

法学博士、法学博士后）

序 一

（一）

自从事宪法学教学与研究以来，应学生和部分作者之邀，我写了不少序。因为写序对我来说也是一种获取新知识的过程。要写序，首先需要认真阅读书稿，把握作者的学术脉络，对书中的核心观点进行客观评价，感受作者的学术情怀。可以说，写序是与作者的学术对话，也是进行学术批评与交流的重要形式。在知识的海洋里，无论写得再好的书，在有限的主观认知与无限的知识世界里，总会存在着某种局限性，或者留下需要商榷的观点。这种意义上，写序对我来说并不是一件轻松的事情。

去年12月，我接到《俄罗斯宪法》译者之一的王雅琴教授和哈书菊教授的电话和短信，请我为之写序时，心情是复杂的。我觉得这不是一般的写序。因为最初提议翻译《俄罗斯宪法》的学者是已故的刘春萍教授。她是我的学界同事，也是我最欣赏的学生，一位充满学术理想、追求学术真理、具有跨文化学术视野的优秀学者。她于2002年入学，在繁忙的教学、科研之余，完成博士学位论文，于2005年5月顺利通过答辩，获得博士学位。我还记着，通过答辩后我们聚在一起，庆贺她通过博士论文。当时她讲了自己未来的学术规划，包括对俄罗斯宪法著作的系统研究与翻译。获得博士学位是一个人学术成长的新起点，作为导师，我对她的学术是充满期待的，也开始在学术领域的合作。她组建了俄罗斯法律问题研究所，系统地开展俄罗斯法律，特别是公法制度的研究，推出了系列研究成果。2014年9月，当她追寻自己的学术理想，实现自己的学术规划时，无情的病魔夺走了她的学术梦想，英年早逝，让导师和学界朋友们感到惋惜。她离开我们快10年了，但她留下了宝贵的学术作品，让我们在学术研究中时常感受到她的学术生命仍在延续，特别是在俄罗斯公法领域的学术成果迄今也是我们必读的作品。

（二）

春萍是一位宪法学教授，在研究俄罗斯宪法时，她注重历史主义的路径，把苏联宪法学对中国宪法学的影响作为分析中国宪法学历史逻辑的重要元素。她写了多篇有关苏联宪法学与新中国宪法学历史关联性的论文，提出完整的分析框架与方法论。当学界出现否定"苏联法学"移植的历史时，她以历史事实、实证资料与严密的逻辑强调宪法学历史的客观性，呼吁学界客观地认识20世纪50年代新中国宪法学与苏联宪法学的历史渊源。

宪法与行政法具有共同的学术使命与范畴，都属于公法领域。但如何把宪法与行政法理念加以融贯起来，形成逻辑的自洽性？当时学界仍存在着价值与事实分离的倾向，宪法与行政法要么"分家"，要么"融合"，两种倾向都不利于维护宪法行政法知识体系的自主性。她注意到这种研究范式存在的问题，在研究宪法学时，将行政法纳入宪法学体系，寻求宪法行政法的价值与规范基础，以宪法视角研究俄罗斯行政法基础理论。她发表的《俄罗斯行政法理论基础转换的政治动因》《俄罗斯行政法理论基础转型的经济动因》《"控权—平衡"俄罗斯联邦行政法的理论基础》等论文展现了她综合的公法观，虽以俄罗斯为例，但对我们思考宪法行政法关系提供了有益的学术思路。另外，她在研究宪法行政法问题时，也善于把公法的学术命题提升为法治国家、法治原则的高度，探寻宪法的哲学价值。她发表的《论宪法职能与实现法治国家》《法治原则在中国宪法文本中的嬗变》等系列论文体现了她宪法哲学的思考，力求将公法原则上升为法治国家原则,以提炼其价值命题。

春萍善于把阶段性研究与体系化思考结合起来,以低调内敛的学术风格把相对熟悉的命题加以体系化,希望较完整地展现自己的学术思考,其代表性著作是以其博士论文为基础出版的《俄罗斯联邦行政法理论基础的变迁》。这本书系统地考察了从苏联到当代俄罗斯行政法理论基础的变迁过程,提出了当代俄罗斯行政法理论基础的要素与逻辑结构,论证了影响当代俄罗斯行政法理论基础转换多样化的社会背景与原因。在论证俄罗斯行政法理论基础的变迁过程中,作者注重从行政法与社会变迁的相互关系中分析行政法功能的发展,突出了行政法的社会功能。苏联解体后,俄罗斯的政治制度、经济制度均发生了巨大变革,法律体系也与此相应进行了革新与重构。俄罗斯行政法从结构体系到具体内容与苏联时期相比出现了新特点。通过行政法发展过程的实证分析,作者提出了值得学术界认真思考的重要学术命题,即当代俄罗斯行政法是继续保持其"管理法"的模式不变,还是转向英美的"控权法"模式,或者创立出新的模式?作者的基本结论是:当代俄罗斯行政法既没有简单沿袭苏联的"管理法"模式,也没有效仿英美的"控权法"模式,而是选择了既保留"国家管理"理论中的合理部分,又借鉴"控权"理论中有益因素的"控权—平衡"模式作为行政法的理论基础。俄罗斯行政法理论基础"控权—平衡"模式的形成是处于转型期的俄罗斯宪制、经济、政治、思想等多种因素影响的结果,有其存在的必然性和必要性。同时,对俄罗斯行政法理论基础的研究,对反思中国行政法的理论基础并分析行政法治发展的规律,具有极其重要的启示意义。特别是,本书体现了作者一贯主张的宪法与行政法融贯的思考与方法论。

春萍从宪法与行政法关系的角度,比较系统地分析了俄联邦行政法理论基础变迁的宪制因素。近代意义的行政法从其产生时起,就具有规范和控制行政权的功能。可以说,没有对行政权的监督与制约,就不存在实质意义的行政法;行政法的产生又是以出现法治和宪法理论作为前提的。法治与宪法既有联系又有区别，法治是宪制的核心和基础，宪制以宪法的有效实施作为其外在表现。法治的基本精神在于限制权力，宪制的最高追求在于保障人权，二者在内涵上既有重合又各有侧重。将俄罗斯行政法理论基础的变迁置于宪制背景下，正是基于宪制与法治的包容关系。这样，宪制理论和法治理论所体现的控制权力与保障权利的观念，直接影响了俄罗斯行政法理论基础"控权—平衡"模式的形成。强调宪制价值对行政法发展的指导功能，主张两者功能上的互动是本书的一个重要特色。作者认为，当代俄罗斯行政法理论基础是在宪制理论的指导下形成的，具体表现为：法治国家原则是俄罗斯行政法理论基础形成的基本前提；人权保障原则是俄罗斯行政法理论基础追求的终极目的；分权原则是俄罗斯行政法理论基础转换的制度基础。

中国与俄罗斯行政法在历史上具有一定的渊源关系，当代俄罗斯行政法理论基础所发生的变迁对中国行政法理论基础的发展和定位具有一定的启示意义。春萍提出的学术观点，迄今对于反思中国行政法发展的历史，科学地预测未来的发展趋势具有一定的参考价值。

早在2009年，春萍教授就以敏锐的学术眼光提出翻译阿瓦基扬教授的著作《俄罗斯宪法》的建议。当时中国法学界，包括宪法学界，还是普遍偏重西方国家法制的经验与知识来源，对俄罗斯公法的研究缺乏关注，特别是与中国宪法学发展具有历史渊源的俄罗斯宪法的观察是不够的。作为长期研究俄罗斯公法的学者，刘春萍教授以学者的使命感提出拓展中国比较宪法领域的想法，并组织本领域的专家王雅琴、哈书菊、龙长海、周珩等国内从事俄罗斯法研究的学者，共同把宏大的《俄罗斯宪法》翻译成中文。当时翻译的书还不能算作学术成果，无论是评职称、评奖还是各类学术评价中，翻译作品的评价并不客观。但几位译者在春萍教授的协调下，本着学术责任与专业精神，开始翻译这部著作，持续十多年，付出了艰辛的努力。

据译者们介绍，这套书的翻译经历了艰辛的过程。2014年，春萍教授不幸因病去世,该书出版进程受阻,但春萍教授在临终前将该书的翻译出版事宜托付给了黑龙江大学的哈书菊教授。哈书菊教授接手后,联系几位译者再接再厉,终于完成全书的翻译工作。内蒙古大学的龙长海教授积极与俄方联系,办理了在国内翻译出版的版权手续。时任黑龙江大学法学院院长的胡东教授,也为该书的出版给予了大力支持。在胡东教授支持下,该书得到了2017年度"中国—上海合作组织国际司法交流合作培训基地专著出版资助项目"的资金支持。

虽然出版过程有周折,出版周期长,但译者们始终没有放弃,继续翻译工作,最终完成了翻译与出版。这是很不容易的事情,我真诚地向他们表示敬意。当然,这套书的翻译出版,完成了已故刘春萍教授未竟的学术事业,她的在天之灵也会感到欣慰的。这套书的出版是对春萍教授最好的纪念。

(三)

俄罗斯著名宪法学者、莫斯科国立罗曼诺索夫大学教授阿瓦基扬著的《俄罗斯宪法》是理解当代俄罗斯宪法的经典,体系庞大,内容丰富,方法多元,体现了作者对当代俄罗斯宪法学体系深邃的理论思考。

这本书初版于2005年,再版于2010年,本次翻译是以2010年版本为基础的。虽然本书是以教材体例撰写的,注重知识体系的完整性,但与一般的教材不同,在制度介绍与知识的梳理中穿插学理的分析与学界不同的观点,是一部学术专著性的教材,为学习、研究当代俄罗斯宪法体系及其运行提供了完整的框架与立宪主义原理。

本书作为当代俄罗斯宪法制度的著作,在知识框架上体现了其完整性。第1卷系统地诠释宪法学基础性理论,包括部门法与科学的宪法关系,探寻作为科学的宪法应具有的品质。特别是通过对宪法学说演变的系统梳理,给读者展示了宪法学说与思想的历史脉络,将宪法概念体系塑造为一种思想性的学说与学说史。在这一脉络下,作者详细介绍宪法、宪法渊源、宪法作用、宪法制定、宪法规范等基础性概念,并从人民性、现实性与稳定性等视角概括宪法的特征。第2卷系统地探讨宪法制度基础，从人民主权、民主制度、社会制度、民主原则、公民社会等原理出发，解读俄罗斯宪法蕴含的宪法制度内在机制。在解释国家、社会与个人关系时，作者以"人"的尊严与价值为最高哲学，对宪法文本上的人和公民宪法地位进行分析，区分了人、个人与公民的边界，其分析是非常细腻的。第3卷国家结构中，作者将选举制度作为国家机构成立的基础，从选举民主入手对主权与国家、总统制、议会制的相关原理与程序进行分析。在第4卷中，作者延续第3卷的分析框架，从原理出发系统地分析俄罗斯联邦执行权力活动与组织程序、司法权，以及对宪法法院体制展开理论论证，使读者能够在清晰的框架中了解俄罗斯富有特色的宪法体制。

作者始终以1993年俄罗斯联邦宪法文本为基础，在历史、文本与实践的三位一体中解读俄罗斯宪法图景。作者把复杂的宪法体制以"宪法基础"概念加以类型化，构建了基于文本的宪法教义学的框架。这也是俄罗斯宪法学的基本特色，强调文本在理论演变与现实运行中的作用，将多样化的政治、经济、社会与文化变迁纳入宪法文本中，以文本的解读回应现实对宪法治理的基本要求。

从宪法运行过程看，作者注重运行中的宪法，强调实践性对宪法学的意义。如第4卷宪法法院制度部分，作者以历史的视角梳理宪法监督制度演变的过程，客观地评价设立宪法法院前不同形式的宪法监督机制存在的问题，并从宪法与国家关系中论证宪法法院机制的正当性、权威性与有效性。在作者看来，宪法制度的设计与实践，必须关照其实效性，不能满足于体制本身的构建。基于这种思考，作者运用相关案例、立法以及政治文献，力求使宪法运行不脱离政治现实，包括国际政治对宪法发展的影响。

当然，一部宏大的宪法学教材无法囊括所有的宪法制度与实践活动，作者的学术风格与兴趣也会影响教材内容的取舍。另外，本书的翻译是以2010年版为基础的，有些领域未能充分反映近10年俄罗斯宪法的新变化。近10年国际政治秩序发生了深刻的变化,俄罗斯也处于国际秩序的演变之中,其宪法制度也面临新的挑战。

中俄两国山水相邻。无论是在历史上,还是在今天,对俄罗斯的法律制度,尤其是对宪法制度的系统了解,有助于我们正确认识中国宪法制度的历史方位与渊源,有助于以历史为观照,构建中国宪法学自主的知识体系。

韩大元
中国人民大学法学院教授、博士生导师
全国人大常委会香港基本法委员会委员
中国宪法学研究会名誉会长
全国港澳研究会副会长
中国法学会法学教育研究会常务副会长
2023年

序 二

莫斯科国立罗曼诺索夫大学法律系宪法与行政法教研室主任阿瓦基扬教授主编的《俄罗斯宪法》一书，已经由黑龙江大学法学院哈书菊教授、国家法官学院王雅琴教授、内蒙古大学法学院龙长海教授和周珩副教授译成中文。该书出版之际，四位译者托我作序，我欣然应允。

新中国的法制建设与苏联存在着密切联系。新中国成立伊始便借鉴了苏联法制建设的经验，聘请了苏联法学专家帮助新中国制定法律、传播社会主义法律理论。正是在苏联法学专家的帮助下，新中国培养出了第一批社会主义的新型法学人才。自此，新中国的法制建设和法学教育逐渐发展起来。但是，中苏关系恶化、法律虚无主义等一系列原因，刚刚起步的新中国法制建设，更多地关注了20世纪50年代前的苏联法制经验，而对50年代后期苏联成熟的立法和法学理论了解较少。20世纪80年代初，我国实行改革开放，法制建设与法学理论界开始关注英国、美国、德国、日本的法律理论。尽管中苏两国自20世纪80年代末期便恢复了外交关系，苏联解体后俄罗斯第一时间便与中国建立了正式外交关系，但法学界却已经极大降低了对俄罗斯法制建设的关注力度。不仅如此，法学界甚至一度掀起"去苏俄化"的浪潮，有学者不加区分地将苏俄和当今的俄罗斯混为一谈，还有许多学者戴着"有色眼镜"去评判苏俄和俄罗斯的法制实践与法学理论。在全面推进法治中国建设的进程中，我们需要秉持客观中立的立场去审视当今俄罗斯的法制与法学。

苏联解体后,俄罗斯走上了资本主义道路。俄罗斯的法制已经与苏联时期迥异。但是,无论法律制度如何变化,作为冷战时期世界一极的苏联,其法学理论和法制建设的经验,已经被当今的俄罗斯所继承、扬弃。尽管在苏联解体之初的一段时间内,俄罗斯法学界出现过"一边倒"的苏联法制否定论,今天俄罗斯法学界在评判苏联法律制度时,已经少了些许情绪,多了几分理性,能够客观地评价苏联法制建设和法学理论的成败得失。从这个意义上讲,当今俄罗斯学者对苏联法律制度的研究成果更值得我国学界所关注。

苏联时期共通过了四部宪法,分别是在1918年、1925年、1937年和1978年。这几部苏联时期的宪法是与当时特定的政治和社会背景相适应的。法律不能脱离社会生活而存在,任何一项法律制度的制定和实施都需要与特定的社会环境相适应,脱离了法律赖以存在的社会基础,我们将无法理解法律制度因何而立与缘何而变。经济基础与上层建筑的关系,在从昨日苏联到今日俄罗斯的社会转型过程中被展现得淋漓尽致。戈尔巴乔夫的激进改革,导致了苏联的解体。苏联解体引起了俄罗斯宪法制度的改革。苏联解体后的俄罗斯,宪法制定过程就是由一幕幕的政治斗争汇成的。不同思想、不同政党、不同社会力量和利益团体的相互角力,决定了俄罗斯宪法的走向。

俄罗斯现行宪法是由叶利钦主导制定的1993年俄罗斯联邦宪法。尽管当今俄罗斯的宪法法律制度是建立在西方"权力分立、权力制衡"理念之上的,但由于俄罗斯独特的历史文化传统,这种宪法构架在如今的俄罗斯有所调整,这一点从俄罗斯宪法对俄罗斯总统、政府和俄罗斯议会上下两院职权的规定上可以看得出来。从西方宪法理念在俄罗斯的实践看,尽管俄罗斯曾经试想照搬西方的宪法制度,但法律制度的制定和运行需要现实社会的基础,需要特定法律文化背景的支撑,离开了相应的法治土壤,法律制度在移植过程中,便可能会水土不服,正所谓"橘生淮南则为橘、生于淮北则为枳"。俄罗斯当今的宪法规范和实践,恰恰值得我国学者更多地予以关注，为我国的宪法实践提供经验和教训，毕竟中国和俄罗斯都曾经深受苏联法制建设的影响。在中国法治建设的过程中，我们既要借鉴国外的经验和做法，又要考虑到我们的特殊国情和独特的文化传统，应当在坚持走中国特色社会主义法治道路的前提下吸收借鉴外国的有益经验，做到以我为主，为我所用。

《俄罗斯宪法》一书的作者阿瓦基扬教授，是当今俄罗斯著名的宪法学者，而这本专著式教科书是俄罗斯宪法教科书中的精品，在俄罗斯多次再版，备受俄罗斯学界和实务界推崇。这部教科书在立足于现行俄罗斯宪法的同时，对宪法理论学说、俄罗斯宪法的历史沿革和当今俄罗斯宪法实践，进行了详细的阐释，可谓理论与实践兼备，是系统了解当今俄罗斯宪法的佳作。该书的作者在阐述当今俄罗斯宪法规范过程中，特别关注了苏联时期的宪法法律。这为我们了解当今俄罗斯宪法学者对苏联时期宪法规范的态度提供了便利条件，为我们认识苏联解体前后的俄罗斯宪法观念的变化打开了一扇窗户。

黑龙江大学法学院充分利用黑龙江大学的俄语优势，组织本院懂俄语的老师研究俄罗斯法律问题，并将俄罗斯法律研究作为学院的一个特色。1999年，黑龙江大学法学院便建立了俄罗斯法律研究项目组，并在该项目组的基础上，于2001年成立了黑龙江大学俄罗斯法律问题研究所，2014年更名为黑龙江大学俄罗斯法研究中心，至今已有20年的历史。经过多年的发展，黑龙江大学法学院在俄罗斯法律问题研究方面已经获得了8项国家级课题，出版了23部学术著作，发表了231篇学术论文，获得了20项省部级以上科研奖励，为社会提供了大量的涉及俄罗斯法律事务的咨询和建议，组织召开了七届"俄罗斯法制与法学"国际研讨会，在国内外产生了重要影响并赢得了普遍的赞誉。

在国家"一带一路"倡议下，在中国、蒙古、俄罗斯三国共建"中蒙俄经济走廊"的时代背景下，相信黑龙江大学法学院必将继续发挥俄罗斯法律研究方面的优势，充分利用其在俄罗斯法研究方面的雄厚师资力量,加强对俄罗斯法制与法学的研究,为国家向北开放战略、为发展中俄全面战略协作伙伴关系贡献新的力量。

《俄罗斯宪法》最早是由黑龙江大学俄罗斯法律研究所前任所长刘春萍教授领衔翻译。遗憾的是,在该书的翻译过程中刘春萍教授不幸因病去世。刘春萍老师的离去,是黑龙江大学法学院乃至中国的法学界的巨大损失。刘春萍教授去世后,在黑龙江大学法学院的大力支持下,由哈书菊教授继续组织翻译出版工作。经过四位译者的共同努力,终于完成了该书的翻译工作。该著作的翻译出版,既是对刘春萍教授的深切怀念,也是对她在天之灵的慰藉!参与该著作翻译工作的四位译者均是对俄罗斯法律制度有着深入研究的国内一线教学科研人员,都兼具深厚的法学功底和精湛的俄语修为,这也为本书的翻译质量提供了保障。

该书能够顺利出版,要特别感谢上海政法学院的大力支持。上海政法学院负责的"中国—上海合作组织国际司法交流合作培训基地专著出版资助项目"为本译著的出版提供了经费支持,黑龙江大学法学院也为本书的出版提供了部分经费支持。

作为一名从事宪法、行政法教学科研的法学工作者,为《俄罗斯宪法》在我国的顺利出版深感欣慰,相信该书能够为我国学者了解俄罗斯宪法制度提供帮助,为我国宪法学的教学科研工作助力,也必将为我国宪法法律的发展提供有益的借鉴。

是为序!

胡 东
黑龙江大学法学院教授

目　录

中文版序言 …………………………………… C.A.阿瓦基扬　1
序一 ……………………………………………………… 韩大元　3
序二 ……………………………………………………… 胡　东　10

第五编　俄罗斯联邦国家结构 …………………………………… 1

第十九章　国家结构的一般特征 ………………………………… 3
　　第一节　国家结构的概念 ……………………………………… 3
　　第二节　国家结构形式的特点 ………………………………… 5
　　第三节　同国家结构有关的中央集权和中央分权问题 …… 16
　　第四节　联盟 …………………………………………………… 19
　　第五节　国家主权问题 ………………………………………… 23

第二十章　俄罗斯国家结构简史 ……………………………… 28
　　第一节　革命前（俄罗斯帝国）……………………………… 28
　　第二节　对19—20世纪初俄罗斯国家结构形式的
　　　　　　一些看法 …………………………………………… 30
　　第三节　俄罗斯苏维埃联邦社会主义共和国的建立 ……… 35
　　第四节　苏联的创建和发展及苏俄在苏联中的地位 ……… 44
　　第五节　1989—1993年的改革 ……………………………… 49

第二十一章　现代条件下俄罗斯联邦的宪法地位·················58
第一节　概述·················58
第二节　联邦结构的原则·················71
第三节　作为联邦制国家的俄罗斯联邦的主要特征·················86
第四节　俄罗斯联邦各主体的地位·················90
第五节　俄罗斯联邦的自治问题·················97
第六节　俄罗斯联邦和联邦各主体的管辖范围·················102
第七节　俄罗斯联邦和其各主体相互作用的形式·················110
第八节　俄罗斯联邦各主体的地方行政结构·················120
第九节　俄罗斯联邦民族和区域政策的宪法法律基础·················127

第六编　俄罗斯联邦选举制度·················141
第二十二章　俄罗斯联邦选举制度的概念、规范性法律基础和原则·················143
第一节　基本概念和规范性法律基础·················143
第二节　选举制度的原则·················149
第二十三章　选举的举行·················179
第一节　选举的确定·················179
第二节　选区·················182
第三节　投票点·················184
第四节　选民名单·················185
第五节　选举委员会·················187
第六节　候选人及候选人名单的提出·················204
第七节　候选人及候选人名单的登记·················220
第八节　候选人的保障及限制·················223

第九节　选举资讯和竞选宣传……………………………………226

　　第十节　投票………………………………………………………233

　　第十一节　计票、确定投票结果和选举结果……………………242

　　第十二节　第二轮投票、重新选举、补选………………………253

　　第十三节　保障合法选举…………………………………………255

第七编　俄罗斯联邦总统………………………………………………261

　第二十四章　俄罗斯联邦总统职位的确立………………………263

　　第一节　总统职位确立的原因……………………………………263

　　第二节　总统职位确立后俄罗斯苏维埃联邦社会主义

　　　　　　共和国总统的地位………………………………………269

　　第三节　1991—1993年的俄罗斯联邦总统………………………274

　　第四节　俄罗斯联邦副总统………………………………………278

　第二十五章　1993年宪法规定的俄罗斯联邦总统…………………283

　　第一节　地位基础…………………………………………………283

　　第二节　俄罗斯联邦总统的职权…………………………………286

　　第三节　俄罗斯联邦总统文件……………………………………310

　　第四节　俄罗斯联邦总统职权的不可侵犯性及其终止…………314

　　第五节　俄罗斯联邦总统下设机关和俄罗斯联邦总统

　　　　　　办公厅………………………………………………………324

第五编

俄罗斯联邦国家结构

第十九章
国家结构的一般特征

第一节 国家结构的概念

国家制度是指国家的内部结构,国家在整体上的地位,国家一些组成部分的地位,以及它们之间的相互关系。国家制度可以在静态上(即在宪法规定的范围内),也可以在动态上(作为国家建设的实践)进行研究。

在阐述国家的内部结构时,"国家结构"这一概念是最为历史悠久且最为传统的一个术语。与该概念同时使用的还有其他概念,而且很多学者为这些概念的优劣进行着不断的论争,如果想更深一步地了解,请读者参看我们列出的参考文献。整体而言可以注意这样几个方面。

因这里谈到的是国家的内部结构,一些学者建议使用"国家的地方组织";还有这样的建议:既然在解决地域划分问题时不得不考虑所有的政治因素,而创建的地方组织必然是宪法主体,也就是说是政治关系的主体,那么,最好是使用"国家政治—区域组织"这一概念,或者相反使用"国家区域—政治组织"这一概念。

有两种基本的国家结构形式——单一制国家和联邦制国家。单一制国家,是一种简单的国家结构形式,它由行政区域单位组成(州、省等);联邦制国家是一种复杂的国家结构形式,它由加入该联邦国家的国家,或者国家、民族地方(自治地方)机构和地方(地方国家)机构组成。

如果是联邦制国家,那么它的内部(国家)结构的概念往往与联邦因素相关。最为典型的例子就是俄罗斯。在1993年宪法第3章中被称为"联邦结构"。国家的结构形式可以在名称上有所体现,如俄罗斯联邦、德意志联邦共和国等。

在宪法(国家法)科学上,经常将作为国家结构形式的联邦同民族因素——居民的多民族结构相联系。的确,国家可以是不同民族联盟的化身,而这一民族联盟恰恰表现为国家结构的联邦形式。因此,可以发现解决民族问题的联邦和国家法律形式之间的联系。此时,在多民族的国家中,可以使用"民族国家结构"这一概念来代替"国家结构"这一概念(例如,1977年苏联宪法第3编的名称为《苏联民族国家结构》)。

但是,国家结构的联邦形式不是必须与多民族的居民构成相联系的。在众多的联邦中,民族因素并不存在,而国家的联邦组织仅仅是表明联邦主体独立和自治的方式。

单一制国家的内部结构,它的划分,可以由"行政地方结构"(或者行政地域划分)这一范畴来体现。为了在宪法中体现单一制国家自身的作用,进而体现它的国内政策,还使用"国家(民族国家)结构"这一概念。如此一来,这两个概念在国家宪法的相应部分中被结合使用。苏联的加盟共和国正是按照这一思路组织起来的,这些加盟共和国本身是单一制国家,例如,1978年乌克兰苏维埃社会主义共和国宪法的第3编叫作《乌克兰苏维埃社会主义共和国民族国家和行政地方结构》。

但是,如果国家是联邦制形式,为了在整体上表明国家的性质和国家的结构形式,就不能使用"行政地方结构"这一概念。原因是,此时它的主体应该被解释为行政地方单位,而这与主体在联邦关系中的地位和状况不符。因此,对俄罗斯联邦而言,应该说是它的"国家(联邦——在此种情况下这是不同的含义)机构",而"行政地方结构"则是相对于俄罗斯联邦主体来使用的。

国家民族政策和国家区域政策的宪法基础可能是"国家结构"这一概念的组成要素。

综上所述，我们不认为俄罗斯联邦宪法教科书的本编的名称是一个关键性的问题。同时，联邦，就如同单一制形式一样，其产生的同时也会消亡；而国家，如果它能够继续存在的话，就会有自己的（国家的）结构。主要的问题在于，"俄罗斯联邦国家结构"这一概念包括什么。国家结构应该包括如下一些问题：

（1）作为俄罗斯国家结构形式的联邦的作用；
（2）俄罗斯联邦结构的原则；
（3）作为联邦国家的俄罗斯联邦的特点；
（4）俄罗斯联邦主体的种类和地位；
（5）使用作为国家结构形式的自治权问题；
（6）俄罗斯联邦和联邦主体的管辖（权限）问题；
（7）俄罗斯联邦和联邦主体的相互关系和相互影响的形式；
（8）俄罗斯联邦主体的行政地方结构；
（9）俄罗斯联邦国家政策和区域政策的宪法基础。

第二节　国家结构形式的特点

单一制和联邦制是国家结构的形式。

一、单一制国家

我们已经指出，由行政地方单位（州、省等）组成的国家是单一制（简单）国家。这些地方单位不具有国家或者国家结构的特征，虽然它们在解决涉及相应地方的关系的生活问题时也具有一定的独立性。在行政地方单位的名称中,常常体现出地方因素,相应地方主要城市的名称。

如果在单一制国家中居住着密集的、不属于代表性民族(也就是以该民族的名称为国家命名的主要民族)的居民团体,则他们可以创建自己的民族自治地方——民族地方单位(也就是说,这是一个地方单位,并在它的名称中反映这一地方民族团体的名称)。

因此,单一制国家可能仅仅由行政地方单位组成,或者同时由民族地方(自治)机构(可能,自治机构不是直接成为单一制国家的组成单位,而是行政地方单位的组成部分)组成。

在单一制国家中,通常,中央集权管理程度和社会关系的规范性法律调整程度很高(详细内容请参见后面部分)。

二、联邦制国家

正如已经指出的那样,联邦制国家是一种复杂的国家结构形式,它由加入该联邦国家的国家,或者国家、民族地方(自治地方)机构和地方(地方国家)机构组成。联邦不是独立单位的杂乱混合体,而是在中央和地方主体之间有着更为复杂形式的独立的和统一的国家。国家的复杂结构经常体现在它的名称中。例如,德意志联邦共和国、美利坚合众国都是联邦制国家。说说俄罗斯,因为它的正式名称是"俄罗斯联邦"。在联邦制国家国家结构这一概念中既包括整体上的联邦地位,也包括联邦主体的地位,以及联邦和联邦主体的权限(管辖)问题和相互关系问题。

如果谈到创建联邦联合的目的,可能存在几个——而且我们既会单独地研究它们,也会与其他内容相结合进行研究。

第一,组成联邦可能是由组建最好的相应地方管理形式的期望所决定的,尤其是在加入联邦的主体,原则上自己的经济、社会和政治方面都相同,并且已经相互依存了很多年的情况下。同时,还可以认为,在赋予联邦一系列的相应功能的情况下，在其他方面主体还能保持自己的独立性。

第二，当这种联合感觉到自己在国际舞台上信心十足时，创建联邦还可能是由对外政策因素所决定的。

第三，联邦可能是一种综合的形式，通过这一形式在该联合体中保留住了独立倾向，但同意它所提出的（或者被迫接受的）中央和地方功能的划分方法的要求。

需要再一次强调，联邦是带有由此得出的所有结论的新的国家。有时，可以使用补充性这一概念来表征联邦。相对于联邦而言，补充性可以解释为联邦主体能够自己组织自己的社会生活和决定相应的事物，而创建联邦仅仅是补充的一种工具。为了主体的利益，联邦自己承担一定的公共事务，在另一些事务上为主体提供帮助。近年来，补充性原则经常被解释为为联邦减轻负担和中央分权功能，将部分功能赋予联邦主体，而此时联邦的作用只是在于对主体提供协助和履行一些主要的任务。其实，还有一种对补充性原则恰恰相反的理解，当把联邦看作是在新形式中的所有生活的主要组织者，此时，对联邦起到补充作用的，也就是说在辅助功能上，恰恰是联邦的主体。

笔者认为，实际上，联邦国家的创建很少能改变一般的状况。联邦国家不可避免地会产生新的"个性"，自己的"形象"。它不仅仅是众多的政治和社会经济关系的参加者，而且还是协调一致和引导的中心，进而制定了共同的国内政策。联邦国家确定了对外政策的主要方向，国际社会上的其他国家现在将会同联邦进行外交，而在同联邦主体开展外交时，也要考虑到联邦的存在。而补充性应该被解释为，联邦随时准备着帮助自己的主体，联邦在众多方面被认为是对自己主体的生活提供保障。同时，补充性对主体而言，应该同样表明它们准备帮助联邦，在自己的能力范围内，帮助联邦实现联邦的功能（例如：巩固国防、在自己的领土内对军队提供帮助、组织征兵入伍等），以及帮助联邦分担些不是特别重要的部分事务。

将某一国家认定为联邦国家的主要标准有：

（1）在正式形式上，国家被称作是联邦；

（2）在地位上，联邦国家的组成部分，与单一制国家的组成部分相比，获得的是联邦主体或者更高程度独立性的地位。

同时，与独立国家相比，联邦主体的地位更低。这表现在如下几点：

一是加入联邦的独立国家，在国际舞台上拒绝了在加入联邦之前所拥有的独立地位。它可能完全不再具有国际社会的主体资格，将这一功能让渡给联邦，或者在有限的程度上，在联邦中央的协调下，参加对外政治和对外经济关系；

二是联邦负有立法的关键任务，在联邦的协调下，主体在不完全的程度上保留立法权；

三是加入联邦后，成为主体的国家，将以前只有其掌管的很多客体的所有权让渡给了联邦，或者同联邦一起行使所有权，或者客体被分成若干部分，而这些部分的所有人或者是联邦或者是联邦主体；

四是成为联邦主体后，国家将自己的军队权、武装力量管理权让渡给联邦。

形象地说，如何恢复到原初状态问题是一个复杂的问题。通常，加入联邦后，该地域被永久地剥夺了独立性，任何独立的权利都不再享有。但是，在一些联邦还是规定了从联邦中分离出去的权利，当然，这仅仅是一种共同的可能性，因为实现这一权利的现实途径并没有被规定。如果主体（在缺乏分离出去的权利时或者不能宣告时，当然，这并不重要）决定从联邦中分离出去，这将导致复杂的而且是毫无结果的谈判；不应排除以武装起义的方式恢复国家的独立。

就联邦而言，根据不同的特征有着不同的划分方法。

其一，根据主体的种类，联邦可能是：

一是它的所有主体在形式上都是国家；

二是有着复杂的主体成分——国家(共和国)、民族国家(自治)机构、地方国家(地方)机构。

其二,根据组成的方式可以分为:

一是以前正式独立的国家合并为一个新的联邦国家。1922年苏联的组建是一个典型的例子。当时,加入新联盟的都是一些独立的国家——俄罗斯苏维埃联邦社会主义共和国、外高加索社会主义联邦苏维埃共和国(该共和国包括阿塞拜疆苏维埃社会主义共和国、亚美尼亚苏维埃社会主义共和国、格鲁吉亚苏维埃社会主义共和国)、乌克兰苏维埃社会主义共和国和白俄罗斯苏维埃社会主义共和国。这一方式在著作中被称作是联邦"自下而上"的组建;

二是以前的单一制国家重组为联邦国家。例如,比利时,以及到1918年1月前的俄罗斯,是一个正式的单一制国家,后来被改组为联邦制国家。在著作中这一方式被叫作联邦"自上而下"的组建;

其三,根据法律依据,联邦可以:

一是条约制,其依据是成立或者联合的条约;

二是宪法制,联邦国家的宪法是其依据。

通常这两种方式可以同时使用,自此可能是条约—宪法制,或者宪法—条约制联邦。在这里,语序可能具有重要的意义,也就是说,在条约—宪法制联邦中,条约具有更高的意义,在宪法—条约制联邦中,以前所签订的联邦结合的条约,随着宪法的通过被包括到宪法之中,或者在基本法中规定条约的次要意义。

其四,根据主体的地位,联邦可以分为:

一是对称式的——在该联邦中,主体具有平等的法律地位;

二是非对称的——主体地位基本相似,但是还是有区别,首先它们在权利范围上或多或少有着不同,并且在同联邦中央的关系上也有所不同。

其五,在划分联邦和联邦主体的管理对象和权限上,使用下列一些模式：

一是在法律上规定中央的管理对象的范围（足够大）和权限，其他的都属于主体。

二是恰恰相反，也就是说，全面列举主体的管理对象和权限，其他的归属于联邦管理。其实，这通常是关键性的管理对象和权限。

在上述两个模式中，应用了所谓的"剩余原则"："我几乎拥有一切，而你只能拥有剩下的。"不应认为，好像是一方分给另一方——其实对联邦或者主体最为重要的管理对象和权限都会在此列出。

三是在法律上明确地规定双方任何一方的管理对象和权限。

四是有些管理对象只属于联邦，在该范围内的权限只属于联邦；有共同的管理对象，在其内部这些权限有的归联邦所有，有的归联邦的主体所有；在上述两类之外的一切，都属于联邦主体的管理对象和权限。俄罗斯联邦采用的是第四种模式。

三、单一制和联邦制国家地位的比较分析

单一制国家被分成若干地方行政单位，根据国家权力集中原则和创建垂直管理机构原则组织国家的管理。当然，这只是一个最为普遍的看法。众多单一制国家的实践表明，在中央国家权力机关国家权力的集中化程度不同，还表明部分权力被让渡给在高级的地方行政单位中创建的国家权力机关，以及被让渡给低级的地方自治机关（一方面这些机关履行的是自上而下的国家职权，另一方面自己的职权又具有非国家性）。

联邦——这永远表明的是主体的独立性。但是，这不能说明什么，因为可能会有很多关于主体独立性的词汇，但是在现实中独立性的表现却是非常有限；或者说，与联邦国家和它的主体相互关系的宪法因素相并列，这还是一个政策问题。

当然，这些问题还可以在宪法规定中得到体现。最终，在单一制国

家中可以出现一些提高地方行政机构独立性的改革，并且使这些地方机关与中央的关系变成更类似于与联邦的关系。今天，在世界上完全可以观察到这种现象：职权实质性地去中央集权化，将部分职能从中央划给国家的组成部分；将单一制国家改为联邦制；联邦制国家解体，在其原来的领域上经常成立一个或者几个单一制国家，尽管有时在原单一制国家的领域上也会成立联邦制国家。

整体上，可以归纳出下列的单一制国家与联邦国家的区别与特点。

（1）单一制国家由那些不具有国家法律特征的组成部分构成。联邦则由联邦国家主体构成，其主体也可能是国家，例如美国、印度、巴西、墨西哥的州，联邦德国的一些地方，作为俄罗斯联邦组成部分的共和国（根据俄罗斯联邦宪法，它们属于国家）。地方民族机构（如，俄罗斯联邦的自治州、自治区）也可能是联邦主体。最后，如俄罗斯联邦的边疆区、州、联邦直辖市等地方单位也可以是联邦主体。但是，当这些民族地方（自治）单位和地方单位变成联邦主体时，其地位会被提高。它们会获得相应的民族国家或者地方国家机构的特征。有时在一些著作中也把它们称作是类国家机构。这就决定了在联邦国家内部关系上的很多特征，关于这一点我们会在下文谈到。

（2）在单一制国家中，地方行政单位的地位由中央权力部门的文件规定。在联邦制国家，联邦主体地位的一般原则要在联邦宪法中进行规定。但是，与此相并列（当然，是以联邦基本规定为根据，并进一步地对这些文件进行了补充），联邦主体有权拥有自己的、更为详细地确定自己的地位、内部组织和权限的宪法、规章或者其他文件。

（3）在单一制国家，不仅国家权力组织由中央文件预先确定，而且可以说是各个层级的管理都被规定在了统一的国家行政管理中。此时，已经被确定的不仅仅是整个体系，而且还包括每个政权等级的职权。当然，功能和职权的中央集权和中央分权程度可能不同。不应该将单一制国家同集权制国家相联系，这种集权制国家把一切都集中到中央机关手中,或者主要集中到行政机关手中。

在联邦制国家中,中央可以确定联邦主体中国家权力机关的一般的组织原则;但是,细节内容由每个主体自己确定。联邦国家主体机关虽然也执行国家权力,并且也应该保障自己的利益和联邦的利益相一致,但是,联邦主体权力机关不是国家行政机关的组成部分,它们同中央之间不存在行政隶属关系。这里,等级隶属关系是在其他的基础上构建的。例如,根据俄罗斯联邦宪法第77条第2款的规定,在俄罗斯联邦管辖和俄罗斯联邦权限范围内,根据俄罗斯联邦和俄罗斯联邦各主体共同管辖的对象,联邦执行权力机关和俄罗斯联邦各主体执行权力机关在俄罗斯联邦组建统一的执行权力体系。但是,这并不是说,主体机关是联邦机关的下属部门,而是说它们在解决一些共同的问题时,应该相互协作。

(4)在单一制国家中,地方行政单位要么由中央确定其具体的职权,它们不能超出这些职权范围之外,要么完全就没有诸如地方行政单位职权的这种概念,这些职权被委让给了其相应的机关。

在联邦制国家,联邦和联邦主体间的权限划分有着不同的方案,但是,在任何一种方案中,联邦主体的权限都是作为一个宪法范畴而存在的。如果某一职权特别重要,那么,联邦可以预先规定联邦主体的哪个机关来履行这一职权。但是,联邦常常会令联邦主体自己来斟酌确定自己的某个机关,并授权该机关来实现该项职权。

(5)在单一制国家,税收和财政问题要进行更为严格的中央集权。地方行政单位极其严重地依附于中央,中央非常详细地规定了税收体制问题,很少将什么留给地方行政机关。中央还规定了高级别的地方行政单位的财政规模以及众多的具体问题。

在联邦制国家,中央也会在税收和财政问题上确定主要的立场。与此同时,联邦主体在确定自己的税收方面,有着更大的权利。至于财政,中央会规定总的立场和从中央财政下拨给部分主体的支出份额。在确定自己的支出问题上，联邦主体更加独立，在使用其自己的收入问题上，也更加独立。

（6）在单一制国家，地方行政单位同民选机关（代议机关、执行机关首脑——可能是民选，也可能是由代议机关选举产生的）相并列，还有国家（总统、政府及内务部门）任命的代表（政府委员、长官等），这些人负有检查监督、协调统一的任务。这些公职人员就正要通过的和已经通过的有关地方发展的最为重要的原则性问题，以及就重要的财政预算方案等负责汇报。

在很多联邦制国家，在主体中并没有联邦行政机关的类似专门代表。就通过或者正要通过的决议，主体可以向联邦中央汇报，尤其是当主体的创举需要联邦的支持时，但是这种义务却并没有被规定。

在联邦制国家，尤其是那些联邦中央权力增强时，可以有不同的方式对主体的事务施加影响。例如，在印度，中央任命各州的行政长官，这些行政长官成为联邦和各州之间联系的纽带。在俄罗斯联邦，最初实行了在各行政主体设立俄罗斯联邦总统全权代表这一制度。在将国家划分为7个联邦区域后（2000年），在每个联邦区域任命一个总统全权代表，而在每个主体设立联邦督察员（主要联邦督察员），这些督察员隶属于总统全权代表。他们没有权力对主体代表机关和执行机关的活动进行直接监督；但是，他们有权搜集有关主体内部事务状况的信息，并向总统和政府汇报。俄罗斯执行机关垂直体系的增强是在2004年出现的，是把由民选俄罗斯联邦主体最高权力机关首脑改为由立法机关以决议的形式，从俄罗斯联邦总统提名的候选人中赋予该人相应的职权。

除此之外，在众多联邦国家，在一些联邦主体或者联邦区域上还建立了联邦执行权力机关的分支部门。例如，在俄罗斯联邦相应的分支部门独立地履行自己的职能，但是应该和俄罗斯联邦主体执行机关相联系。俄罗斯联邦总统全权代表在联邦区的范围内协调这些分支部门的活动，但是无权干涉相应机关的业务职能。

(7)在单一制国家,没有地方行政主体的分支立法(只是这里说的不是那些与联邦制国家相类似的,最大限度的中央分权化的国家)。高级地方行政单位的代议机关和执行机关可以在中央确定的范围内从事立法活动。

联邦国家主体不仅仅有权拥有自己的宪法(规章),而且拥有立法权,也就是说,有权通过不仅仅是规范性决定,而且还包括法律、立法(代议)机关决议、总统令和行政长官令。

(8)在单一制国家,地方行政单位的居民,在他们所在的地域上建立的选举区内,选举国家议会代表。在很多单一制国家,并没有由地方行政机关在议会中设立的专门代表机关。议会是一院制机关。

在联邦制国家,议会由两院组成。一院是由在联邦主体区域上选出的人员组成的(例如,美国的上议院由每个州选派两名议员)。除了选举外,在联邦层级上主体的代表机关还可以其他的方式来组建。例如,在联邦德国,上议院——联邦参议院的成员由地方政府任命。俄罗斯联邦,1993年时,联邦会议的联邦委员会由每个联邦主体选举两名代表参加;1995年时,联邦委员会的成员的职务是联邦主体立法会议的主席和地方行政首脑;从2000年开始,一名代表由立法机关选举,另一名代表则由主体行政首脑任命。

其实,在很多单一制国家,也同样设立上议院作为地方(区域)代表机关。

在联邦制国家,也有其他的一些对联邦事务和联邦主体的事务产生影响的方式:以行政主体的名义向包括议会在内的联邦机关提出立法建议,向国家首脑提出某些问题,向宪法法院进行咨询等;创建由主体相应部门领导的联邦会议(大会)。在一系列的联邦国家(俄罗斯联邦、联邦德国等)还有些联邦级别的主体代表机关。

(9)在单一制国家,地方行政单位的边界由中央确定和变更,此时可以考虑居民和相应地方机关的意见。

在联邦制国家,通常,主体对自己的区域享有统治权,也就是说,在没有主体同意或者参与的情况下,不允许变更领土。

(10)在单一制国家,通常,中央有暂时中止地方行政单位代表机关或者执行机关文件效力的权力,如果这些文件是不恰当的,中央还有撤销这些机关制定的非法文件的权力(如果这些机关自己不撤销这些文件)。

在联邦制国家,中央也有审查主体通过的文件是否适当和合法问题的权力。在这种情况下,主体应该怎么做,那是主体自己的事。关于主体文件合宪性和合法性问题的争论,交由宪法法院或者联邦普通高级法院审理。但是,主体有权在联邦法院就联邦机关文件的合法性和合宪性问题进行争辩。

(11)在单一制国家,如果上述措施还是不够的话,中央机关可以中止地方行政机关的活动,甚至解散地方行政机关,将权力执行机关的首脑解职。在必要时,可以在地方行政单位的领域上实行紧急状态,创建临时政府。

在多数联邦国家,中央权力机关不能中止主体立法(代议)机关的活动,也不能解散这些机关,不能将民选的行政首脑解职(如果他是被联邦中央任命的话,当然可以被解职)。

联邦制国家也可以采取一定的措施对主体权力机关施加影响。例如,到2004年之前,俄罗斯联邦总统都有权通过解散立法机关的联邦法律的决定,如果相应的法院确定这一机关的文件同联邦法律相抵触或者侵害公民权利,而这一机关自己不采取措施撤销或者修改该文件的话。现在,总统自己可以通过解散立法机关的决议。如果在俄罗斯联邦行政首脑的文件中,发现了相类似的违法的话,在俄罗斯联邦总统提出建议,该行政首脑不采取必要的措施撤销或者修改该文件的情形下,总统有权撤销该人的职务。

通常,联邦制国家规定了这种被称作联邦干涉的方式——实行紧急状态；实行总统管理；在制止分裂联邦企图的情况下，可以使用包括武装力量在内的暴力恢复秩序。这些措施可以根据联邦主体的请求或者中央自己主动采取。如果主体权力机关自身是分裂主义的发动者、非法武装力量的组建者、暴动的发起者，以及采用暴力对多数人的生命造成威胁，则这些措施可能也针对主体权力机关。

第三节 同国家结构有关的中央集权和中央分权问题

在实践中，存在一些地方高度独立的单一制国家和一些倾向于中央集权的联邦制国家。

一些研究者使用了"中央分权化国家"这一概念。中央分权化国家是指在该国家中将中央的职权大量地划归国家的组成部分所有（中央分权）。中央分权化国家这一范畴是相对的，因为国家的创建，是永远要划分出某些事务归中央管理，也就是领导的中央集权。或者说，中央集权是国家的同义语，是国家不可分割的属性。

将管理集中到全国的水平上来的确是非常宽泛的，而国家的组成部分所保留的职能就不大了。这一点，可能单一制国家具有，同时联邦制国家也可能具有，并且是通过在宪法上规定某种可能的中央来实现的。但是，将领导权集中到中央，这不仅表现在法律上，而且还表现在政治制度上，表现在联邦国家的真正的领导机构上，等等。例如，在苏联时期，苏联中央根据宪法有着明确的职权，但是，事实上一切都被集中于中央的手中，甚至可以说是超中央集权制。在学术上也出现了"单一联邦制"的概念，该概念既针对苏联，也对一切其他联邦国家适用（如，德意志联邦、美利坚合众国）。

有时，似乎国家自己保有不大的职权范围，而其他的都划归自己的组成部分所有，而这些被保留下来的职权可能对管理国家而言是最为关键的。例如，在苏联时期，有全联盟部和联盟—共和国部。全联盟部领导的范围归苏联管辖，而联盟—共和国部则既归联盟管辖，也归加盟共和国管辖。但是，那时绝大多数的工业和其他企业，众所周知，是国家财产，处于苏联部委的管辖之下；或者，与苏联国家规划相并列，每个加盟共和国都有自己的国家规划。但是，经济发展的基本观念已经形成了，并且是在联邦层级上。

将很多事务从中央划分给地方，可能是因为在地方的压力下进行的，同时也考虑到地方的特点，并且是为了在国家相应的部分平息分离主义倾向。在这种情况下，可能会出现国家中央法律上和事实上的弱化。有时，甚至会产生国家分离的危险。但是，由于国家实行保证全国利益和地方独立相协调的灵活机动的政策，经常国家会得以保留。这一切都可以在20世纪90年代俄罗斯联邦的实践中观察得到。

中央分权制国家这一范畴既可以用来表征单一制国家，也可以用来表征联邦制国家。

同时，单一制国家更适合于这一范畴，如果：(1)保证将众多职权分配给高级的地方行政单位；(2)或者分给具有自治地位的地方单位或者具有民族地方自治单位。

例如，意大利就属于第一类。意大利宪法在国家法律规定的基本原则范围内，在同国家利益和各州的利益不相抵触的条件下，授予各州在18个方面制定法律的权力，以及就其他宪法性法律规定的问题制定法律的权力，同时授予各州将全国性法律付诸实施的权力，其中包括行政职能、地方警察、城市建设、农业和林业经济、内部组织等。但是，中央分权的领域不是专属于州的管辖范围，因此，主要的法律规范还是来源于国家。各州章程（规章）由中央议会的文件规定。

可以将部分单一制国家归入第二类，在这些单一制国家中的某些区域有着特殊的地位，或在政治或行政上拥有自治权。比如，北爱尔兰，苏格兰和英国的威尔士，法国的科西嘉，西班牙的4个民族州和13个历史州，意大利的西西里和4个州，中国的自治区、自治州和自治县等。其实，在相应的单位中权力是不同的。例如，在西班牙的一些民族州，在民法、行政和司法程序上有着自己的特点，有着自己的警察局等。但是，西班牙自治群体的规章由国家议会的规范性文件确定。在北爱尔兰有着自己的法律，在苏格兰和威尔士则有着办理这些区域事务的地方部门，以及在不列颠的专门的部。通常，拥有自治权的主体的权力更大。在遵守全国利益的情况下，国家许可它们独立地管理自己的事务。

在联邦制国家，国家分权的程度与具体的国家和国家的条件有关。例如，就美国而言，可以说是立法和管理众多事务都是高度中央分权。但是，在整体上未必能说美国就是一个中央分权国家，在实践中以及在居民的意识中，美国更是一个统一的、高度中央集权的国家。诸如联邦德国、加拿大和巴西等国也属于这类国家之列。

经验表明，具有民族特征的这些联邦主体要求更高的中央分权程度。但是，此时还将会较复杂地看到那种从中央分权到国家分裂过渡的特征。最明显的例子就是苏联。在这里，在很大程度上联邦被保留恰恰是因为强力，甚至可以说是联盟中央的极权性（而且，这里绝对不是贬义上使用这个词）。当苏联的加盟共和国要求自己获得更多的事务时，这已经是联邦解体的开始。

在一些联邦制国家，中央分权被看作是联邦的不对称，也就是说部分联邦主体企图获得特殊的地位。而且，在一些国家（比如说印度的州），宪法规定的这种不确定性表现在部分联邦主体具有那些别的主体不具有的特殊权力。在其他的一些联邦，例如，在俄罗斯联邦，在宪法上规定联邦主体平等的情况下，在实践中，直到晚近，中央和部分联邦主体签订了条约，与其他联邦主体相比，这种条约拓宽了这些主体的权力。相应地，这导致了其他联邦主体也要求与中央签订这种条约。俄罗斯很多政治家和学者，预见到了联邦朝着这一方向发展可能导致的对统一的中央集权制国家的威胁。今天这一问题已经被解决，根据中央和地方签订的一致的协议，以前签订的那些条约被认为已经完成了历史使命，并且丧失了法律效力。

一系列的单一制和联邦制国家，都在使用众多的保护少数民族权利的措施，这些措施可以被看作是民族文化自治权，有时这些措施还具有政治性因素。例如，在芬兰有瑞典人民议会、萨阿米议会。俄罗斯联邦于1999年4月30日通过了《俄罗斯联邦少数原住民权利保障法》；还有1996年6月17日通过（经过了后来的修订）的《民族文化自治权法》，让那些相应民族的人，在生活在民族区域国家之外的情况下，或者完全没有民族国家的情况下，可以创建民族文化社团（协会）。当然，在这种情况下无须讨论国家的中央分权。

第四节 联　　盟

在宪法和国际法上都有"联盟"这一概念。几个国家联合成一个同盟，同时并不导致创建新的国家；这是一种国际法律联合。因此，"联盟国家"这一词组不具有法律意义。

当然，联盟也可能是迈向更为紧密的统一体的第一步，此时可能会代替联盟出现联邦国家（瑞士就是这样，以前最初仅仅是联盟，然后这种联盟又发展成联邦，但保留原来的名称"瑞士联盟"）。但是，也有这种例子，联盟存在的时间不长，并没有导致更为紧密的统一就解散了（例如，塞内加尔和冈比亚的联盟，只存在了7年，在1989年就被废除了）。

对俄罗斯的历史而言，就联盟问题在两个阶段值得关注：

首先，部分研究者认为，在原俄罗斯帝国的领域上形成了独立的共和国,在这些共和国中苏维埃政权取得了胜利,在1919—1922年苏维埃共和国之间的关系就是联盟,后来代替联盟出现了苏联。也就是说,这里可以认为是从联盟向联邦的过渡(接下来我们还会遇到这个问题)。

其次,戈尔巴乔夫及其追随者,在1990—1991年这一阶段试图保留苏联,并且为此制订了联盟条约,该条约是取代1922年应该保留并且巩固苏联的条约的,在这一文件的最后一些方案中,事实上将联盟国家变成了联盟——它仅仅是在形式上保留了统一的国家,但事实上已经变成了联盟国家的国际法律联合,甚至自己的名称——主权国家联盟也证明了这一点。在这一情况下,可以说是一个相反的过程——从联邦向联盟过渡。

那么,联盟和联邦的区别在哪里呢?

(1)国际法律文件是联盟的基础。联邦的基础,在第一阶段(在联邦创建阶段)上可以是具有国际法和国内法性质的条约(例如,1922年在苏联成立前的条约)。但是,后来该条约却把该地位让渡给了国家宪法(在一些情况下,该条约可能与宪法相结合,例如,1922年乌克兰宪法被实质性地包含于1924年苏联宪法之中)。

在单一制国家过渡到联邦制时,国家的宪法会有相应的体现,或者要通过专门的联邦(联邦结构)法予以确定。正如俄罗斯实践经验表明的那样,1992年在一系列联邦主体的坚持下,通过了中央与联邦主体关于国家权力机关间划分管理对象和职权的协议,这些协议在整体上被称作为联邦条约。这些联邦条约在当时被称作是俄罗斯联邦宪法不可分割的组成部分,并成为俄罗斯宪法的内容。但是,1993年俄罗斯联邦新的宪法不包括联邦条约的单独文本,而是规定了众多的条款和专门的一章有关俄罗斯联邦联邦结构的内容。

(2)联邦拥有联邦国家机关,国家元首,议会,政府,联邦部局和联邦法院。在联盟中可能会组建协调机关——联合委员会,该委员会是由成员国的执行机关的代表和(或者)代议机关的代表组成,还可能设立联盟议会,政府和法院等类型的机构。但是,这些机关没有制定命令性决议的权力,它们拥有的是调配统一和联合协调职能。

（3）联邦拥有立法权。而且,就联邦管理的问题,采取的是联邦立法高于联邦主体立法的原则。在联盟中没有统一的立法。如果创建联盟的协议中有所规定,协调机构可能会通过同联盟有关问题的相关规范性法律文件。但是,这类文件需要成员国的支持,并由成员国机关决定付诸实施。除此之外,成员国拥有这种被称作为废止权的权力。也就是说,可以宣布联合委员会的文件对自己无效（或者废除对自己的效力）。

（4）联邦拥有统一的领土。在成立联邦后,联邦主体的领域变成了统一的领土。联邦主权及于它的整个领土。此时,适用的原则是领土统治原则。任何人都无权在未通知联邦的情况下,改变联邦的领土。除此之外,单独的联邦主体虽然保留着在自己管辖地域上的统治权,但是,既不能在国家内部（根据与其他主体达成的协议）,也不能在没有联邦参加的情况下,通过与其他国家达成协议来独自改变自己管辖的地域。

在联盟中,联盟的统一（带有统治权的）领土并没有形成,也就是说联盟的领土是由成员国独立的领土构成。联盟不能解决领土问题或者对领土问题作出决定。

（5）在成立联邦之后,联邦要创建统一的军队（武装力量）、护法机关和国家安全职能部门。而联邦主体已经不再拥有自己的武装分支力量。护法机关和安全机关表现为统一的垂直管理形式,其相应的分支机构既可以创建为联邦主体机关,也可以创建为在主体领域内的联邦机关,但是,这些分支机关职能隶属于联邦中央。

在联盟中成员国的武装力量还是独立的。当然,可以宣布组建联盟的军队,但是在这种情况下,加入联盟的相应国家的军队保持着武装力量的独立性。在征得成员国同意,并在保持受该国管辖的情况下,可以通过将部分成员国的军队合并到一起的方式,组建联盟的军事部队。根据成员国的决定,可以组建统一的指挥机构。护法机关和安全机关留归成员国管辖,尽管可以采取协同措施和创建协调机构。

(6) 联邦有自己的税收金融和财政系统。联邦有自己的财政,并在自己的财政中确定了联邦主体财政的方向,以及确定了整体上的财政政策以及支出路线的基本原则(发展工业、满足社会需求、巩固国防等)。联邦实行统一的税收体系,规定自己亲自制定和允许联邦主体制定的税种,组织统一的征税和税务检查事务。

在联盟中,每个国家都保留自己独立的财政和税收体系。为实现联盟任务的财政资金,成员国以缴纳费用的形式来筹集。

(7) 通过立法和业务管理的形式,联邦解决国家创建统一的经济体系、创建统一的经济空间、发展包括国有制(也包括联邦所有制)在内的不同所有制形式的工业的任务。

联盟所拥有的是那些在每个成员国都拥有的经济形式和所有制形式。当然,联盟最有发展前途的任务之一就是创建统一的经济空间。如果这一任务能和其他任务一同解决,那么这种联盟体的地位多半会让渡给联邦。

(8) 联邦国家拥有相应的象征(典型特征)——首都、国徽、国旗和国歌。在联盟中这些标志都没有,尽管联盟条约也规定相应的联盟机关的处所地。

应该指出,在当今世界上不存在联盟。但是,却有一些其他的、与联邦联合体相似的国家国际法律组织。可以将它们概括地称为是集团——不列颠联盟、欧盟、独立国家联合体(独联体)。

在成员国之间的一系列现实问题使集团比普通的国际法律联盟更加紧密。例如,在欧盟实行:统一的国籍,在各成员国直接选举欧盟议会的议员,统一的货币,在成员国领域上由联盟机关解决(欧盟法)问题,在各国领域内公民可以自由迁徙,等等。在当今议事日程上的是通过欧盟宪法。因此,在研究著作中,对这种联合给予了不同的评价,如国际法律联合、联盟、联邦国家。

独联体暂时还是一个国际法律联合体。但是白俄罗斯和俄罗斯消除边界和关税壁垒的同盟、实行统一的国籍、在很大程度上保持公民的相同地位、统一的货币、通过国家联盟宪法，这些白俄罗斯和俄罗斯联邦暂时宣布采取的措施，可能是从国际法律联合体向两个甚至是其他想加入到这个联盟的独联体国家所构成的联盟过渡的前景。但是，在这种类似事件的发展过程中，俄罗斯、白俄罗斯以及其他想加入的国家，不可避免地会成为具有一定后果的联邦主体，其中包括在国际社会上的地位、联邦立法的权威、联盟统一的国家机关、统一的武装力量等。

第五节　国家主权问题

在某种程度上，我们在前文已经涉及了国家主权问题。但是，国家结构所涉及的国家主权问题需要再次研究。

一般而言，国家主权是国家的内在（内部的）实质属性。它表现在如下的一些特征上，如：国家和国家政权的统治地位、统一、独立与自主。统治地位是指只有人民或者授权的国家机关才能在宪法或者其他规范性法律文件上规定整个国家制度和国家内部组织机构。统一表现在各级国家权力机关拥有相同的实质、活动形式和方式。国家和国家政权的独立与自主是指它们的行为是独立的，既不依赖于本国的政治组织，也不依赖于外国和国际组织。当然，在实现国家政权的职能时，国内和国外都会对它产生影响，这是自然而然的事，但是，国内、国外或者国际组织想要代替国家政权来实现它的职能却是不可能的。国家主权及于国家的所有对内和对外事务，在空间上国家主权及于国家的整个领域。国家主权的宪法基础在俄罗斯联邦宪法中有所规定。

从宪法理论的观点来看，国家主权最为重要的是国家主权的起源

(来源)问题。国家主权来源最直接的解释方式可以是整个国家产生的这一事实。没有国家，自然也就没有主权，国家出现了，国家主权也就产生了。正是在这一点上，在上述所看到的国家统一的形式，单一制国家和联邦制国家拥有国家主权，而国家联盟和任何一个国家的国际法律联合组织都没有主权，只有国家联盟的成员国才享有主权。

从国家的内部看，单一制国家的地方行政单位也不具有国家主权。

至于联邦制国家，只有整个联邦才拥有主权。

有关联邦制国家主权的来源问题，在国家理论和宪法科学发展的不同阶段，出现过不同的模式。这些模式可以概括为如下几类：

(1) 在这种国家形成之前，由联邦的创始国享有主权，随着联邦国家的形成，国家便自动获得了作为其不可分割的属性的主权，而创始国丧失了主权。

(2) 随着国家的形成，创始国将自己的主权让渡给联邦国家，因此，联邦国家的主权不是一个独立的范畴，而是众多创始国主权的总和。

(3) 随着联邦国家的形成，创始国让渡给国家的仅仅是自己主权的一部分，另一部分归自己所支配，因此联邦国家的主权是创始国让渡给联邦国家的那部分主权的总和，同联邦国家主权相并列，联邦主体还保留着部分有限的主权。

(4) 从第2种和第3种模式演变而来：随着联邦国家的形成，便出现了联邦国家的主权，联邦国家的主权由两部分构成：第一部分是自己的主权；第二部分是创始国(或者可以解释为，是联邦国家为了自己主体的利益而让渡出的部分主权)让渡出的主权(部分主权)的总和，在这种演变的过程中，主体要么放弃了自己整个主权，要么放弃了主权的一部分。

(5) 联邦国家形成之后产生了国家主权，但是，联邦主体还保留着自己的完全主权，双方在自己的权限内，结合所拥有的主权相互影响。

(6) 联邦国家形成之后出现了自己的主权，而创始国的主权转变为这种被称作潜在主权的范畴，如果联邦解散的话，那么，这种潜在的主权还能恢复，原来的创始国又会成为国际社会的独立成员。

上述列举的几种模式，都有着自己的含义，也赋予了联邦和联邦主体不同的地位。

因此，上述将联邦主权看作是主体主权的总和的方案（第2—4种），不能使联邦变成一个强大的国家，并使联邦实际上依附于主体，不管愿意还是不愿意，联邦都不是一个独立国家而出现的，而是一个众多主体的混合体。

同联邦主权相并列，主体拥有有限主权（方案3），进而主体拥有"完全"主权（方案4）的理论，在苏维埃时期曾经有过相似的情况。在通过1936年苏联宪法时，权力机关曾经声称加盟共和国拥有有限的主权；在1977年苏联宪法出现阶段，加盟共和国拥有完全主权的观点占了多数。在半官方刊物上，这被认为是联盟内部关系的和谐，并被认为是联邦和加盟共和国包括对外政策上的行动的完全统一，甚至宣称加盟共和国有退出苏联的权利。在苏联，实际上的关系是建立在严格的中央集权主义之上，加盟共和国的独立是非常有限的，而主权的这种设想，更是一种宣传手段。在联邦内部刚开始出现不协调时，主体主权的思想以及退出权便开始为瓦解联邦而蠢蠢欲动。

从联邦的稳固和持久的观点看，应当认为，随着联邦的建立，主体不是让渡，也不是与联邦分享主权，而是丧失了主权，只有联邦才拥有国家主权。俄罗斯不得不解决这一问题，俄罗斯明确地在宪法上规定，只有俄罗斯国家这一整体才拥有国家主权。

但是，还有一点是值得特别注意的，这一点同主权的表现形式和联邦主体的本质有关。主权具有对内政策和对外政策两种表现形式。当然，包括联邦国家在内的国家自身是对外政策主权的唯一拥有者。国家还有实现在自己国内政治事务上的权力。至于说到联邦主体，应该指出：如果某一地方机构变成联邦主体的话，那么，它的属性就发生了根本的变化。在对外政策事务中，主体要么完全不参与，要么在联邦协调下仅在极其有限的范围内发挥作用，并且不决定国际关系、国防和国家安全的关键性问题。但是，在国内政策事务中，主体与联邦一同分享管理问题。在那些属于主体管辖的事务上，主体具有独立性，联邦应该或者完全不干预这个领域内的事务，或者寻求与主体的这种相互理解。因为，独立性是主权的内容之一，可能成立的观点是，联邦主体在自己的内部事务上拥有主权。一些国外的联邦（如墨西哥）为了表征主体（州）的这种属性，使用了主体在其内部生活事务上享有主权这样的话语。看起来，这种表述形式也可以在俄罗斯适用。这能够促进联邦和联邦主体，尤其是共和国主体之间更大程度的相互理解。不应该对主体使用"国家主权"这种表述形式，而只是使用"主权""主权性"就已经足够了，这便暗含着主体在实现管理其内部事务的权限范围内的独立性。对此，我们已经看到，这种独立性应该在与联邦的合作和相互协调中被保障。

现在，来提一下潜在的主权问题。斯大林曾经说过（与1936年苏联宪法的通过有关），作为苏联组成部分的加盟共和国享有潜在的主权。这种观点是同加盟共和国有退出苏联的权利有关的，在这一权利得以实现时，这些加盟共和国又变成了独立的国家，并享有了主权。其实，潜在的主权还可以被解释为有限的主权，尽管在方法论上这样解释的理由并不充分：有限主权还是能够体验得到；而潜在的主权，只是一个暗指的范畴，在联邦内存在期间并没有主权，只有在从联邦中退出时这种主权才会显现。斯大林的这种言论，受到了认为苏联的加盟共和国享有完全主权的人的批评。

当前在对联邦主体问题上，彼得堡的学者利韦洛夫斯基建议使用"潜在主体"这一范畴，并指出了这一范畴的积极意义：被预想到的可能的重要历史事件，在联邦内部的关系上能够保持这种无冲突性。或者说，在联邦国家应该永远记住，它是由主体组成的，如果主体感觉情况不利，它们就会试图从联邦中退出，在这种情况下，主体的潜在主权就能够变成现实的主权(如果它们成为国际法主体的话)。因此,联邦应该尽一切办法,让主体感到适宜,此时,潜在的主权就不能变成现实的主权。

参考文献

多罗金·弗:《苏维埃国家法律上的主权》,莫斯科,1948年。
日林·阿·阿:《联邦国家理论》,基辅,1912年。
兹拉托波利斯基·德·尔:《苏联的国家结构》,莫斯科,1960年。
列温·伊·德:《主权》,莫斯科,1948年。
列温·伊·德:《主权》,圣彼得堡,2003年。
[比利时]列伊文:《联邦主义理论与实践原理》(俄文版),1999年。
苏德尼岑·尤·格:《国家主权》,莫斯科,1958年。
舍弗措弗·弗·斯:《苏维埃国家主权》,莫斯科,1972年。
舍弗措弗·弗·斯:《国家主权(理论与方法论问题)》,莫斯科,1978年。
亚谢科·阿·斯:《联邦主义理论:法语国家综合构建的理论经验》,由里耶夫,1912年。

第二十章
俄罗斯国家结构简史

第一节 革命前(俄罗斯帝国)

沙皇俄国是一个经历了不同形式行政改革的单一制国家。上述行政改革是俄罗斯国家与法的历史研究对象。在简短的回顾中,我们应指出,俄罗斯曾经拥有一个严格的中央集权和官僚化的省长管理体系;同时,对国内的一些民族地区,还存在着一些特别之处。

在1708年彼得一世时,正式确定了8个省。1775年,叶卡捷琳娜二世发布的"省管理机构"的命令确定了23个省,到叶卡捷琳娜二世统治末期,省的数量已经增加到了50个;在20世纪革命前的这一阶段,省的数量已经增加到了78个。

叶卡捷琳娜曾认为,省将是俄罗斯地方行政划分的共同的和唯一的单位。但是,她很快就放弃了这一计划,在1781年,省按照总督将军辖区和总督辖区两个标准进行了分类。

由于众多的省已经不属于总督将军辖区和总督辖区这两类,对这些地区的管理是按照这种被称作是共同规章,也就是直接归中央政权管理来实现的,在20世纪初,这种地方的数量已经达到了49个。

总督将军辖区和总督辖区主要是用来管理边疆地区(除莫斯科总督将军外),属于这两类的既包括省,也包括地方行政单位(州、区、岛)。

在20世纪初期，有7个总督将军辖区：华沙（在原波兰沙皇统治下的10个省），维尔诺（维尔诺省、科夫诺省、格罗德诺省），基辅（基辅省、波多利斯克省、沃伦省、格罗德诺省），伊尔库（伊尔库省、叶尼塞斯克省、雅库斯科州），阿穆尔地区（后贝加尔州、阿穆尔州、滨海州、萨哈林岛），斯捷普诺伊（阿克莫林斯克州、塞米巴拉金斯克州、谢米列奇州），莫斯科。

总督将军是高级官员，有权向沙皇直接报告。属于总督辖区内的地方行政单位的首脑，只能通过总督将军与中央进行联系。如果中央采取的措施会涉及构成总督将军辖区的地方行政单位则会征求这些行政单位的意见。普通省的省长要隶属于内务部的部长。

在沙皇俄国，对民族地区这种特殊性的态度，在构造地方单位时，没有一致的观点。

通过上述叙述，可以知道，乌克兰、白俄罗斯、波罗的海这些地区，是按照总督将军辖区来划分的，在这些辖区内部按照省进行划分时，也没有考虑民族特性。

1815年，波兰获得了俄罗斯皇帝赐予的宪法，可以有自己的地方管理机关，甚至可以有议会。由皇室成员中的特别长官负责华沙事务。但是后来，应该承认考虑到波兰反对俄罗斯的言论，这种自治被推翻，从1874年开始，成立了以总督将军为首、取代原来的行政长官的华沙总督将军辖区，该总督将军辖区由10个省组成。

芬兰大公国与总督将军辖区一样，由8个省组成，但是，还有自己的、由省长将军领导的管理机关，有议会，地方事务实行自治，其自治的程度高到拥有自己的货币，还成立了管理公共事务的中央机关。

为了管理北高加索和外高加索地区，成立了高加索边疆区，该边疆区与总督将军辖区相类似。归高加索边疆区管理的有捷列克州和库班州，以及梯弗里斯省、库塔伊西省、叶利萨别特波利斯科省，爱里瓦省、巴库省、黑海省，塔吉克斯坦州、卡尔斯州和扎卡塔雷州。沙皇将管理边疆区的事务授权给了该地区的行政长官，该行政长官不仅具有民事管理权,还有权管理位于边疆区内的军队总指挥官,有权管理高加索哈萨克军队的军事阿塔曼首领。在中亚地区建立了突厥斯坦边疆区,该边疆区由3个州组成(瑟尔-达利尼州、费尔干纳州、萨马尔罕州),该突厥斯坦边疆区也相当于一个总督将军辖区。突厥斯坦边疆区的首领是隶属于军事部高级领导之下的总督将军。在突厥斯坦边疆区的地方事务管理过程中和司法过程中考虑到了当地民族的风俗和伊斯兰教法典的规定。同时,在制定或者通过全国性决定时,要征求沙皇地方行政机关的意见。

因此,在沙皇俄国地方行政单位中,使用了诸如总督将军辖区、边疆区、省、州、区、岛(萨哈林)这样的地方行政单位。还从省中划分出4个被称作特辖市的城市,这4个特辖市(圣彼得堡、奥萨德、塞瓦斯托波尔、克尔奇-耶尼卡列)隶属于中央政府(现在的术语被称作是中央直辖市)。可以很正式地说,没有按照民族特征组建的行政区域,但是,在进行地方事务管理过程中,甚至在制定中央国家的相关决定和发布规范性文件时,却考虑到了民族因素和地方的条件。

第二节　对19—20世纪初俄罗斯国家结构形式的一些看法

俄罗斯的国家结构问题实际上是同两个因素有关的:第一,君主制还是共和国制的管理形式——更偏爱什么;第二,与民族问题有关,因为此时的俄罗斯已经是一个多民族的国家了。

那些认为俄罗斯应该是君主制的人,当然是将国家结构与单一制的形式相联系的,因为当时还很难想象,将君主制国家改为联邦制。其实,今天也有一些采用君主制管理形式的联邦,而且既有世袭君主制(比利时,其内部的国家组织和主体的地位更像是共和国),也有由国家地方首领选举出的君主的联邦制(阿拉伯联合酋长国、马来西亚)。但是,这些仅仅是一些个例,大多数的联邦国家都是共和国。

在君主制国家通常可以讨论的只有地方自治界限的问题。20世纪初期以前的俄罗斯,在地方设有拥有广泛职权的、沙皇的代表,但是这种独立性不是指将中央权力转交给地方,而是地方代表经中央政权的授权。

至于民族问题,应当说必须将这一问题同民族和人民利益相结合起来再进行考虑,政权的反对派和支持派经常发表反对联邦的言论,因为联邦不可避免地导致对国家管理的限制,在这种情况下,民族地区可能会脱离中央,进而导致国家的分裂。

这里,我们引用彼斯捷尔——著名的十二月党人之一的论述,其在《俄罗斯真理——彼斯捷尔完善俄罗斯国家结构的方案》中写道:"尤其是说到俄罗斯,为了完全证实国家的联邦形式在何种程度上对俄罗斯而言是致命的危害,只要想想是由那些完全不同的组成部分构成的这个庞大的国家就可以了。该国家的地区不仅由不同的机构来管理,在司法上适用着不同的民事法律,而且还完全说着不同的语言,信奉着完全不同的信仰,那些地区的居民有着不同的起源,从来都没有归属于不同的强国;因此,采用国家的联邦形式将更会强化这些区别,则很容易预见到,这些不同的地区很快就会脱离原来的俄罗斯。那么,俄罗斯很快就要失去的不仅仅是自己的强盛、伟大和力量,甚至还可能在大国或者主要的国家之间消失。此时,俄罗斯就会在遭受到所有的灾难和这种国家联邦结构的体制给古老的俄罗斯所造成的无法言语的伤害。因此,如果哪个国家可能还对这种联邦结构的害处产生怀疑的话,那么,俄罗斯无论如何也不能再赞同这种怀疑:俄罗斯为自己以前在国家结构上犯的错误付出了痛苦的经验,经历了长期的灾难。因此,将所有的状况归结为一点,就是俄罗斯国家以根本法的形式规定,任何一种对俄罗斯适用的联邦结构的设想,都应该如同致命的、最大邪恶一样被拒绝。为了避免上述的恶果,就应该直接或者间接、公开或者隐秘地拒绝上述可能的国家结构。"

这一在19世纪上半叶阐述的观点,与20世纪俄罗斯采用国家结构的联邦制形式时发生的一切都非常相似。

如果是为了民主共和国的利益而先解决了拒绝君主制这一原则性问题,那么在俄罗斯有关联邦问题的讨论是可能出现的。但是,俄罗斯向共和国过渡这一过程本身并不意味着比较偏爱国家结构的联邦形式。当然,当时也有一些其他的十二月党人发表的有利于联邦的言论。尽管如此,基本上,不论是产生在19世纪末20世纪初的作为反对党的社会民主党,还是20世纪时产生的众多资产阶级政党,都支持单一制国家形式的共和国。

其实,对俄罗斯而言,作为解决民族问题的国家联邦是讨论的对象。另一个联邦制国家的组织方案,在该种方案中应当将联邦看作是统一的国家与主体的独立性和主体自我管理之间的联系形式(最为典型的例子是美国),也就是说与民族问题无关,对俄罗斯而言并不现实。

例如,继法国的蒲鲁东之后,著名的俄罗斯革命者和思想家巴枯宁也是作为自治地方联盟的联邦的拥护者:个体联合成公社,公社联合成省,省联合成国家,国家联合成欧洲的联合州,然后联合成整个世界。国家是自治地方联盟的最高阶。但是,这一联邦组织的思想并不被人所熟知。

实际上,所有论及联邦的人,必然会将这一问题同俄罗斯多民族的构成相联系,并认为这一问题不是在国家结构的联邦的范围内,而是在其单一制形式的范围内才可以解决。其中,俄罗斯1917年前的社会民主党——布尔什维克,也支持单一制国家,反对联邦制国家。这些布尔什维克后来取得了俄罗斯的国家政权,并在俄罗斯建立了国家的联邦制形式。这里的问题是,为什么所有人都反对联邦制而赞成单一制的国家形式?

能否认为主要的原因在于,这将不可避免地产生这一联邦的主体问题,尤其是大俄罗斯和在俄罗斯帝国作为国家形成因素的俄罗斯人在这一联邦中应享有什么地位？不应回避这一问题，但是，应该在俄罗斯与联邦制相比更偏爱单一制问题这一背景下来研究这一问题。我们试图按照当时的逻辑来给出这些原因（请读者注意这一点）。

第一，非常明显，联邦是以对政权进行一定程度的中央分权为前提的，将这些权力转交给地方。如果在俄罗斯取得胜利的是民主或者是社会主义革命，那么将会创建新的国家。根据温和的民主党成员的观点，新的国家应该是民主共和国，而根据布尔什维克的观点，新的国家应该是劳动者，也就是说，是居民中较为贫苦的阶层的社会主义国家。在这种情况下，国家的政治本质并不重要，最主要的是新国家的任务应该是保障人民的利益。在单一制国家和强权中央的条件下，这一任务更容易完成。

第二，国家的联邦结构可能会对国家管理、人们的交往以及人们的心理和自我意识产生一系列的不良后果。

因此，单一制被认为是解决民主（社会主义）国家所面临着任务的全国的管理形式。在联邦制国家中，不可避免地会出现地方民族孤立。在民族自我意识快速增强的情况下，这会更加突出。民族自尊心会演变成自高自大。随着民族主义的发展，这一点会被来自民族资产阶级和知识界的地方领袖所利用。居民实际上已经变成了他们的人质，开始为了被置于全国利益之上的狭隘的民族利益而奔波。以对主体不关心、不足够关心为借口，对中央的指责就会出现，今天较为形象的说法——"把被子往自己这边拉"所描述的状况。最终，这会导致中央集权国家的弱化和解体。

第三，俄罗斯资本主义的发展摧毁了经济的藩篱，全国的市场产生了（今天的说法是，统一的经济空间）。单一制国家能够促进这一点，并能够使其得以保持发展，而联邦机构可能会对国家市场空间发展造成障碍。

因此，民主（社会主义）革命之后，在俄罗斯实行单一制国家能够继续摧毁民族的隔阂，巩固不同民族之间公民（劳动人民）的联系，发展全国经济市场，保障更快地从落后的、封建的关系向现代生活方式转变，保障人们在俄罗斯的整个领域内自由交往。

第四，社会民主党员——布尔什维克梦想的是全世界的社会主义革命，梦想的是创建全世界的工农国家。当然，也就完全不需要根据民族特征来进行划分。

这并不代表，在俄罗斯政党没有解决关于民族问题的自己的方案和建议。列宁制定的方案具有特殊重要的意义。

每个民族都有自决的权利，甚至有分离和创建独立的国家的权利。而且，列宁还提出了足够民主的解决自决问题的机制。在他的《民族问题的基本观点》（1913年）文章中，他指出，被社会民主党人承认的所有民族的自决权是以"绝对的、在该地区的居民全面的、直接的、平等的和秘密的投票的基础上"提出的分离要求为前提的。在他的另一篇《关于民族自决权》（1914年）的文章中，建议不要由中央的议会来解决这一问题，而只能由要分离的这些州的议会（议会或者全民公决等）来决定。因此，参加投票的要么是生活在该地区的所有公民，要么是代表所有公民的议会。但是，无论如何也不能由相应民族的部分人来决定（当一些民族主义者认为，在自己生活的区域上，原住民拥有绝对的解决所有问题的权利，而不必考虑很久以来就在该地区生活的其他民族公民的意见时，那么在当前，这一观点被提及，一点也不多余）。

但是，布尔什维克并不鼓吹分离。他们反对联邦并认为，民族问题可以在保留统一的中央集权的俄罗斯国家的情况下得到解决。在这一国家范围内，可以以创建民族地方自治区域的方式来保障每个民族的自决权。

这种自治权的实质同构成该概念的两个词有关，也就是说，属于一个民主或者部族的群体，这一群体拥有自己历史上的聚居区域，并且有共同的语言、风俗、生活方式、文化，如果他们想的话，就可以创建一个自己的、解决本民族问题的、作为民族国家形式的民族自治区。这一民族地方（民族国家）自治地方是统一的、单一制国家的组成部分，可以主张自己的利益，甚至可以在全国有代表自己不同利益的机会。

布尔什维克反对以民族文化自治来代替民族地方自治。在民族文化自治的情况下，属于某一相应民族的人们，不论其居住地为何，在上述的自治区进行登记，并且在全国范围内创建自己的自治机关。这种自治，将人们按照民族、语言、文化特征联合起来，这会造成将这些人和其他与之共同生活的、属于其他民族的人相隔离的威胁。

其他政治力量和政党也认为，在俄罗斯转变为民主共和国后，在它的民族地区应该拒绝地方的中央政权机关，而是要建立自己的机关。

第三节　俄罗斯苏维埃联邦社会主义共和国的建立

在政治事件繁多且危机重重的1917年，应该特别指出这些决定命运的因素：沙皇退位，实际上取消了君主制的管理形式；1917年9月1日俄罗斯正式宣布民主共和国建立；中央权力机关严重地被削弱。在这一背景之下，在民族地区开始出现了创建民族国家并且宣布独立的过程。

既有出于高尚的动机的民族知识分子，也有出于自己狂妄的获取领导岗位并想要在其民族历史上名垂青史的民族知识分子，以及那些想要让"地方"国家为自己的资本服务的民族资产阶级，他们都是这些过程的发动者。结果，民族独立、民族自豪感、民族自觉的理想足够容易征服所有人，其中包括很多地方的工人和农民，对这些人而言，"自己"国家的思想高于"国际兄弟"的理想。

最终，到1917年秋，在俄罗斯的众多民族地区宣布成立了多个民族国家共和国。例如，1917年4月成立了中央拉达——乌克兰的常设国家机关；1917年8月成立了白俄罗斯拉达；1917年11月资产阶级民主党在亚美尼亚、格鲁吉亚、芬兰等地取得了政权。在这些地区建立的政府和国家想要从俄罗斯中独立出去，并宣布了自己的独立。从过去的俄罗斯帝国保留下来的只有俄罗斯。

眼看俄罗斯国家在解体，在民族地区出现了离心主义倾向和创建了资产阶级共和国，列宁不仅号召各处应该取得国家管理的苏维埃形式的胜利，恢复统一的国家，而且加紧思索中央和地方的联系形式。从1917年4月开始，在自己的发言中，列宁从一开始还在一定程度上反对联邦制，到已经使用"创建共同的国家""联合成联盟""兄弟联盟"这类表述形式；在1917年6月第一届全俄苏维埃代表大会的发言中，列宁宣称："就让俄罗斯成为一个自由国家的联盟"。但是，关于联盟变成一个联邦制的国家结构形式还没有被提及。

在1917年10月布尔什维克取得政权后，开始加强在原沙皇俄国的领土上恢复国家统一。当然，这一联盟的形式问题就是一个关键性问题。同"联盟"这一词不同，列宁构想出了国家联邦这一形式。在列宁起草的、发表于1917年12月的《告乌克兰人民书以及对乌克兰拉达的最后通牒要求》这一政府公报中，以"承认人民委员会乌克兰共和国和因中央拉达的反革命性向中央拉达发出最后通牒"的声明宣布，人民委员会承认人民乌克兰共和国，承认乌克兰拥有完全的脱离俄罗斯，或者与俄罗斯共和国举行关于它们之间的联邦形式或者其他类型相互关系的谈判的权利。

联邦的这一思想被正式宣布并被规定在宪法性法律文件中，是在1918年1月。在1918年1月召开的工人、士兵和农民代表第三届全俄苏维埃代表大会通过的《劳动人民以及被剥削人民权利宣言》中规定："在自由民族自由联合的基础上，作为苏维埃民族共和国联邦的苏维埃俄罗斯共和国成立。"在《关于俄罗斯共和国联邦机构》的决议中规定："在俄罗斯人民自愿联合的基础上，作为这些人民的苏维埃共和国联邦的俄罗斯苏维埃社会主义共和国成立了。"

布尔什维克党人在地方领导了恢复苏维埃政权、反对民族主义者和民族资产阶级的斗争。在那些斗争胜利结束的地方，被重新创建的苏维埃权力机关（与中央相似——苏维埃代表大会）宣告成立，虽然是苏维埃的，但却是独立的共和国。布尔什维克应当重视，民族自决权——分离或者组建新的国家是他们民族问题计划的关键点之一。既然已经走上了成立民族独立国家的道路，就应该考虑到这一事实，并以此来寻找民族地区和中央联系的途径。苏维埃时期著名的国务和党的活动家、在阿塞拜疆开始从事革命活动的米高扬，在自己的回忆录中清楚地谈到了这一点："我们巴库人，根据在阿塞拜疆工作的经验，得出了结论，如果我们否定阿塞拜疆民族国家的话，把广大的工人、农民和民主知识分子吸引到苏维埃政权方面是不可能的。我们承认阿塞拜疆是一个民族国家的目的是，使它与苏维埃俄罗斯保持紧密的联系和友好关系。"

因此，中央不能容忍新生的共和国从俄罗斯国家分离出去，同时新生的共和国，也是苏维埃共和国，也不想脱离俄罗斯而独立。这一点它们与1917年在相应的地方宣告独立的、想完全脱离俄罗斯的资本主义共和国有着原则性的区别。所以，对于新独立的国家，既要承认它们的独立性，又要考虑同这些国家组建新的联盟。

因此，从1917年年末开始，通过了一系列的苏维埃政权承认相应的共和国独立的文件。在一些情况下，承认了资产阶级共和国的独立是寄希望于那里尚未取得胜利的苏维埃政权能够取得胜利（芬兰）；在另一些情况下，承认已经宣告成立的苏维埃共和国独立，这些地方，后来苏维埃政权还是没能保存下来（爱斯特兰苏维埃共和国、拉脱维亚苏维埃共和国、立陶宛苏维埃共和国）。最后，承认了一些后来与它们形成了更为紧密的统一体的苏维埃共和国的独立（乌克兰、白俄罗斯、外高加索共和国）。

但是，新的共和国的联盟将是一种什么形式？这一问题很难回答。

因此，在劳动人民和被剥削人民权利宣言中，并非偶然地宣称："在追求创建充分自由的和自愿的，进而是更加完全的和牢固的俄罗斯各民族劳动阶级的联盟的同时，苏维埃第三届代表大会通过了俄罗斯苏维埃共和国联邦基本原则条例，授予各民族的工人和农民在属于自己的苏维埃代表大会上作出决定：他们是否想以某种依据加入联邦政府和其他苏维埃机关。"

1919年通过的这些文件的内容可以说，仅仅是宣告联邦的成立这一主要问题。但是很难理解，新出现的联邦属于哪一种。按照当时的逻辑，这首先是暗指以俄罗斯为代表的俄罗斯民族和俄罗斯之外的其他民族的联盟。但是，俄罗斯国内的民族也同样宣告了自己的自决。因此，并不排除更为大的、包括了原俄罗斯领土上的所有民族（也就是说，俄罗斯族和其他生活在俄罗斯之内和之外的其他民族）联盟的联邦组织这种形式。

未来，与其他共和国的关系和在俄罗斯苏维埃联邦社会主义共和国内部的关系对确定司法审判和其他所有国内的国家结构，以及对选择联邦的方案是将原则性的问题。

但是，在1918年讨论的也只是联合的一般途径问题，很明显，这首先是由最基本的内容——也就是认为什么应该更好一些的不清楚而造成的。

看起来，已经确定了由共和国组建联邦。但是在第三届苏维埃代表大会的决议中规定："苏维埃共和国、部分州参加联邦政府的方式，以及有特殊的风俗习惯和民族结构的州参加联邦政府的方式，以及俄罗斯共和国联邦和州机关职权范围的界限，要根据成立的州苏维埃共和国由全俄中央执行委员和这些共和国的中央执行委员会尽快确定。"这里不清楚的是，上述的共和国和州，是指联邦主体的相同种类还是仅仅是不同的用语。

紧接着我们看到："所有的地方事务都由地方苏维埃来决定。最高苏维埃有调整下级苏维埃之间产生关系的权力，也有解决在下级苏维埃之间产生的分歧的权力。中央苏维埃政权必须遵守联邦的基本原则，并代表俄罗斯联邦。中央政权有权举办全国范围内的活动，但是不能干涉到加入联邦的地方各州的权利。"加入联邦的州，这是指共和国还是其他的什么呢？问题还没能得到解决。

在1918年7月通过了第一部苏维埃宪法。劳动人民和被剥削人民权利宣言被规定在该宪法的第一编中。在该宪法中像以前一样，宣告俄罗斯苏维埃共和国"在自由民族自愿联合的基础上，作为一个苏维埃民族共和国的联邦正式成立了"。但是，在俄罗斯社会主义联邦苏维埃共和国宪法第11条中规定："有着特殊的风俗习惯和民族结构的州苏维埃，可以联合成自治州联盟，这些自治州联盟的领导机关，像其他已经成立的任何一个强大的州联盟一样，是苏维埃州的代表大会和它们的执行机关"；"在联邦基本原则的基础上，这些自治的州联盟加入俄罗斯社会主义联邦苏维埃共和国。"

这些规定并没有明确，谁将加入俄罗斯社会主义联邦苏维埃共和国这一问题。可能，问题不仅仅出在以前的民族边疆地区同俄罗斯相分离上。在俄罗斯自身的领域上也成立了一些不同的共和国、公社和其他组织。这其中的一部分对苏维埃政权并没有好感，根据历史学家的观点，它们具有白色制度的属性。但是，也有一部分宣布自己为苏维埃。所以，应该认为，中央苏维埃政权不得不考虑怎样与它们寻求共同的语言。在苏俄宪法通过之前类似于上述的组织已经不少了，如塔夫里达苏维埃社会主义共和国、顿斯科伊苏维埃共和国、库班以及后来的库班-黑海苏维埃共和国、斯塔夫罗波尔苏维埃共和国、捷列克苏维埃共和国等。那么，在这一阶段宪法上使用的，表达如果不是"民族构成"，就是"特殊的风俗习惯"。其实，后来中央政权没有支持在俄罗斯社会主义联邦共和国内部出现的这些地方共和国，随着苏维埃政权的巩固，这些共和国被撤销了，而这里地方民族因素是起到了一定的作用的。

后来的事件表明，国家建设沿着两条道路发展。

第一条道路——创建地方民族自治组织作为俄罗斯社会主义联邦苏维埃共和国的组成部分。1918年，最先成立的是突厥斯坦苏维埃社会主义自治共和国。1919年，成立了巴什基尔苏维埃社会主义自治共和国，哈萨克苏维埃社会主义共和国。1920年成立了鞑靼苏维埃社会主义自治共和国、卡累利阿劳动公社（从1923年起改为卡累利阿苏维埃社会主义自治共和国）、楚瓦什自治州（从1925年起改为楚瓦什苏维埃社会主义自治共和国）、卡拉-吉尔吉斯（从1925年起改为吉尔吉斯）苏维埃社会主义自治共和国、加尔梅克自治州（1935年起改为加尔梅克苏维埃社会主义自治共和国）、马里自治州（从1936年起改为马里苏维埃社会主义自治共和国）、沃特茨克（乌德穆尔特）自治州（从1934年起改为乌德穆尔特苏维埃社会主义自治共和国）。1921年，成立了戈尔苏维埃社会主义自治共和国、达格斯坦苏维埃社会主义自治共和国、科米（济良）自治州（从1936年起改为科米苏维埃社会主义自治共和国）、从戈尔苏维埃社会主义自治共和国分裂出了卡巴尔达人民自治州。1922年，成立了雅库特苏维埃社会主义自治共和国、卡拉恰伊-切尔克斯自治州、厄鲁特（从1948年起改为戈尔诺-阿尔泰）自治州等。

苏俄自治权发展是一个独立的研究对象。但是，不得不指出，从那时起，直到现在也没有找到俄罗斯国家自身的国家结构形式问题的一致方法：或者这是个带有民族区域自治的单一制国家（革命前布尔什维克解决民族问题的方案），或者是新的联邦模式，这一联邦的主体是自治地方，同时，对俄罗斯人居住的地方行政单位而言，国家又是一个单一制的国家。

第二条道路，是苏俄和那些在与民族资本主义制度斗争过程中宣布为苏维埃政权的共和国相接近，随着红军在国内战争和同外来武装干涉斗争的不断胜利，这些苏维埃政权逐渐占了上风。它们是乌克兰、白俄罗斯、阿塞拜疆、亚美尼亚、格鲁吉亚。迈向联合道路的脚步在当时的很多文件中都有所反映。

乌克兰共产党（布尔什维克）第一届代表大会（1918年7月5—12日）上通过的《关于乌克兰和俄罗斯之间相互关系》的决议中宣布，乌克兰经济上与俄罗斯密不可分，乌克兰独立运动的设想最终被淹没在乌克兰广大的人民群众中，党的任务是在俄罗斯苏维埃社会主义共和国的范围内，依照无产阶级集中原则，为乌克兰和俄罗斯的革命的统一而奋斗。在1919年1月25日乌克兰临时工农政府宣言中，也规定了在社会主义联邦的基础上实现乌克兰苏维埃共和国与苏维埃俄罗斯的统一，"社会主义联邦的形式将在全乌克兰苏维埃代表大会上由全权代表来确定"。第一届白俄罗斯苏维埃代表大会，1919年2月3日通过了《关于苏维埃白俄罗斯和苏维埃俄罗斯之间建立紧密联系》的宣言，据此，只有当今独立的苏维埃共和国的所有劳动人民组成自由、自愿的联盟，才能保证工人、农民在同所有的其他资本主义世界斗争过程中取得重大胜利。

1919年6月1日通过了全俄中央执行委员会《关于苏维埃共和国联合》的决议。在该决议中，在上述一系列共和国（乌克兰、白俄罗斯、拉脱维亚、立陶宛、克里木）建议的基础上，为了同想要扼杀苏维埃政权的共同敌人进行斗争，"在承认所有共和国劳动人民独立、自由和自决的基础上"，全俄中央执行委员会认为下列方面进行紧密的联合是必要的：(1) 军事组织和军事指挥机构；(2) 人民经济委员会；(3) 铁路管理和铁路经济部门；(4) 财政和共和国劳动委员会。联合应该通过中央执行委员会和共和国人民委员会议协商进行。

在1920年4月29日的电报中，阿塞拜疆临时军事革命委员会，为共同与世界帝国主义进行斗争，建议俄罗斯加入友好同盟。1920年9月30日，苏俄和阿塞拜疆苏维埃社会主义共和国签订了军事-经济同盟条约，在共和国政府间签订的一系列有关在两个共和国的范围内，包括军事组织、财政、通讯、对外贸易等部门合并的协议，都与1919年6月1日通过的决议相类似。

1920年乌克兰第四届苏维埃代表大会通过的《关于乌克兰苏维埃社会主义共和国和俄罗斯社会主义联邦苏维埃共和国之间国家关系》的决议表达了对新的同盟者加入《俄罗斯和乌克兰苏维埃共和国联邦》的赞同和对成立伟大的苏维埃国际共和国的赞同,并建议,在本次大会上选出30名苏维埃乌克兰的代表加入苏俄全俄中央执行委员会。1920年6月16日,全俄中央执行委员会做出了接受乌克兰中央执行委员会成员为全俄中央执行委员会组成人员的决定。1920年12月29日,苏俄和乌克兰苏维埃社会主义共和国之间签订了工农联盟条约。根据这一条约,两个共和国加入相互间的军事和经济同盟。一系列的人民委员会相互联合,成为苏俄人民委员会成员并且在乌克兰苏维埃社会主义共和国人民委员会中有自己的职权。类似的条约还在苏俄和白俄罗斯苏维埃社会主义共和国之间于1921年1月16日签订,在苏俄和格鲁吉亚苏维埃社会主义共和国之间于1921年3月21日签订,它们不仅仅规定了机构的联合,而且还规定通过共和国在全俄苏维埃代表大会中的代表和全俄中央执行委员会成员来参与领导和监督。

1921年12月通过阿塞拜疆、亚美尼亚和格鲁吉亚苏维埃共和国联合的方式,向建立外高加索联邦(1922年3月正式建立)迈出了第一步。根据这些共和国在第九届全俄苏维埃代表大会上通过的规章的规定,作出了授予阿塞拜疆、亚美尼亚和格鲁吉亚在俄罗斯苏维埃联邦社会主义共和国的全俄中央执行委员会中拥有一定数量(没有指出具体的席位——作者注)席位的决定。

上述的例证表明,在共和国联合的形式上存在着不同的观点。我们看的是俄罗斯历史上短暂的,但却是极其重要的时间段。部分研究者在这段时间中,发现了在独立的苏维埃共和国之间正在形成的同盟关系;另一部分人认为,已经出现了联邦的联盟关系;第三种观点认为,已经出现了独立的共和国加入苏俄的一体化过程;第四种观点认为,这最多只能说是苏俄和那些有与苏俄一体化因素的独立共和国之间的国际法律关系。

上述观点的每一种都有自己的论据。至于直接关涉联邦的问题,在这一阶段也有不同的联邦方案。因此,我们要注意执政党的文件——俄国共产党(布尔什维克)(1921年3月8—16日)在第十届代表大会上通过的《关于党在民族问题上当前任务》的决议。在该决议中规定:"苏维埃共和国联邦是建立在共同的军事和经济事务之上的,是国家联盟的最为一般的形式,联邦提供下列的可能性:(1)既保障单独的共和国,也保障联邦整体上的一致性和经济发展;(2)保持处于不同发展阶段的不同民族和人民的生活习惯、文化和经济状况的多样性,根据这些多样性采取某种联邦的形式;(3)组织好在某种程度上将自己的命运与联邦的命运相联系的民族和人民之间的和平共处与友好合作。"接下来还规定:"俄罗斯采用不同的联邦形式的经验,从建立在苏维埃自治(吉尔吉斯、巴什基尔、鞑靼、达格斯坦)基础上的联邦向建立在与独立的苏维埃国家(乌克兰、阿塞拜疆)签订的条约关系基础上的联邦过渡,以及允许存在着它们间的过渡阶段(突厥斯坦、白俄罗斯)的经验——充分证明作为苏维埃共和国国家联合一般形式的联邦的完全合理性和灵活性。"

上述表明,与单一制国家相比,俄罗斯最终选择了联邦制。同时,还应该注意另外一个情况,即在党的第八届代表大会上(1919年3月18—23日)通过的布尔什维克党纲中规定,作为向完全统一道路上的过渡形式之一,党将那些按照苏维埃类型组织起来的国家进行联邦制的联合。应否该这样理解,在俄罗斯,联邦制是临时性的战略步伐,而后国家将会重新恢复单一制的组织形式?未必可以。这是指,当时全世界苏维埃共和国的理想是最为流行的。关于这一点在党的第十届代表大会决议中进行了明确的规定:"联邦的自愿性必须应该被保持和发展,因为只有这种联邦才可能是向统一的世界经济中所有国家劳动人民最高形式的统一的过渡形式,这种自愿的必要性会变得越来越明显。"

1922年,当苏维埃制度在国内战争和反对外来武装干涉的战争中获得胜利后，当在所有共和国的领域上都建立了统一的苏维埃政权后，巩固共和国的政治、经济和军事同盟问题就变得极为迫切。

第四节　苏联的创建和发展及苏俄在苏联中的地位

在这一阶段面临的问题是苏俄和其他正式宣告独立的、苏维埃共和国联合的国家法律形式问题。

联合的一个可能的途径是：这些新生的共和国放弃独立，并作为苏俄的自治地方单位加入苏俄。这些自治的地方单位就如同1918年宪法规定的那些自治州联盟一样。这一方案，在历史上被称作为著名的"自治"方案。斯大林和他在党和国家领导机构中的追随者支持这一方案。在共产党第十届代表大会的文件中，在苏俄内部创建自治地方的方案被看作是联邦发展的途径之一。这一方案与十月革命前布尔什维克制定的解决民族问题的方案相类似，也就是说，创建带有自治州的单一制国家。

实际上，斯大林打算是在联邦的名义下，恢复带自治州的单一制国家。列宁对此表示反对。试问，这是为什么？列宁自己以前都主张要在单一制的国家范围内，相应的民族以自治（地方）的形式来解决民族问题。原因是，在1917年和其后的几年里，在俄罗斯的边疆地区对民族自决和民族国家的向往极其强烈。最初，民族资产阶级和知识分子的部分力量利用了这一点，进而在相应的地区创建了民族国家。随后，同样又是以独立的苏维埃共和国的国家形式在各地建立了苏维埃政权。在这种情况下，建议建立自治地方，也就是说将它们作为苏俄的自治地方加入苏俄之中，是一种政治错误。列宁指出，为了让苏维埃共和国——苏俄、乌克兰、白俄罗斯和外高加索苏维埃联邦社会主义共和国联合成一个新的联盟,在加入该新联盟时必须有新的依据——苏维埃社会主义共和国联盟。

列宁的思想获得了胜利。1922年12月30日苏联苏维埃第一届代表大会宣告苏联成立。大会通过了关于组建苏维埃社会主义共和国联盟的声明和成立苏维埃社会主义共和国联盟条约。

因此,联邦这种方案获得了胜利——苏联是俄罗斯苏维埃联邦社会主义共和国与位于苏俄之外的其他共和国的联盟。在法律上,在苏俄内部的自治地方没有加入苏联,它们是新的联邦的一个主体——苏俄的组成部分。

宣言具有浓厚的政治性。宣言声称组建联盟的原因是共和国的联合才能击退"世界帝国主义的进攻"、保护自己、恢复国民经济;国际局势的不稳定性,被进行新攻击的危险,这些都使得创建社会主义共和国的统一战线变得不可避免。除此之外,在宣言中还指出,苏维埃政权就其阶级实质而言是国际主义的结构,这就使各苏维埃共和国的劳动群众向联合成同一个社会主义大家庭的道路上前进。所有这些情况,不容置疑地要求各苏维埃共和国联合成一个联盟国家,以保障对外的安全,和对内的经济建设,同时也保障各族人民民族发展的自由。

所以,苏联的创建形成了各苏维埃共和国的政治、经济和军事的同盟,这些共和国自此成为加入苏联的联盟共和国。

同时,宣言中还强调,联盟是平等民族自愿的联合。每个共和国都有自由退出苏联的权利。苏联的大门向那些所有已经成立的苏维埃共和国和将来可能成立的苏维埃共和国敞开。新的国家是反对世界资本主义的坚实后盾,也是在把各国劳动人民联合成一个世界社会主义苏维埃共和国方向道路上迈出的新的、决定性的步伐。

苏联成立条约规定了苏联的管辖问题和联盟的机关。苏联苏维埃代表大会是联盟政权的最高机关,在代表大会的休会期间中央执行委员会是最高机关。中央执行委员会选举产生主席团,在中央执行委员会休会期间主席团是政权的最高机关。主席团由19人组成，其中包括4个加盟共和国的中央执行委员会代表。条约规定了苏联政府是人民委员会，由中央执行委员会选举，由中央执行委员会的执行机关予以宣布。苏联中央执行委员会下设的最高法院负责保障法制，司法监督的职能由国家政治保安总局负责。条约还规定了各加盟共和国人民委员会的组成，规定了共和国有自己的财政权——但是它们的收入和支出由苏联中央执行委员会确定。适用统一的联盟国籍。加盟共和国有自己的宪法。根据条约，每个加盟共和国都保留了自由退出联盟的权利

就1922年苏联成立条约的性质问题，没有统一的观点。一些人认为它是国际条约，另一些人认为是国内条约。我们有理由认为，这一条约具有双重性。在苏联成立之前的一段时间里，想要在各共和国之间建立更为紧密的联系，这种紧密联系是联邦的，也就是说是国家内部的联合的固有属性；同时，苏联将独立的国家联合起来，因此，这些独立国家间的条约可以认为具有国际法律性质。

接下来的一年是制定苏联机关条例和苏联宪法。此时，在中央与部分共和国尤其是乌克兰的代表之间发生了激烈的争论，这些争论与管理功能上的中央集权和中央分权的程度有关，最主要的是与经济领导问题有关。这些争论最终以中央的胜利告终。联盟的权限同1922年的条约相比，有了实质性的扩张。两院制的苏联中央执行委员会机构成了重要的一个因素——现在它由联邦委员会和民族委员会组成。1923年7月6日苏联中央执行委员会，随后是1924年1月31日苏联苏维埃第二届代表大会通过了苏联宪法。

1922—1991年是苏联的存续期间。加盟共和国的数量也在不断增长。根据1936年苏联宪法的规定，加盟共和国的数量为11个；苏联解体时，加盟共和国的数量已经达到了15个。

在这一段时间，苏俄作为苏联的加盟共和国之一而存在。在西方的有关俄罗斯那一阶段的历史文献中，苏俄经常被等同于苏联，而对苏联

也使用"俄罗斯"的名称。事实并非如此。俄罗斯联邦有意识地将自己定位为共和国之一。而且，苏俄在经济上比其他地区强大，在创建联邦经济潜能和财政上，起到了最为主要的作用。其他加盟共和国被提升到了更高的水平上，在地方分配上，它们那里获得更多的收入，而且从联盟财政对它们进行补贴，这些苏俄都不能计算。在政治和法律关系上，苏俄经常也与其他加盟共和国不平等。例如，所有的共和国，执政的共产党都有自己的中央委员会，但是，苏俄却没有自己的中央委员会，而仅仅是在一段时间（这一段时间也不长），在赫鲁晓夫时期成立了苏俄苏联共产党中央执行委员会组织部。苏联共和国联盟机关应该对加盟共和国的相应机关进行协调；但是，在众多领域，苏俄相应的分支机构并没有被创建（例如，苏俄从来都没有自己的内务部、司法部、国家安全局）。俄罗斯也没有自己的科学院，在俄罗斯领土上必要的任务由苏联科学院来完成，与此同时，其他的每个加盟共和国都有自己的科学院。

在当代的研究中，关于苏俄经常会这样说，苏俄似乎是独立存在的。事实上，在1922—1991年间，不可能将俄罗斯历史从苏联存在的这一事实相分离进行研究。

在被称作联邦共和国的同时，俄罗斯苏维埃联邦社会主义共和国在那一阶段并不具有联邦国家的特征。

第一，谁是苏俄主体这一问题，并不明确，甚至"苏俄主体"这一概念本身都没有。需要指出的是，在苏俄成立了直接组成苏俄的自治共和国。结合不同的改组形式，根据1978年宪法这些自治共和国的数量为16个。还成立了自治州。根据1978年宪法一共有5个自治州，它们都不是苏俄的直接组成部分，而是边疆区的组成部分，虽然就一定的问题，它们也有直接向中央请示的权利。在30年代，为国家北部和东北部的少数民族成立了民族行政区。在学界中有过争论，行政区是不是地方行政单位或者说是不是自治地方。随着1977年苏联宪法和1978年苏俄宪法的通过，这一争论结束了，因为在这两部宪法中规定民族区域是自治行政区。

但是，它们也并不是苏俄的直接构成部分，而是边疆区或者州的组成部分。因此，成为苏俄结构的是边疆区和州，以及两个直辖城市——莫斯科和列宁格勒。

考虑到苏俄的这种结构，多年以来关于谁才是苏俄的主体这一问题众说纷纭。

有观点认为，成为主体的只能是自治共和国，因为这些政治自治地区可以被认为是国家，它们直接属于苏俄的构成部分。

还有观点认为，自治州和作为地方民族机构（可以直接被称为行政自治区）的自治行政区是苏俄的主体，但是，它们不是苏俄的直接构成部分。

最后，确定除自治地方之外的苏俄领域的地位是一个最大的问题。很少有人在苏维埃时期将边疆区、州和共和国直辖城市作为联邦国家的苏俄的主体。进而，出现了自相矛盾的建议：

认为作为俄罗斯人居住领域代表的苏俄是苏俄的主体（在后苏维埃时期，在此基础上出现了这样的建议：在俄罗斯联邦创建俄罗斯共和国以和其他的俄罗斯联邦主体相并列）；

在苏俄内部，与将联邦看作是相应地域的联合相比，首先应将其看作是人民的联盟；

认为苏俄具有双重性——对民族自治地方而言是联邦，而对作为地方行政单位的边疆区、州和共和国直辖城市而言是单一制国家。

第二，在中央国家机关的结构中，苏俄不具有联邦国家所拥有的表明其联邦属性的特征。众所周知，在联邦制国家，在联邦机关（首先便是议会中）的主体代表机构是法定的。

在苏俄这种代表机构的所有特征都被划归到联盟这一层次上。起初是苏联中央执行委员会，然后是两院制的苏联最高苏维埃。苏联最高苏维埃由联盟委员会和民族委员会组成。联盟委员会的代表按照单名制选区在全国范围内选举产生。每个共和国有32名代表、自治共和国有

11名代表、自治州有5名代表、自治行政区有1名代表组成民族委员会。这些代表按照在相应领域上建立的选举区选举产生。苏俄最高苏维埃是一院制机构,其代表按照选区选举产生。

还需要再关注一种观点,尽管不是很流行,但是却提出过:认为将俄罗斯称为联邦国家,但是却没有赋予它联邦的属性。因此,实际上俄罗斯是一个有民族地方(州)自治的单一制国家。这种观点,在苏维埃时期几乎被认定为"政治造反"。虽然,笔者认为,正是这种观点才与苏俄中的现实情况相符。

第五节　1989—1993年的改革

在20世纪80—90年代苏维埃国家变革过程中的政治改革,在俄罗斯联邦也有所表现,而且有时苏联一级上的表现更为明显。对国家制度而言,这一过程就更为复杂,这是既受俄罗斯联邦的内部变化制约,也受苏联内在因素制约的缘故。

在1989年10月27日宪法改革的过程中,成立了新的共和国政权的代表机关——俄罗斯苏维埃联邦社会主义共和国人民代表大会和俄罗斯苏维埃联邦社会主义共和国最高苏维埃,在这两个机关形成过程中,表现出了苏俄的联邦特性。代表大会由1 068名代表组成,其中900人是按照苏俄整个领域的选区进行选举的,而另外168人是按照在苏俄相应地方区域上成立的民族地方选区选举产生的。成立了两院制的常设政权代表机关——苏俄最高苏维埃。除此之外,还向将现存的边疆区、州和共和国直辖城市认定为苏俄主体的方向上迈出了第一步,因为已经从它们那里选举出作为大会最高苏维埃组成人员的代表了。

在苏联这一层级上，发展变化是异常复杂的。这被称作是主权化的时期——各共和国宣称自己的主权、地方立法效力高于联盟的立法等。考虑到自己的政治和经济作用，俄罗斯联邦也同样试图在苏联中获得相应的地位。

主权化的过程以及在苏维埃国家中获得更高地位的要求使得众多作为苏俄组成部分的自治共和国参与其中。它们不满的是，将它们作为"第二等级"的共和国，它们也不是苏联的机构、不是苏联的主体，没有与其他加盟共和国相同的权力。中央不得不考虑自治共和国的意见，并试图与它们建立与其他的加盟共和国相同的关系。

在本书的第二编中已经讲过：1990年4月10日，苏联最高苏维埃通过了《苏联、加盟共和国和自治共和国经济关系基本原则》，在该文件中所有的权限和经济自主的保障，在相同的条文中对加盟共和国和自治共和国进行了规定，它们之间并没有区别。1990年4月26日，苏联通过了《苏联和苏联主体间权力划分法》。在该法中，加盟共和国被规定为自愿加入苏联的主权国家。自治共和国也以国家来表述，是"苏联这一联邦的主体"。事实上，正如已经说过的那样，它们是加盟共和国的组成部分。

"作为苏联主体的自治共和国"的结构不可避免地给苏俄造成不良后果。很多时候会这样，即在解决一些重要问题和在苏俄与苏联出现矛盾的情况下，苏俄的16个自治共和国的票数（它们的人口总和仅占苏俄居民总数的15%），会对作出对苏俄不是太有利的决议起到作用。

1990年5月末至6月举行了第一届苏俄人民代表大会。因表现出对苏俄自主愿望的加强，1990年6月12日，大会通过了俄罗斯苏维埃联邦社会主义共和国国家主权宣言。在俄罗斯联邦发展过程中和在它在苏联构成中的地位上，该宣言标志着一个新的阶段。

似乎，在谈到自己的国家主权时，苏俄是在确认苏联宪法中规定的内容，因为，根据苏联宪法第76条的规定，加盟共和国是有主权的苏维埃社会主义国家。但是，在本书第二编中，阐述该宣言时，我们指出，在该宣言中包括原则性的条款，虽然承认苏俄加入苏联，但是却将苏俄解释为独立自主的国家。规定苏俄的宪法和法律在其领土上拥有最高效力，苏联的那些与苏俄主权相矛盾的法律效力，在苏俄的领土上，被苏俄暂时中止。在1990年6月22日通过的《关于在苏俄领土上管理机关职能划分（新联盟条约基础）》的决议中，大会明确指出：只有几个苏联的机构才能直接实现管理组织、企业和机构的职能，而且在这些机构中应该派驻苏俄的全权代表，而苏联和苏俄的政府签订与在苏俄领土上实现职能有关的条约。而就个别方面，苏联的部分职能要转交给苏俄（如，外交部）。

总体上，从这时开始到后来的一年半的时间里，在苏俄和苏联之间的关系可以用"拉锯战"来形容。在1990—1991年，苏联领导层决定制定新的共和国联盟文件——联盟条约，以取代1922年苏联成立条约。在条约草案的每一个新方案中，苏联的立场都在弱化，苏联让人想起起初的那个软弱的联邦，然后是联盟，接下来完全是带有奇特称谓——主权国家联盟的国际法律联合体。随着1991年6月叶利钦当选苏俄总统，苏联中央和苏俄之间的矛盾开始激化。根据很多历史学家和政治活动家——回忆录作者的观点，苏俄的第一任总统有意识地导致了苏联的解体，这不是为了强化苏俄，而更多是由于自己的狂妄自大和想成为独立国家领导人的愿望导致的。

众所周知，1991年12月苏俄总统、乌克兰总统和白俄罗斯最高苏维埃主席签署了解散苏联的协议，该协议被这三国的最高苏维埃批准。1991年12月12日，苏俄最高苏维埃同时声明废除1922年的苏联成立条约。自这时起，苏俄成为了一个独立国家，在国际法律关系中享有完全权能的主体，并成为苏联的继承国。1991年12月25日，苏俄以法律的形式确定了新的国家名称：俄罗斯联邦——俄罗斯，以取代苏俄这一名称。

在这一时期,俄罗斯联邦内部的联邦关系以下列方式继续发展。可以将在一定程度上提高了自治州和自治行政区的地位称作是迈出的第一步。1990年12月15日进行宪法改革时,取消了自治州是边疆区的组成部分这一规定。因此,自治州再一次成了苏俄的直接组成部分。对自治行政区而言,还处于边疆区和州之中,暂时还是在使用那种模棱两可的表述形式:"行政区是苏俄的组成部分,也可以是边疆区和州的组成部分。"(第83条)这一条表明部分自治行政区从边疆区、州中独立出来,想直接成为苏俄组成部分的最初的尝试。

自治共和国的地位问题是更为紧迫的。正如前文说过的那样,主权化的过程不仅涉及了苏联的加盟共和国,而且还涉及了作为苏俄组成部分的自治共和国。很多自治共和国都通过了自己的国家主权声明,它们想要提升自己的地位。如果在苏联这一级别上迎合了它们,那么为了正常化,苏俄应该做什么呢?而为了"讨好"共和国又该采取什么措施呢? 1991年5月,在进行宪法改革时,在整个宪法的文本上,"自治共和国"这一词语都被替换为"作为苏俄组成部分的共和国"。共和国地位的提升,对其他主体,尤其是自治州而言,变得具有极大的诱惑力。根据这些主体的意愿,1991年7月3日,苏俄法律将4个自治州——阿迪格斯克、戈尔诺-阿尔泰、卡拉恰伊-切尔科斯、哈卡斯——改组为作为苏俄组成部分的共和国。还有1个自治州——犹太自治州,该州直接成了苏俄的组成部分。

苏联解体后,俄罗斯联邦内部关系问题变得更加尖锐。一方面一些人想强化共和国自己的地位,另一方面一部分人对边疆区、州和共和国意义的城市的地位不满,这些地区还是停留在地方行政单位的地位上,虽然它们常常拥有强大的经济潜能,并且为俄罗斯经济的发展作出了重大贡献。

中央和地方都得出了一个必须进行改革并且要形成苏俄联邦结构的新宪法形式的结论。在以前进行的在苏联这一层级上制定联邦条约的影响下，在俄罗斯联邦出现了签署自己的联邦条约的设想，通过这一条约以整顿内部关系，以及确定所有组成俄罗斯联邦的地方单位的地位。

1990年6月16日苏俄第一届人民代表大会创建了宪法委员会，从这一时期开始，便加紧制定俄罗斯联邦新的基本法。在宪法草案的所有文本中，作为俄罗斯联邦主体的不仅仅有共和国、自治州和自治行政区（虽然对它们还存在是否认定其也是主体的争论），还包括边疆区、州和联邦直辖市。立法者还为主体寻找着某种共同的名称（例如，一段时间认为，应与共和国相区分，将地方主体称为地方——德国方式），讨论着有否可能所有主体都享有相同的宪法地位或者对共和国提供某种优先权。

1992年初，中央领导层和区域领导人都认为签订条约是较为合理的，这些条约将正式承认地方单位是俄罗斯联邦的主体，事先规定部分主体的地位，并在对内关系上促进联邦关系的巩固。

最终，1992年3月31日制定并签署了3个条约：

一是在俄罗斯联邦国家权力联邦机关和作为俄罗斯联邦组成部分的主权共和国权力机关间划分职权和管辖对象的条约；

二是在俄罗斯联邦国家权力联邦机关和作为俄罗斯联邦组成部分的自治州、自治行政区之间划分职权和管辖对象的条约；

三是在俄罗斯联邦国家权力联邦机关和俄罗斯联邦的边疆区、州、莫斯科市和圣彼得堡市权力机关间划分职权和管辖对象的条约。

这三个条约一起作为统一的联邦条约载入了国家和宪法规定的历史。

在文件拥有巨大的历史意义的条件下，它的宪法效力却出现了问题。首先，如果它们是单独的条约，它们又在多大程度上对俄罗斯联邦其他主体而言具有强制性，这些其他主体应不应该考虑在部分条约中规定相应主体地位的特点、权利和诉求，而根据这些部分条约会得出它们与其他主体会有一定的不平等（例如，共和国坚持在自己条约的名称中规定它们是"主权国家"，还坚持在这些条约的议定书中规定，应该保证在俄罗斯联邦最高立法机关中的一个不少于50%的席位提供给共和国、自治州和自治行政区的代表；边疆区、州和联邦直辖市坚持在议定书中规定，授予它们在相应的领域中通过法律的权力；等等）。

为了使联邦条约成为国内建设的基础，1992年4月10日，俄罗斯联邦第四届人民代表大会通过了批准联邦条约并将联邦条约作为宪法组成部分的决议。1992年4月21日，进行了紧迫的宪法改革，此时，除了其他的以外，更为详细地制订了俄罗斯联邦管辖对象的条款，而且还有关于俄罗斯联邦与联邦主体中的任何一个共同管辖对象问题的规定。

在讨论联邦结构问题时，其中包括在人民代表大会上进行讨论时，又重新出现了将俄罗斯共和国作为俄罗斯联邦组成部分的想法，而且还谈到了实现这一设想的两个方案：（1）俄罗斯共和国包括除共和国、自治州和自治行政区之外的领域；（2）从上述种类的主体中，将那些俄罗斯人居住的地区分割出来，将这部分也作为俄罗斯共和国的组成部分。

第一个方案，俄罗斯共和国这种设想的危险之处在于，它降低了俄罗斯民族的作用，将形成国家的这一民族的作用不及于整个俄罗斯联邦，而仅仅及于该国的部分区域。第二个方案更加危险，因为区域的重新划分将导致严重的国内冲突。值得赞扬的是，俄罗斯联邦国家权力机关并没有关注相关的建议。

因此，从宪法改革这一时刻开始，可以认为，在俄罗斯新的联邦出现了，新联邦的主体包括：

一是作为俄罗斯联邦组成部分的共和国——民族（至少在名称上是）国家；

二是自治州、自治行政区——民族地方（或者是民族国家）单位（同上，是根据名称，因为这些民族仅仅占这些主体居民总数中很少的一部分）；

三是边疆区、州、联邦直辖市——地方单位（随着它们被宣称为属于俄罗斯，联邦主体就成了地方国家单位）。

但是，宪法法律对新联邦的规定，还没有解决主要的问题——在联邦国家中主体的地位问题。而在这一点上，主体是不平等的。共和国自己的地位比其他的主体更高一些。共和国的名称是国家，它们成立的依据是宪法（章程是其他主体成立的主要文件），它们有权通过法律（其他主体没有这项权力），立法的权限更大。俄罗斯联邦最高苏维埃不能废除共和国的法律，而对其他主体代表机关制定的规范性法律文件是可以废除的。俄罗斯联邦总统只能暂时中止共和国执行机关的文件，而对其他主体的类似文件却有权废止。领导共和国的是公民选举出的总统，而其他主体则是行政长官，并且在这一阶段上主要是由俄罗斯联邦总统任命，总统对这些人还有纪律处罚的权力。在联邦一级上，共和国拥有更多优势：在代表大会和最高苏维埃中的代表人数较多；政府主席是俄罗斯联邦政府成员；共和国的部分代表处直辖于俄罗斯联邦总统（其他主体的代表处直辖于俄罗斯联邦政府）。甚至共和国的司法机关的权力更大，它们能够创建自己的宪法法院，最高法院和仲裁法院的法官由最高苏维埃选举；在那时，其他主体类似法院的法官只能由俄罗斯联邦最高苏维埃选举。任命共和国的检察官须征得共和国的同意，而任命其他主体的检察官则无须这种同意。最后，在编制供共和国支配的财政时，预留了更多的资金。因此，在联邦结构中存在着不均衡之处。

这种状况促生出几种可能的方案：(1) 通过把其他主体的地位提升到共和国同一个水平，或者把共和国的地位降低到俄罗斯联邦其他主体的这种水平，以平衡主体的地位；(2) 当某些主体地位升高而另一些主体地位下降时，应该找到某种中间的、综合性方案；(3) 保持这种不均衡，也就是说保持主体的不平等地位。

联邦中央拖延作出决议，更何况，联邦中央在讨好那些正在进行主权化的共和国。叶利钦在鞑靼斯坦时，曾就主权问题该怎么办这一问题时说，能够吞下多少主权，就拿走多少主权。当然，这里还暗含着在共和国自己管辖的内部事务上，共和国享有的独立性。但是，众多共和国完全理解了这些话的含义,其中包括在这些话中看到了联邦关系上的不均衡。

同时,一系列不是共和国的主体这样决定:如果共和国有更高的地位,就应该变成共和国。我们以前说过,在1991年有4个自治州获得了共和国的地位。在1990—1992年还有一些自治州和自治行政区声称想要成为共和国。

在我们所研究的俄罗斯的这个阶段,在联邦关系的实践中出现的所有现象,在制定新的俄罗斯联邦宪法过程中都被考虑到了。例如,最初由俄罗斯联邦宪法委员会和总统制定的宪法草案中,包括了联邦条约。当只剩下总统方案时,在下一阶段,便将联邦条约从草案中废除出去了。联邦主体地位得到平衡,这也在宪法中有所体现。但是,联邦关系发展过程中很多结构问题还是没有解决。

参考文献

阿布杜拉季波夫·尔·格、博尔坚科娃·尔·弗、亚罗夫·尤·弗:《俄罗斯历史上的联邦制》(四卷本),莫斯科,1992年、1993年。

弗·伊·格谢纳主编:《自治、联邦和民族问题》,圣彼得堡,1906年。

格利博夫斯基·弗·姆:《沙俄时期的国家制度和管理》,敖德萨,1912年。

古尔维奇·格·斯:《苏维埃制度下的自治原则和联邦制原则》,莫斯科,1924年。

多罗金·弗:《苏维埃国家法中的主权》,莫斯科,1948年。

兹拉托波利斯基·德·尔:《苏联的国家制度》,莫斯科,1960年。

兹拉托波利斯基·德·尔:《苏联——联邦国家》,莫斯科,1967年。

兹拉托波利斯基·德·尔:《苏联的解体(对问题的深思)》,莫斯科,1998年。

《苏联民族国家建设的历史》(第1卷)。

《由资本主义向社会主义转型时期的民族国家建设》(第2卷)。

《社会主义和建设共产主义时期民族国家的建设》(1937—1978年),莫斯科,1979年。

基里琴科·姆·格:《苏联:民族国家制度(宪法基础)》,莫斯科,1982年。

基斯利奇·伊·姆:《苏联联邦建设的理论与实践问题》,彼尔姆,1969年。

科克什金·弗:《州自治和俄罗斯的统一》,莫斯科,1905年。
科克什金·弗·弗:《自治和联邦》,彼得堡,1917年。
科尔克玛索娃·科·德:《苏联的民族国家》,顿河畔罗斯托夫,1970年。
科尔克玛索娃·科·德:《苏联民族国家制度》,顿河畔罗斯托夫,1984年。
科列姆涅夫·普·普:《苏联的阶梯:国际法问题》,莫斯科,2005年。
列佩什金·阿·伊:《苏维埃联邦制(理论与实践)》,莫斯科,1977年。
奥舍罗夫·斯·亚:《社会主义联邦制下的联盟共和国》,莫斯科,1948年。
帕利耶恩科·恩·伊:《邦联、联邦和苏维埃共和国联盟》,敖德萨,1923年。
拉温·斯·姆:《苏维埃国家法上的联邦制原则》,列宁格勒,1963年。
斯坦克维奇·兹·阿:《苏联解体的历史法律视角》,法学副博士论文,莫斯科,2002年。
苏德尼岑·尤·格:《民族主权》,莫斯科,1958年。
切尔特科夫·阿·恩:《古罗斯联邦.俄罗斯联邦制的最初经验》,《俄罗斯法杂志》2000年第2、3期。
奇斯佳科夫·奥·伊:《苏联成立前苏维埃共和国的相互关系》,莫斯科,1955年。
奇斯佳科夫·奥·伊:《俄罗斯苏维埃联邦社会主义共和国在国内战争年代的民族国家建设(1918—1920年)》,莫斯科,1964年。
奇斯佳科夫·奥·伊:《俄罗斯联邦的建立(1917—1922年)》,莫斯科,1966年。
奇斯佳科夫·奥·伊:《俄罗斯联邦的建立(1917—1922年)》(第2版),莫斯科,2003年。
舒姆科夫·德·弗:《俄罗斯的国家主权:历史和现代》,圣彼得堡,2002年。

第二十一章
现代条件下俄罗斯联邦的宪法地位

第一节 概 述

一、联邦的规范性法律基础

俄罗斯的联邦属性在俄罗斯联邦宪法第1条中有所体现,该条规定,俄罗斯联邦——俄罗斯是联邦制国家,俄罗斯联邦和俄罗斯的含义相同。宪法第一章第5条是有关联邦制结构的专门规定,具体如下:

(1)俄罗斯联邦由共和国、边疆区、州、联邦直辖市、自治州、自治区——俄罗斯联邦的平等主体组成。

(2)共和国(国家)拥有自己的宪法和法律。边疆区、州、联邦直辖市、自治州、自治区拥有自己的规章和法律。

(3)俄罗斯联邦的联邦结构建立在它的国家完整、国家权力体系统一、在俄罗斯联邦国家权力机关和俄罗斯联邦主体的国家权力机关之间划分管辖对象和职权、俄罗斯联邦各民族平等与自决的基础上。

(4)在同联邦国家权力机关的相互关系中,俄罗斯联邦所有主体地位平等。

除了宪法中第1和5条的规定外,还有专门的第3章——《联邦结构》。此外,宪法其他章还有众多条款,在考虑到国家的联邦结构的情况下,调整社会关系。俄罗斯联邦的其他规范性文件都应该与俄罗斯联邦宪法相符。

正是宪法反映了联邦和联邦主体的实质。宪法允许使用条约的形式，但是不能在确定联邦和联邦主体的地位时使用，而仅仅是在划分联邦权力机关和联邦主体权力机关的管辖对象和职权时才能使用条约的形式（第11条第3款）。联邦条约，正如前面我们说过的那样，没有被规定在宪法之中。根据宪法"最后过渡条款"的规定，联邦条约只有在不违背宪法的情况下，才有效；在联邦条约的内容与俄罗斯联邦宪法的规定不符的情况下，以俄罗斯联邦宪法为准。

俄罗斯联邦宪法（第11条第3款）允许的、划分俄罗斯联邦和联邦主体权力机关之间的管辖对象和职权的双边条约的实践，在1994—1999年获得了发展。这些条约是由俄罗斯联邦第一任总统和俄罗斯联邦主体执行权力机关首脑共同签订的。在上述阶段这些联邦条约成了联邦关系的规范性法律基础的一部分。但是，从2000年开始，根据联邦中央的动议，大多数条约被认为已经完成了历史使命，其效力被终止。目前，制定和签署这些联邦条约的程序极其烦琐，要求有作为调整联邦关系规范性基础的国内条约的联邦法律对其进行批准（参见本章第七节）。

部分学者建议制定专门的有关联邦制的法律，甚至是某种联邦法典。这种文件的合理性是受其调整对象和与俄罗斯联邦宪法的关系制约的。确切地说，没有这种必要。

二、俄罗斯联邦主体的种类

在俄罗斯联邦宪法第5条中，根据种的特征划分，共有6类俄罗斯联邦的主体——共和国、边疆区、州、联邦直辖市、自治州和自治区。

根据类的属性来划分，如前所述俄罗斯联邦主体可以被划分为：(1) 国家——共和国；(2) 民族地方组成——自治州、自治区；(3) 地方组成——边疆区、州、联邦直辖市。

如果根据宪法,共和国属于国家之列的话,那么,其他的主体可以叫作国家(类国家)组成,相应地自治州和自治区被叫作国家民族组成,而边疆区、州、联邦直辖市被叫作国家地方组成。

作为国家或者国家组成的主体的属性,是受它们所具有的、同国家相类似的特征所决定的。如它们有拥有自己基本法的权利,有立法权,有独立管理其内部事务的权利,有在一定范围内参与对外政治和对内经济关系的权利。

上述特征仅仅是将联邦主体与普通的地方行政单位相区分,并使联邦主体高于普通的地方行政单位。但是,这些特征却无论如何也不能使包括共和国在内的联邦主体与联邦国家自身的地位相等同。作为国家的部分联邦主体所拥有的特性并不能改变什么。而且,在国外也在使用这类特性,例如,美国的"州"(state)按照字面译成俄语就是"国家",但是,这更多的只是历史的遗迹而已,无论如何也不能将主体理解为独立的国家。

就将共和国在名称上叫作国家这一问题,在一定程度上俄罗斯联邦宪法法院也阐明了自己的观点。在2000年6月7日的决议中,宪法法院认为:"不拥有主权的联邦主体,就自己的地位而言,不可能与主权国家相等同。"在俄罗斯联邦宪法第5条第2款中使用的"共和国"(国家)这一概念,是对其确定的联邦结构而言的,并不代表承认这些联邦主体是主权国家,而仅仅是"反映出它们同历史、民族和其他特性因素有关的宪法法律地位的特点"。

现行宪法第65条中规定了俄罗斯联邦主体的清单。在1993年通过宪法时,俄罗斯联邦一共有89个联邦主体。它们分别是:21个共和国、6个边疆区、49个州、2个联邦直辖市、1个自治州和10个自治区。这种划分是从苏维埃阶段继承来的遗产。在苏维埃后期,正如读者所看到的那样,作为俄罗斯联邦组成部分的共和国的数量从16个上升到21个,相应地在5个自治州中只剩下了1个——犹太自治州。

如今，共有83个俄罗斯联邦主体作为俄罗斯联邦组成部分，主体的总数减少是因为，1个边疆区和几个州以及加入到其中的几个自治区，通过联合的形式成立了几个新的俄罗斯联邦主体。

正如本书第二编已经指出的那样，2004年3月25日通过了俄罗斯联邦成立新的主体的联邦宪法性法律——由于彼尔姆州和科米-比尔米亚克自治区的合并成立了彼尔姆边疆区，然后紧接着是2005年10月14日通过了成立新的联邦主体的宪法性法律——由于克拉斯诺亚尔斯克边疆区与泰梅尔（多尔干-涅涅茨）自治区以及埃文基自治区的合并成立了克拉斯诺亚尔斯克边疆区；2006年7月12日通过了成立新的联邦主体的法律，由于勘察加州和克里亚克自治区的合并，成立了勘察加边疆区；2006年12月30日通过了成立新的俄罗斯联邦主体的联邦法律，由于伊尔库州和乌斯季奥尔登斯基布里亚特自治区的合并成立了伊尔库斯科州；2007年7月21日通过了成立新的俄罗斯联邦主体的联邦法律，由于赤塔州和阿加布里亚特自治区的合并成立了赤塔边疆区。

因此，取消了6个自治区，它们现在只是俄罗斯联邦新主体中普通的地方行政区域（对此，后面还会再次论述）。还有部分成立的主体获得了边疆区的地位，进而替代了以前的州的地位。

相应地，现在俄罗斯联邦的组成中共有21个共和国、9个边疆区（以前是6个）、46个州（以前是49个）、2个联邦直辖市、1个自治州、4个自治区（以前是10个）。

在俄罗斯联邦宪法中规定了3个共和国和1各自治州的新的名称（对此在本书的第二编中已经进行了阐述）。

三、俄罗斯联邦主体的名称问题

形式上，在俄罗斯联邦主体的名称中反映出两个因素——地缘因素和民族因素。第一个因素在所有的地方主体——边疆区、州、联邦直辖市中都有所反映。第二个因素在共和国、自治州、自治区的名称上有所体现，有时也与地域原则相结合，例如，泰梅尔（多尔干－涅涅茨）自治区、乌斯季奥尔登斯基布里亚特自治区、亚马尔－涅涅茨自治区。

下列问题更难回答：为什么某一主体使用的是该名称，而不是别的名称？例如，该怎样解释"边疆区"这一名称？俄罗斯在苏维埃时期就有6个边疆区——阿尔泰、克拉斯诺达尔、克拉斯诺亚尔斯克、滨海、斯塔夫罗波尔、哈巴罗夫斯克。在苏维埃时期5个边疆区的特征被认为是在其构成中有自治州（在克拉斯诺达尔边疆区中有阿迪格自治州，在阿尔泰边疆区中有戈尔诺－阿尔泰自治州，在克拉斯诺亚尔斯克边疆区中有哈卡斯自治州，在哈巴罗夫斯克边疆区中有犹太自治州），而第5个边疆区——滨海边疆区的名称是同它所处的边疆的位置有关的。如上所述，4个自治州已经成了共和国，犹太自治州也直接是俄罗斯联邦的主体，但是，相应的地区仍然沿用着边疆区的名称。这些边疆区之一——克拉斯诺亚尔斯克边疆区合并了埃文基和泰梅尔（多戈尔－涅涅茨）自治区，而其他边疆区在自己的结构中，以前没有现在也没有民族地方单位。但是，自治区也是州的组成部分。通过将州与自治区合并的方式，形成新的联邦主体的过程，暂时还没有涉及一系列的地方单位。例如，还是像以前一样，在秋明州中有汉特－曼西自治区和亚马尔－涅涅茨自治区，在阿尔汉格尔斯克州中有涅涅茨自治区。同时，很多州都处于边境地区。但是，无论是存在着自治区，还是其所处的边境位置，都没有导致将这些相应的州更名为边疆区。而且，楚克奇自治区，以前属于马加丹州的组成部分，从1992年起它直接成为俄罗斯联邦的组成部分，尽管也处于边疆地区，但是也没有给该地区进行改名。

在通过合并现存的主体形成新的联邦主体过程中，并不都是只留下一个名称。例如，在合并彼尔姆州和科米－彼尔米亚克自治区时，就给新的联邦主体起了一个彼尔姆边疆区的名称；在合并勘察加州和科里亚克自治区的基础上，成立了勘察加边疆区；赤塔州和阿加布里亚特自治区合并后，成立了贝加尔边疆区。似乎，这可以让人认为，就结构而言，边疆区是更为复杂的地方组成部分。在克拉斯诺亚尔斯克边疆区和加入它的两个自治区进行合并时，保留了原来的名称——克拉斯诺亚尔斯克边疆区（这可以说，非常清楚地表明，地域改革可以被认为是取消自治区，同时把具有不清楚的"特殊"地位的自治区改组成地方行政单位）。有趣的是，在将伊尔库斯科州和乌斯季奥尔登斯基布里亚特自治区合并后，没有赋予其"边疆区"的名称，而是保留了"伊尔库斯科州"这一原来的名称。因此，区分边疆区和州清晰且正式的标准以前没有，现在也没有。

在成立民族共和国、自治州、自治区时也没有这种标准。历史上，早在20世纪20年代，一些民族地区就成立了自治共和国，另一些最初是自治州，但是后来（在苏维埃时期）又获得自治共和国的地位。改革是从少数向多数发展：部分自治州成为了自治共和国，而自治共和国成了苏联的加盟共和国。反过程却是个例外。例如，卡累利阿苏维埃社会主义自治共和国是苏俄的构成单位，1940年改为苏联的卡累利阿-芬兰加盟共和国，而在1956年时，又重新改回了卡累利阿苏维埃社会主义自治共和国并作为苏俄的一个组成单位。

在后苏维埃时期，正如已经指出的那样，中央仍然走上了提升民族地区地位的老路，自治共和国直接就升级为俄罗斯联邦的共和国，多数的自治州改为共和国。

但是，中央阻止了斯维尔德洛夫斯科州在1993年改成乌拉尔共和国的企图。在这一例子中便非常清晰，中央是坚决反对地方主体改建成共和国的，因此，它们将这种方案换了个名称。试问，为什么？大概因为，根据宪法第5条的规定，共和国是国家，无论如何都保持着更高的独立性。而中央担心出现分裂主义，也不想为分裂主义制造新的土壤。

因此，主体的名称问题可能直接同俄罗斯国家结构的前途有关。如果国家将来变成单一制的,那么现在的俄罗斯联邦主体将来只是一个普通的地方行政单位,以前的共和国将会获得新的名称——例如省。

四、主体在俄罗斯联邦宪法中的列举顺序问题

在俄联邦宪法中,主体所处的位置可能与下列因素有关:(1)主体居民数量的大小——按照从大到小的顺序;(2)主体的经济潜能——也是按照从大到小的顺序;(3)加入联邦的时间——按照时间的先后顺序,在同时加入的情况下,按照居民数量和经济潜能;(4)字母顺序标准。很明显,因素(1)、(2)、(3)或多或少地证明了主体的不平等,而联邦,通常宣告主体平等。因此,最为中性的是最后一个因素,将主体在宪法中的清单里按字母顺序排列。

但是,这对俄罗斯宪法适用吗?为什么恰恰是选择了当前的这个主体在宪法第65条中的排列顺序呢?如果它们根据俄罗斯联邦宪法第5条的规定,是平等的,为什么在清单中首先排列的是共和国,然后是边疆区、州、联邦直辖市、自治州、自治区呢?

我们认为,在俄罗斯宪法中主体当前的排列顺序是历史遗留问题,当时,构建俄罗斯联邦的民族原则只是同作为联邦组成部分的自治共和国(现在是共和国)有关的。在那个阶段,边疆区、州、联邦直辖市是地方行政单位,是不可能同共和国平等的。自治州和自治区当时还是相应的边疆区和州的组成部分,也就是说,当时按照级别它们不仅仅明显地低于共和国,而且也低于边疆区和州(10个自治区中的9个,现在仍然是边疆区和州的组成部分)。

是否可以改变这种顺序是以是否需要这样做为前提的。陈旧现象陪伴我们终生,我们已经学会了和它们和平共处。因此,应该认为,在俄罗斯联邦宪法第65条中列举的主体的顺序,完全不意味着一部分主体的地位比其他主体的地位高,所有主体都是平等的(第5条)。

五、组建俄罗斯联邦新主体的标准

尚没有学者针对组建俄罗斯联邦的新主体的标准进行研究。这给人带来的印象是，谁应该成为俄罗斯联邦主体这一问题，完全是政治层面的问题，而只有当相应过程的参加者认为创建新主体、撤销主体、对某一主体进行改组，或者同其他主体相合并，以及拆分某一主体是完全合理的时候，才会在宪法上进行规定。

在苏维埃时期，成立联邦主体的标准问题，如果说那时进行过研究，那也只是针对加盟共和国而言的。实际上，斯大林在1936年通过宪法时所阐述的立场，是研究这一问题的出发点。斯大林认为，组建新的加盟共和国，可以按照允许该共和国作为一个独立国家存在的标准来进行。新的共和国应当：第一，有数量足够多的居民——不少于100万人；第二，拥有必要的经济潜能；第三，在苏联中处于边疆地区，因为只有在这种情况下，才可能实现从苏联中分离出去的权利和独立存在的权利。

经过了几十年后，这些标准遭到了批评，而且在世界发展过程中，出现了一些正式独立的国家和联合国的成员国，但是这些国家却不具有上述的标准：这些国家的居民数量不足100万，经济实力也非常弱，而且还出现了位于其他国家内的独立国家。在驳斥斯大林观点的同时，我们的学者却没能找到创建新的加盟共和国的标准。一系列的自治共和国，尽管处于苏俄的内部，根据居民数量和经济潜能还是成为苏联的主体。而且在1990年，它们还取得了相应的法律上的决议，出现了新的"令人头痛"的难题——有只属于苏联构成部分的加盟共和国；又有既属于苏联组成部分，也属于加盟共和国组成部分的共和国。

俄罗斯联邦组建新主体的标准问题，现在还没有具体的答案。

此处，有学者曾试图提出创建新主体和新主体直接加入俄罗斯联邦的标准。在进行必要的修改后，这些标准目前还是值得关注的：

第一，该地区应该在经济、组织方面具有一定的能力，而在一定的条件下，还应该具有成为联邦主体的民族因素。

想要获得联邦主体地位的地区在经济方面的富裕程度，应该被看作该地区具有经济富足的实力。也就是说，能够保障自己，或者完全不需要中央补贴，或者只是需要一小部分补贴。经济因素还与该地区能够为全国的劳动分工做出自己的贡献，能够生产不仅仅是自己地区而且还有其他地区需要的产品，在互利共赢的基础上，能够进口并且消费其他区域的产品，能够为全国劳动力市场需求提供一部分保障有关。

组织因素是多方面的，与地区的管理能力有关，并且至少表现在如下几个方面：独立管理该地区的必要性；该地的自治能力，也就是说，该地居民对创建国家权力机关、地方自治机关的准备程度，如果需要，就可以通过直接的意志表达方式——全民公投来解决问题。

民族因素对那些有一定的民族群体聚居的区域具有意义，并且与他们通过独立的区域——俄罗斯联邦主体——来表达自己的民族（种族）利益的愿望有关。当然，民族因素在那些单一民族居住的区域（例如，在讲俄语的边疆区和州）的意义就小一些。民族因素不能代替经济和组织因素，不是目的本身，因为民族利益既可以在单独的俄罗斯联邦主体内部，也可以在俄罗斯联邦现有的主体内、在考虑到居民民族成分的情况下而建立的区域中得到兼顾。

第二，从垂直分权的观点看，如果说主体内部的相应区域在很多方面与区域外都有着必然的联系，那么，成立联邦主体还是合理的。

从权力关系等级和划分的观点看，只有当在现有的俄罗斯联邦主体范围内对某一地区的管理效率低下，并且结果证明这是不正确的情况下，才应该产生独立的俄罗斯联邦主体问题。此时，应该建立新的主体，并且建立"俄罗斯联邦与该主体"间直接的关系。在这种情况下，什么会发生变化呢？如果一个地区处于另一个地区之中，那么会具备强大的自上而下的行政管理因素。俄罗斯联邦主体的成立并且它与联邦建立起直接的联系将会促使两者间宪法关系的产生。这些关系会变成更高的级别。

对外组织关系因素在创建俄罗斯联邦主体时是关键因素之一。这是指：如果在该地区产生的绝大多数问题，可以在该地区所在的主体层级上得到很好的解决的话，就没有必要到俄罗斯联邦的层级上进行解决，而如果在该地区的经济、社会和其他生活中越来越多的问题不得不在该地区所在的主体之外进行解决的话，便不可避免地会产生创建独立主体的想法。

在创建新主体时，有时也不得不关注地区间以及各地区的居民之间的"包容性""相互尊重"的因素。如果它们之间没有任何共同之处，如果它们相互感觉生疏，不可能找到共同的语言，进而相互敌对，最后，如果在保持着最为友好的邻居关系的条件下，仍坚持提出独立存在的愿望，这时便应该仔细想想，创建新的主体、在联邦层级上建立关系是不是最好。

第三，当对相应的区域，在该地区的经济和管理潜能的基础上，为了组织居民的事务和生活，以及为了统计该地区的自然、经济、生活和其他条件，需要自己规范法律基础时，才可以谈到新的俄罗斯联邦主体问题。

六、成立俄罗斯联邦新主体的程序

俄罗斯联邦宪法规定了3个解决创建俄罗斯联邦主体问题的方案。根据宪法第137条第1款的规定："应根据关于加入俄罗斯联邦和在俄罗斯联邦的构成中成立新主体，以及关于变动俄罗斯联邦主体宪法法律地位的联邦宪法性法律，来对规定俄罗斯联邦构成的俄罗斯联邦宪法第65条进行修改。"根据这一规定可以分析出：首先，关于解决相应问题的程序需要共同的规则——对此需要通过专门的俄罗斯联邦宪法性法律；其次，成立新主体的每一具体情况，都要在共同法律规定的基础上通过联邦宪法性法律的方式来确定。

俄罗斯联邦成立新主体的第一种和第二种方案,在俄罗斯法律上更为具体——也就是说通过接受这一主体加入俄罗斯联邦和通过在已有主体的基础上组建新的主体。

有关某一主体宪法法律地位的变动是否属于成立新主体的方式这一问题,并无明确答案。一方面,这一主体已经是联邦的构成部分;另一方面,联邦的构成被修正,也就是说,对宪法第65条规定的主体清单进行了修改,意味着我们面临着出现了其他的主体的"情况"。这种不明确性还是受"主体宪法法律地位的变动"这一表述的不明确性所制约的。试想,共和国变成了州,或者州变成了共和国——虽然根据宪法第5条,构成的单位仍然处于俄罗斯联邦平等主体的数量之中,但是,主体的现实地位还是发生了变化,甚至非常明显,出现了新的俄罗斯联邦主体。据此,应该需要相应的宪法性法律规定。

通过接受某一地区为俄罗斯联邦的组成部分而创建新主体或者在已有主体的基础上成立新主体这一问题,由2001年12月17日通过(2005年10月31日修改)的《关于加入俄罗斯联邦和在俄罗斯联邦的构成中成立新的俄罗斯联邦主体的办法》这一联邦宪法性法律进行调整。

这部法律规定,新主体加入俄罗斯联邦是指"由于外国或者外国的某部分加入俄罗斯联邦"而使俄罗斯联邦主体构成发生变化的程序。而成立新主体是指规定俄罗斯联邦主体构成发生变化,但和外国或者外国的某部分加入俄罗斯联邦无关的程序。

加入或者成立新主体的相关问题,应该根据具体情况,以通过联邦宪法性法律规定的方式解决。

2001年12月17日的法律规定,在自愿的基础上加入俄罗斯联邦和在俄罗斯联邦的构成中成立新主体。俄罗斯的国家利益、俄罗斯的联邦结构原则、人和公民的权利与自由都应该被遵守,而且还应该考虑到俄罗斯联邦主体形成的历史、经济和文化联系,以及主体的社会经济可能性。

外国或者外国的某部分作为新主体加入俄罗斯联邦，是根据俄罗斯和该外国签订的、外国或者外国的一部分作为新主体加入俄罗斯联邦的国际（国家间）条约框架下，且在联邦和该外国相互同意的情况下进行的。接受整个外国或者外国的一部分加入俄罗斯联邦，外国自身是发起者。

在接受外国作为新主体加入俄罗斯联邦的情况下，如果俄罗斯联邦和该外国签订的国际条约没有赋予新主体边疆区或者州的地位的话，则授予这一新主体共和国的地位。在接受外国的一部分作为新主体加入俄罗斯联邦的情况下，根据俄罗斯和该外国达成的国际条约，赋予这一新主体共和国、边疆区、州、自治州、自治区的地位。

应该说，2001年12月17日法律无论怎样都没有指明：假如俄罗斯联邦的这部分领土和已有的主体（或者主体的一部分）想联合成一个新的俄罗斯联邦主体，该如何？在逻辑上应该认为，这一问题的解决似乎是第二阶段，将会有一系列涉及成立该主体的法律规范调整。

至于在现有主体的基础上，在俄罗斯联邦的构成中成立新主体的程序，法律明确地规定了一个方案：可以将两个或者两个以上的彼此相邻的俄罗斯联邦主体合并来实现。在联邦的构成中成立新主体导致的是俄罗斯联邦某些领土应当合并的主体的消失。

下列成立新主体的可能性法律却完全没有规定，即将现存的某一主体分为几个主体；通过从现有的几个主体中分别划分出几部分的方式成立新主体；某一主体放弃独立地位，并作为另一主体的领域加入该主体。立法者给出的仅仅是一个成立俄罗斯联邦新主体的路径。

在联邦构成中成立新主体的动议，属于要在自己的领土上成立新主体的那些主体（法律使用的术语是俄罗斯联邦"利害关系"主体）。由俄罗斯联邦利害关系主体的立法机关和最高公职人员将共同的建议向俄罗斯联邦总统递交。这一建议应该有充分理由，并且包含被建议使用的名称、新主体的地位和边界，以及同成立新主体有关的社会经济和其他结果的预测。同时，还应提交以下附件：(1)有关新主体对与联邦国家权力机关和其他主体有关的利害关系主体的财产法律继承问题的建议；(2)因成立新主体对本年度有关联邦财政的联邦法律的修改和补充的建议，或者对下一年度联邦财政草案的建议，如果新主体的成立不打算分配本年度的财政资金的话；(3)在新联邦主体的领土上国家机关和利害关系主体组织功能的建议，以及新主体国家权力机关组成的建议；(4)在新主体领土内利害关系主体法律和其他规范性法律文件效力的建议；(5)利害关系主体就在联邦构成中成立新主体这一问题举行全民公投的建议期限以及需要提交全民公投的问题陈述。

俄罗斯联邦总统将收到成立新主体的建议通知联邦委员会、国家杜马、俄罗斯联邦政府，并在必要的情况下，与上述部门进行相应的协商。

在与俄罗斯联邦总统举行了相应的协商后，有关在俄罗斯联邦内部成立新主体的问题应该提交给利害关系主体进行全民公投。在总统支持俄罗斯联邦利害关系主体提议的情况下，在俄罗斯联邦构成中成立新主体的问题（并且只有以协商一致的表述形式）提交给利害关系主体进行全民公投。如果在一个或者几个、但是不能超过一半的利害关系主体中，这种全民公投被认为无效；如果全民公投的结果被认为无效，在其他利害关系主体的全民公投中，有关成立新主体的问题获得赞成的情况下，可在上述这些主体中可以举行第二次投票。如果在俄罗斯联邦构成中成立新主体的问题，哪怕是在利害关系主体中只有一个主体的全民公投没有得到支持，在经过不少于1年的时间后，在俄罗斯联邦构成中成立新主体的动议还可以再次由那些利害关系主体提出。

俄罗斯联邦总统将在联邦构成中成立新主体的联邦宪法性法律的草案提交给国家杜马。如果在利害关系主体的全民公投中，有关在联邦构成中成立新主体的问题获得肯定性的决议，这一草案可能被提交。草案应该包括确定新主体的名称、地位和边界的规定，应该包含一个或者多个利害关系主体被撤销的内容，还应包含确定期限的最后过渡性条款，在这一期限内应该解决下列问题：(1)成立新主体的国家权力机关；(2)如果在俄罗斯联邦构成中成立的新主体打算重新分配本年度的财政资金，对本年度有关联邦财政的联邦法律进行修改和补充；(3)新主体对于与利害关系主体关系密切的联邦国家权力机关、其他主体、外国和国际组织的财产方面的法律继承；(4)在新主体领域上的利害关系主体的组织、国家机关的功能；(5)在新主体领域内利害关系主体的法律和其他规范性法律文件的效力。

联邦会议按照法定程序通过关于成立俄罗斯联邦新主体的联邦宪法性法律，在该宪法性法律中要解决上述问题。

问题是，只是简单地撤销俄罗斯联邦主体是否可以？第一，无论是在宪法上，还是在其他文件中，都没有规定在俄罗斯联邦不可以按照中央的决定撤销某一主体。考虑到苏联历史上那些悲痛的事实，这样的规定并不是多余的。第二，同样没有规定，不能作为一种宪法法律责任措施将某一主体从俄罗斯联邦构成中删除。其实，俄罗斯联邦宪法第66条第5款规定，俄罗斯联邦主体的地位可经俄罗斯联邦与俄罗斯联邦主体相互同意后，根据联邦宪法性法律而改变。但是，我们提到的上述情况，未必适合于主体"地位的改变"。作为一种积极的事实应该指出，2004年联邦宪法性法律《俄罗斯联邦全民公投法》不允许在全俄公投时决定俄罗斯联邦某一主体的命运。

第二节　联邦结构的原则

俄罗斯联邦是依照何种原则——基本原则进行构建的呢？正如以前所指出的那样，根据宪法（第5条第3款），俄罗斯联邦的联邦结构建立在其国家完整、国家权力体系统一、在俄罗斯联邦国家权力机关和俄罗斯联邦主体的国家权力机关之间划分管辖对象和职权、俄罗斯联邦各民族平等与自决的基础上。同样，根据第5条，俄罗斯联邦主体平等。在结合上述有关俄罗斯联邦的结构和组成的特点，以及考虑到基本法规定的情况，确定以下俄罗斯联邦原则。

一、俄罗斯联邦建立在民族地方与一般地方原则相结合的基础之上

苏联存续期间，在表述苏维埃联邦的原则时，研究者通常认为，它是根据民族特征构建的。这种观点的依据在于，根据民族原则创建的加盟共和国是苏联的主体，这还在它们的名称上有所体现（格鲁吉亚苏维埃社会主义共和国、乌兹别克苏维埃社会主义共和国等）。但是，这还是一个不仅简单地依照民族特征，而是依照民族地域特征建立的联邦。或者说，只有那些聚居在一定地域上的民族，为了实现自己的民族主权而建立的国家，才是联邦的主体。例如，亚美尼亚苏维埃社会主义共和国是苏联的主体，该共和国代表的是那些生活在亚美尼亚地域上的亚美尼亚人利益，而不是所有生活在苏联领土上的亚美尼亚人的利益，尽管在数量上生活在苏联领土上的亚美尼亚人要比在亚美尼亚地域的亚美尼亚人多。

作为国家的相应的共和国也是苏联的主体，这些共和国代表的不仅仅是赋予国家名称的民族的利益，而且还代表着所有生活在该地区的公民的利益，也就是说，在这一点上联邦主体是按照地域特征被组建的。这里作为主体基础的已经不是民族的主权，而是人民主权，也就是说所有民族的公民组成了统一的人民，作为国家的共和国是人民的利益和权利的化身。例如，数量不少的乌兹别克人和俄罗斯人生活在塔吉克斯坦的领土内。代表性的民族——塔吉克人和上述指出的公民以及和其他民族的公民形成了统一的整体——塔吉克斯坦，塔吉克斯坦是为塔吉克

斯坦人民的利益服务的。

在苏联存在的最后阶段，当为民族独立的斗争达到了难以置信的程度时，在一系列的加盟共和国中，代表性民族中的有民族主义倾向的政权精英代表希望在宪法中规定，共和国是本民族的国家，进而似乎是将其他民族的公民从"自己"的国家中分离出来，或者说，将自己的民族等同于人民。在一些国家——苏联的前加盟共和国——即使是现在也没有放弃将其他民族的公民变成二等公民的企图。

对当今的俄罗斯联邦而言，这一问题也不是抽象的。在俄罗斯的构成中有21个共和国，1个自治州（以前是10个），4个自治区。这是一些在自己的组成和名称中有民族因素的地区。如果相信，这些地区是按照民族特征构建的，这可能引起有关赋予相应主体名称的民族特殊地位，以及该民族在权力机关中享有优先权等的某种表象。同时，这些地区不仅是按照民族特征，而且还是按照地域特征构建的，也就是说，它们联合了所有生活在该地区的公民。毫无疑问，在一系列的问题上，民族因素是要被考虑的，例如在语言、教育、文化、风俗等的问题。但是，民族因素不可能具有绝对的意义，也无权认为相应的主体是该民族的机构，无权认为在地方议会中应该有更多的代表人数，无权认为俄罗斯联邦执行部门的首脑一定得出自代表性民族的人群中，等等。

关于作为俄罗斯联邦机构基础的民族地域原则，应该说也是与对俄罗斯而言抽象的因素有关的，但完全不提及这一因素是不正确的。这里是说，由相应民族或者多种语言和民族的公民组成社会（团体），以及创建作为这些团体联盟的联邦。这种类型的联邦存在着，例如，在比利时，主要有3种代表语言群体（团体）——弗拉芒（荷兰语）、华伦（法语）和德语。各类社群主要从事民族教育、语言和文化的相关事务。但是，相应语言群体的公民聚居在一起，有时在国家内部还是会出现划分语言领域的边界问题。除此之外，为了管理行政事务，国家被划分成3个州，此时，对弗拉芒人而言，语言团体的领域与州相一致，德语团体则出在华伦州内,布鲁塞尔是第三个州,在该州既生活着华伦人,又生活着弗拉芒人。在这一联邦中,语言和地域原则似乎是可分的,但事实上它们又紧密联系。

在俄罗斯很难想象这种联邦,这会产生很多问题。试想一下,我们决定了创建作为俄罗斯主体的民族语言群体。如果成立跨区域的语言群体,例如,大约有1/3生活在鞑靼斯坦的鞑靼人,或者布里亚特人,布里亚特人的名字现在还体现在一个共和国的名称中,和不久前的两个自治区的名称中(现在又在已经成立的俄罗斯联邦主体中变成了地方行政单位,行政区在自己的名称中还是保留了"布里亚特"这一词语,也就是说不仅仅有"自治"这一词语了),毫无疑问,事情将会朝着创建俄语群体的方向发展。似乎觉得,这里没有什么不妥之处?但是,创建这样的社群有可能导致隔绝、社群利益的相互竞争和社群之间的矛盾。

总之,民族统一这一思想最好在民族文化自治中实现,而民族地域特征应该留作联邦基础。而且,要谨慎地看待民族文化自治,如果这一民族聚居区域具有共和国或者民族自治地方地位,民族文化自治仅仅是将那些生活在某一民族聚居区域之外的本民族的人联合起来。

对俄罗斯而言,将地域特征加入联邦结构中还是一种创新,也就是说,以前被认为是地方行政单位的边疆区、州、联邦直辖市,现在也成了联邦的主体。进而,以前的地方行政单位没有变成国家,但是,发生变化的是一般地方行政单位的级别:它们有自己像俄罗斯联邦主体一样的职权,还有以某种方式参与实现俄罗斯联邦职权的权利或者对这一过程施加影响;它们有权——在全联邦的原则下和在联邦的协调下——制定并实施自己的(对内)政策,有权建立自己的机构体系和地方自治组织,有权拥有财政和税收;它们拥有自己的立法(以前它们也能规范性地调整一定的社会关系,但是在那些文件中,没有诸如章程或者法律这样的规范性文件);这些主体现在也可以通过协商的方式解决在联邦层级上出现的有争议的问题,联邦机关不能撤销它们的文件,如果需要撤销的话,这些联邦机关应该诉诸俄罗斯联邦宪法法院或者其他法院;俄罗斯联邦的这些主体有权设立联邦层级的代表处、有权提交联邦法律草案、有权咨询俄罗斯联邦总统或者政府,以及向俄罗斯联邦宪法法院提出问询。

众所周知,在这些主体中大多数的居民都是俄罗斯人。为什么我们上述谈到的这里实现的是区域性原则,而非民族区域性原则?难道不应该认为,这些主体的任何一个都在实现俄罗斯民族的部分民族主权吗?原因在于,民族主权这是属于民族整体上的一个概括性的范畴。在这一点上,整个俄罗斯国家代表俄罗斯人的利益,而单独的边疆区、州、直辖城市的存在,不是为了实现俄罗斯思想,而是为了使管理合理化。当然,它们要考虑的是这里俄罗斯人占大多数,但这不是绝对的。

在一般的共和国中,谁在这一地域上生活,谁就可以属于"人民"这一概念。这一概念应该包括所有在这里生活的人,而不取决于他们的民族属性,共和国应该代表所有人的利益。在俄罗斯联邦民族地方主体和普通的地方主体中,所有在这里生活的人都被"居民"这一范畴所涵盖,这一范畴体现出以其民族出身为标准的所有公民的统一。当然,与体现所有人的共同利益相并列,共和国还体现赋予该共和国名称的代表性民族的利益,边疆区、州、直辖城市既代表在那里生活的俄罗斯人的利益,也代表其他民族公民的利益。

二、国家完整原则

俄罗斯联邦的联邦结构建立在它的国家完整性之上(俄罗斯联邦宪法第5条第3款)。这一原则的实质在于,俄罗斯并非是俄罗斯联邦主体数字上的总和,而是拥有自己的主权和领土的主权国家。

在俄罗斯联邦,在整体上只有国家才拥有国家的主权。除此之外,主权还表现在,国家将足够广泛的权利授予给了自己的主体,这些主体应该在考虑到联邦和其他主体利益的情况下,独立地实现这些权利。

俄罗斯联邦1993年宪法使用的"主权"这一概念仅仅是对俄罗斯联邦适用的。俄罗斯联邦主权及于其全部领土（第4条第1款），俄罗斯联邦保障其领土的完整和不受侵犯（第4条第3款）。

因此，作为俄罗斯联邦国家原则的国家完整性表明：

（1）它的领土是统一且不可分割的；

（2）俄罗斯联邦机构的权力，在属于联邦管辖的职权范围内，及于国家的整个领土；

（3）俄罗斯联邦主体不拥有主权；

（4）俄罗斯联邦主体没有从联邦中分离出去的权利；

（5）在内部事务和对外关系上，俄罗斯协调各主体的力量，但是保障主体实现自己专有职权的自主性和独立性；

（6）俄罗斯受宪法规定的其主体构成的限制，不能单方对其进行更改。

三、俄罗斯联邦各族人民平等和自决原则

这一原则在俄罗斯联邦宪法第5条第3款中有所体现，在该款中规定，联邦结构建立在，其中包括"俄罗斯联邦各民族平等与自决"的基础之上。可以直接地说，这一原则有些含糊不清，我们试着分析这一原则。

在俄罗斯联邦宪法中，"人民"这一概念是在"俄罗斯联邦多民族的人民"（序言，第3条）和"俄罗斯联邦的各族人民"（第5条第3款）这样的表达使用。

"俄罗斯联邦多民族的人民"这一概念包括所有的俄罗斯联邦公民，与年龄和民族属性无关。当然，产生了这样一个问题：形象地讲，应该认为谁才是多民族人民的构成单位——是单独的个体还是作为民族团体的人？我们认为，多民族的人民的基础不是民族团体，而恰恰是不同民族的个体（独立于这种属性）。如果认为，人的民族团体是俄罗斯联邦多民族的人民的组成，这就不可避免地是以预先对个体的民族进行划分为

前提的。在这种情况下,民族的属性就会开始对个体"施压"。"多民族的人民"这一范畴考虑到属于某一民族团体的个体的愿望,但是无论属于哪一民族都是以个体的统一作为国家基础的前提。

在"俄罗斯联邦的各族人民"这一词组中,说的不是"俄罗斯联邦的各族人民",而是说"在俄罗斯联邦的各族人民"。因此,国家的基础不是单独的"某些民族"(甚至这些民族的总和或者统一),而是说俄罗斯联邦统一的多民族的人民。

在地理学和民族学意义上,民族是指在俄罗斯联邦生活的人的团体,这一团体由不同的要素——民族出身、生活环境、心理的共同性等组合而成。

但是,在法律意义上,对"人民"这一范畴应该从国际社会已经确定的观点来理解。在表述俄罗斯联邦这一原则时,应该认为在某一确定的区域生活的、成为该国家公民的人的总和就是人民。

人民也可以由某一民族出身并掌握该民族语言的人们组成。也就是说,在该领域居住的某一民族出身的人们为代表,此时,"人民"和"民族"的概念是相同的。正因为此,在众多国家,这两个概念是在相同的含义上使用的(例如,在法国,该国的所有公民都可以由"民族"这一概念所涵盖,虽然在民族或者种族的出身上他们是不同的,但是,在法国还没有涌现出大量的不同肤色和语言的人时,这种观点就已经形成了)。

如果在某一区域上生活着属于该国公民的、不同出身的人,他们的总和也属于"人民"这一范畴。正是在这一意义上,这一范畴是作为人民(也就是说,生活在该具体区域的所有人的)权力的人民主权的根基。

因此,在谈及俄罗斯联邦所实施的作为联邦结构原则的民族平等和自决时,应当从下列观点来研究。

民族平等,是指联邦兼顾并保障既包括多民族的个体,也包括多民族的人的团体所代表的各民族的平等地位,兼顾并保障他们参加联邦关系的权利。不论各民族是不是"主体构成"的民族,在俄罗斯联邦他们的地位都是平等的。

　　各民族的自决应该理解成其自我管理以及自己决定其生活问题的权利。除此之外，各民族自决是以他们有权在法律的范围内决定自己的命运为前提的。原则上，这表现在两种可能的方式上：(1)以国家(共和国)或者自治区的形式创建自己的国家单位；(2)拒绝创建自己的国家单位。民族自决并不代表着各民族中的任何一个都必须创建"自己的"俄罗斯联邦主体。例如，达格斯坦的众多民族自古以来就满足于对共和国进行一般的地域划分，这种划分在很大程度上是考虑到了居民的多样性，这些众多的民族也没有对自己民族地方的组成提出要求。但是，各民族的利益在该共和国的国家层面上被体现出来，这也就是达格斯坦各族人民自决的化身。

　　在不同民族建设国家的历史上，各民族的自决权经常是与创建自己的国家或者类国家(自治的)单位有关的。这点很清楚，要知道创建民族国家或者民族自治单位不仅仅是民族自决的表达方式，而且还是保护自己的工具。但是，原则上，当某一民族拒绝创建类似的形式，并满足于承认他们的民族语言、教育、文化、习俗、生活习惯的权利时，就可以说是民族自决了。遗憾的是，在没有创建民族国家或者地方民族形式的条件下，很难组织相应的活动和提供财政保障。并且，常常有一些管理事务能力不太强的民族，仍然建立了自己的民族国家或者地方民族单位。实际上，不是他们在管理自己的事务，而是生活在该地区的其他公民在管理这些事务(对此最有力的证明就是俄罗斯联邦的民族自治区)。

　　因此，按照现代观念和俄罗斯宪法性法律，民族自决权是指下列权利：

　　(1)各族人民(相应地，可以是单一民族或者多民族的公民的团体)在俄罗斯联邦自由选择自己生活方式的权利；

　　(2)自主管理自己的生活和他们所聚居的区域上事务的权利。

　　宪法没有规定民族自决能够达到从俄罗斯联邦分离出去而组建独立的国家或者加入其他国家的程度。

众所周知,在苏联存续期间,从苏联成立时起,各加盟共和国就享有退出权。1922年苏联成立宣言,1924年、1936年、1977年苏联宪法都对这一权利进行了规定。在中央政权强大且统一的、权力集中的且根据联邦制原则没有被划分为民族队伍的执政的共产党实施领导的条件下,实现从苏联分离出去的权利是绝不可能的。因此,当时没有任何调整该问题的规定,也绝非偶然。

作为统一力量和联邦轴心的苏联共产党的作用一变弱,离心倾向就开始增强,众多的共和国就"想起了"自己的退出权。中央不得不表现出积极性——1990年4月3日苏联制定了《关于解决同加盟共和国从苏联分离出去的问题办法》。

众所周知,该法律的通过也没能阻止离心的进程。最终,一方面,一系列的加盟共和国"以及其随意的方式"宣布了自己的主权,并宣布脱离苏联,甚至都没有考虑遵守法律的必要性;另一方面,苏联机关也没有要求使用法律,进而,作出了承认部分共和国独立的决定。

俄罗斯联邦对自决和退出权问题,有着如下的立场:

(1)承认民族自决没有达到分离并成立独立国家的程度,而将自决看作是各民族在俄罗斯联邦内部选择自己的命运和自我管理的权利。俄罗斯联邦宪法没有规定退出权。在这一点上,俄罗斯的立场是与国际规定相一致的。相关的国际文件也不支持自决权是从国家分离出去的权利。与此同时,俄罗斯明确宣称,国家有义务为这些民族团体的发展创造条件,在这种条件下谈分离也就没有必要了。

(2)在联邦制条件下,民族自决和自己选择自己结构的某种形式,不仅仅是该民族自己的事务;所有问题都应该自己解决,而且最终的决定权应该归联邦。

我们在结束对联邦的这一原则进行分析后,不能回避这样的一个问题:如果某一民族不想留在俄罗斯的构成中,同时要创建自己的组织形式,该如何?大概,首先应该在联邦内部的条件下尝试所有可能解决其地位的方案；如果没有任何结果，双方可以想出一个文明的"退出"方案。此时，应该相信，这是所有人民的意愿，而不是那些掌握权力的统治者的意愿，这种意愿应该通过民主的方式，不仅仅要考虑到代表性民族的意见，还要考虑到所有在该地区长期生活的其他公民的意见，进而在相应地区以全民公投的形式予以表达。进而，双方在一定的过渡期内，解决所有的有关财产、债务、国籍、某一范围的人离开相应地区等问题。在过渡期结束后，原来的联邦主体变成了一个新国家（或者是其他国家的一部分）。

尽管知道这一问题的复杂性，还是不应该对此保持沉默。人道的解决，要比暴力地将某一民族留在自己的构成中要好——要知道那时将会是暴动、战争等。顺便指出，和平的方案（就像前面谈到的潜在的主权一样）可以摧毁民族主义者和政治冒险家赖以立足的根基，这些人个人的自负已经远远超出了整个民族的愿望。使用和平方案，恰恰是人民自己决定自己的命运，而不至于成为民族主义者领袖的人质，也不至于成为靠民族主义者领袖个人的感觉而进行的投机运动的人质。

四、俄罗斯联邦主体平等原则

该原则规定在俄罗斯联邦宪法第5条第1和第4款中：

第1款：俄罗斯联邦由共和国、边疆区、州、联邦直辖市、自治州、自治区——俄罗斯联邦的平等主体组成。

第4款：在同联邦国家权力机关的相互关系方面，俄罗斯联邦所有主体平等。

与前一规定俄罗斯联邦各民族平等的原则不同，该原则强调的是联邦国家自身的构成单位——联邦主体平等。

俄罗斯联邦的主体平等有两种观点：

第一种，俄罗斯联邦的主体在相互间的权利上平等。尽管主体的名称不同,但是根据平等原则,它们拥有相同的权利范围。这表明:当部分主体被联邦法律授予了管理某些问题的权限和职权时,这些主体对其他毫无例外的所有主体而言是相同的;对所有主体自己专属的管辖问题,由处于联邦构成中这一事实已经预先规定了,主体无权为自己规定某些与联邦国家的属性不符的特别的管辖对象和职权。

当然,在许可的范围内每个主体都有权进行自我裁量,什么应该规定得更细致,规定的具体措施应该限制在什么范围内。在这一意义上,平等原则仅仅表明,当主体在调整某一问题还未表现出自己的积极性时,可以稍晚一些时候再这样做。例如,俄罗斯联邦的很多主体都以自己的移民法律调整自己领域上的入境和停留问题。另一些主体也可以这样做。但是,在调整移民问题时,主体中的任何一个都不应该侵害或者限制人与公民的权利与自由。

第二种,主体平等表明在与国家权力联邦机关的相互关系上彼此之间平等。一方面,任何主体都没有在联邦机关派遣特别代表的任何特权,在解决问题时任何主体都没有特别优待的地位;另一方面,联邦机关如没有法律依据,也不应该事实上把部分主体区分出来并与这些主体建立其他的特别关系。例如,如果俄罗斯联邦宪法允许在国家权力机关和主体之间签订划分管辖对象和职权的条约,那么,这种条约不能同宪法相违背,也不能规定与宪法不同的、划分联邦和具体主体之间职权范围的其他规定。

鉴于平等原则,应再分析不对称联邦的问题,这一问题前文略有提及。恰恰是当俄罗斯联邦新的联邦结构开始形成时,这一问题开始出现。在那时,不同的地方单位开始宣称是地位不同的俄罗斯联邦主体:共和国(国家);自治(民族国家)单位——自治州和自治区;地方行政单位——边疆区、州、联邦直辖市,在一定的时间内俄罗斯不得不顾及这一点,并保持了主体的不同地位。这是因为:(1)这是受更高程度的国家一体化和部分主体参与联邦事务的必要性所制约的;

（2）这是时间的需要，目的是其他主体从地方和民族地方的单位升级到联邦内部关系的层次上来。

当部分主体获得了更高的级别时，当主体和联邦签署了确定部分主体的地位优于其他主体的条约时，不对称联邦这种思想的弊端，甚至是它对俄罗斯联邦建设的危险性马上就显现出来了。1993年，俄罗斯联邦宪法倾向于对称的联邦。当然，就经济潜能、文化程度等因素而言，主体可以是不同的；但是，在法律上它们处于相同的地位。

五、俄罗斯联邦和联邦主体间划分管辖对象和职权的原则

这一原则在俄罗斯联邦宪法第5条第3款中有所体现。尽管这一条款规定，"在俄罗斯联邦国家权力机关和俄罗斯联邦主体的国家权力机关之间"对管辖对象和职权进行划分是联邦结构的原则之一，但是，总体上可以有理由得出一个更大的问题：在俄罗斯联邦不仅在机关之间，而且还在联邦和联邦主体之间存在着管辖对象和职权的划分。正是因此俄罗斯联邦宪法第71、72、73条规定的是联邦和联邦主体而不是它们机关的专有管辖范围和共同管辖范围。

联邦制国家对管辖对象和职权的划分是合理地组织全国和区域管理的依据。

我们已经指出了在联邦内部划分管辖对象和职权的不同方案。俄罗斯选择了作出如下规定的路径：（1）专属联邦的管辖对象和职权；（2）联邦和联邦主体共同的管辖对象，在管辖对象内部任何一方都有专有的职权；（3）最后，其他都属于主体自身的管辖对象和职权范围。

俄罗斯联邦宪法规定了俄罗斯联邦的管辖对象（第71条）和联邦与联邦主体的共同管辖对象（第72条）。它们的范围非常广，哪些职权属于俄罗斯、哪些职权属于主体均有规定。除俄罗斯联邦宪法第71条和第72

条之外的其他一切事项，都属于主体的管辖权限。因此，联邦宪法没有全部列举出各主体的管辖对象和职权，而是依照不属于联邦管辖，就属于主体管辖的原则行事。

宪法第71条和第72条规定的属于联邦管辖的问题，原则上可以称作是俄罗斯联邦专属管辖和专属职权的问题。

同时，属于主体管辖的问题，也可以有理由将其归属为主体的专属管辖范围，因为联邦机关无权代替各主体解决上述问题。

在俄罗斯联邦宪法第76条中，规定了实现我们所研究的原则的专门保障：

第一，该条赋予俄罗斯联邦实现联邦规范法律调整社会关系的权利。在第76条第1款中规定，根据俄罗斯联邦管辖对象，通过的联邦宪法性法律和联邦法律，"在俄罗斯联邦全境具有直接效力"。根据76条第2款，"根据俄罗斯联邦和俄罗斯联邦各主体共同管辖对象颁布联邦法律以及相应的俄罗斯联邦各主体的法律和其他规范性法律文件"。

第二，宪法赋予主体在联邦管辖权限的范围外，行使"实施其自己的法律，包括通过法律和其他规范性法律文件的权利"（第76条第4款）。

第三，宪法要求个体的规范性文件与联邦法律相一致（第76条第2款）。"俄罗斯联邦各主体的法律和其他规范性文件不得与根据本条第1、2款所通过的联邦法律相抵触。在俄罗斯联邦所颁布的联邦法律和其他文件相抵触时，以联邦法律为准"（第76条第5款）。

第四，在主体实施合法行为的情况下，宪法保障主体的权利。"在联邦法律与俄罗斯联邦主体根据本条第4款所颁布的规范性法律文件相抵触时，以俄罗斯联邦主体的规范性法律文件为准"（第76条第6款）。因此，如果发现在联邦法律和主体在某权限内颁布的规范性法律文件有冲突，则以主体的规范性法律文件为准。

根据在俄罗斯联邦国家对管辖对象和职权进行划分的原则，可以得出联邦和主体对彼此的决定施加影响的可能性。当然，这里所说的是宪法方式的相互影响。

在联邦层级上解决问题时，主体有权参与，或者（以及）通过自己在联邦机关中的代表，通过提交法律和其他规范性文件的草案，通过向相应的机关正式阐明自己的意见对这些问题的解决产生影响。在某些情况下，联邦层级的决定，只有被主体批准后才能生效。例如，在联邦会议两院通过对俄罗斯联邦宪法第3—8章的修订案后，该法律应该有不少于2/3的俄罗斯联邦各主体立法权力机关批准（宪法第136条）。

联邦对各主体职权的实现也是多方面的。联邦有下列权利：(1)直接调整共同管辖对象范围内的部分社会关系。(2)在这些范围内通过不同的法律。这两类方式的结合，是在俄罗斯联邦主体内部就共同管辖的对象进行规范性调整的预定的主要方针。(3)对主体提供帮助，其中包括帮助主体实现按照划分原则属于主体管辖的权限。(4)协调各主体的力量，保障自己和主体的行为的协调一致。

今天，俄罗斯联邦主体间的管辖对象和职权的划分问题是较为迫切的，在此种情况下才能保障联邦层级上的众多问题的一致和民主的解决，以及保障在研究其他问题时区域的独立性。

六、俄罗斯联邦国家权力体系的统一原则

这一原则规定在俄罗斯联邦宪法第5条第3款中：俄罗斯联邦结构建立在国家权力体系的统一之上。根据这一规定，宪法第72条将"规定组织国家权力机关和地方自治机关体系的一般原则"划定为联邦和联邦主体共同的管辖范围（第13项）。根据俄罗斯联邦宪法第77条第1款的规定，俄罗斯联邦各主体国家权力机关体系，由各主体"根据俄罗斯联邦宪法制度基础和联邦法律所规定的组织国家权力的代表机关和执行机关的一般原则"单独规定。

国家权力体系统一原则有如下几点表现：

第一，首先是在联邦层级上和在俄罗斯联邦主体内部国家权力机关本质的统一。根据宪法第11条第2款："俄罗斯联邦主体的国家权力由它们所成立的国家权力机关行使。"尽管成立这些国家权力机关是由各主体独立实施的，但是，各主体也应该考虑到宪法第10条的规定：俄罗斯联邦的国家权力根据立法权、执行权和司法权分立的原则来实现。因此，不仅联邦国家权力机关，各主体的国家权力机关也应该按照自己的实质和功能与宪法第10条规定的这些机关的种类之一相符。

第二，俄罗斯联邦和联邦主体的国家权力机关应当是那些宪法规定的种类，也就是说，为了实现立法权，应该创建主体的国家权力代表机关，由相应的分支机关来实现执行权。在俄罗斯联邦，司法权总体是中央集权化的，并且也是联邦体系，虽然司法权的部分分支机关在主体的范围内也发挥功能，各主体可以创建宪法（规章）法院作为自己的司法机关，和解法院也属于主体的法院之列。但是，不可以创建某些内部包含立法、执行甚至是司法功能在内的机关，因为这同俄罗斯联邦宪法第10条的规定相抵触。

第三，联邦和联邦主体的权力机关按照统一的程序组建，而这一程序的基本原则由联邦法律预先规定。换句话说，这可能是由人民选出的代表、总统或者执行权力机关首脑的选择。不可能由俄罗斯联邦总统、主体执行权力机关的首脑来相应地任命代表。

第四，统一原则还表现在赋予国家权力机关的基本职权方面。只有权力机关的代表机关才能通过法律，执行权力机关实现在该领域上的对经济和社会文化建设等的业务管理。

第五，统一还表现在联邦层级和主体内部国家权力分支之间相互关系的主要路线上。它们相互不能替换，按照分权原则各司其职。立法和执行机关在相互作用上使用的是克制和平衡的体系。但是，它们无权相互撤销对方的文件，所有的争议性问题都应该按照调节程序或者按照司法程序来解决。

第三节 作为联邦制国家的俄罗斯联邦的主要特征

俄罗斯联邦是联邦关系整个制度的中心。它具有国家,尤其是联邦国家所具有的一切特征。这些特征如下:

(1)具有自己的基本法——宪法和调整国内绝大多数社会关系的分支,立法表明了作为国家的俄罗斯联邦的特征。联邦规范至上(优先)原则是俄罗斯的本质特征。这一规则的依据规定在宪法第4条第2款中。该款规定,俄罗斯联邦宪法和联邦法律在俄罗斯联邦全境拥有至高无上的地位。宪法第15条第1款规定,俄罗斯联邦宪法在俄罗斯全境适用,俄罗斯联邦所通过的所有法律和其他法律文件不得同俄罗斯联邦宪法相抵触。根据第76条第5款的规定,俄罗斯联邦各主体的法律和其他规范性文件不得与就俄罗斯联邦管辖问题所通过的联邦法律相抵触。

(2)俄罗斯联邦有自己的领土和领土上的最高统治权。俄罗斯联邦领土包括联邦各主体的领土、内水、领海和它们之上的领空。俄罗斯联邦对大陆架和俄罗斯联邦专属经济区拥有主权,并根据联邦法律和国际法规范所规定的程序行使司法权(宪法第76条)。

领土上的最高统治权包括对外和对内两方面。对外政治方面在于,外部的任何人都不能控制俄罗斯的领土,都不能对俄罗斯领土作出任何的更改——分离、联合、改建等。俄罗斯联邦保障自己领土的完整性和不受侵犯性(第4条第3款)。领土最高统治权的对内政治方面在于,俄罗斯联邦各主体机关,在没有联邦参加的情况下,不能对俄罗斯联邦的领土进行变更。俄罗斯联邦各主体之间的边界可根据其相互同意予以改变(第67条第3款)。对主体间边界的变更须经联邦委员会的批准,不允许规定其他的某种内部边界。俄罗斯联邦境内不允许设立海关边界、关税、收费和任何妨碍商品、服务和财政资金自由转移的障碍。为了保证安全、保护人的生命和健康、保护自然和文化珍品，如果需要的话，可以根据联邦法律限制商品和服务的流动（第74条）。

（3）具有统一的国籍、具有同意加入国籍和解决同国籍终止问题有关的法律的权利，都是作为联邦国家的俄罗斯联邦的特征。俄罗斯联邦宪法第6条规定了联邦法律形式的国籍的统一联邦法律依据。为了不重复本书第四编的内容，需要强调，在新俄罗斯联邦国家建设的最初阶段，允许既有联邦国籍，又有作为俄罗斯联邦构成部分的共和国的国籍。根据2002年关于国籍的联邦法律，只规定了统一的俄罗斯联邦国籍。加入俄罗斯国籍和解决退出俄罗斯国籍等问题是属于联邦的职权范围。

（4）俄罗斯联邦有自己的（也就是联邦的）国家机关体系。属于国家机关体系的有总统、联邦会议（议会），政府和其他联邦执行机关（部、联邦局、联邦处），宪法法院，最高法院，最高仲裁法院，一般和仲裁司法的低等法院，总检察院，中央选举委员会，人权代表，等等。

作为国家的俄罗斯的联邦本质还表现在俄罗斯联邦各主体国家权力机关的统一和联合的可能性上：

一是在授予俄罗斯联邦各主体创建自己的国家权力机关体系权利的同时，联邦以俄罗斯联邦宪法制度的基础和联邦法律规定的组织国家权力的代表机关和执行机关的一般原则制约这一体系。

二是在宪法中规定（第77条第2款），就联邦管辖的问题，执行权力的联邦机关和俄罗斯联邦各主体的执行权力机关，在俄罗斯联邦组建统一的执行权力体系。

三是宪法（第78条）允许联邦权力执行机关为实现其权限创建自己的地方机关和任命相应的公职人员。

四是宪法上允许联邦执行权力机关和俄罗斯联邦主体执行权力机关，根据双方的协议，相互转让实现自己的部分职权。

五是根据宪法，总统和政府保障在俄罗斯联邦的全部领域上实现联邦国家权力职能。

（5）对作为联邦国家的俄罗斯联邦而言，统一的对内、对外政策也是其特征。内外政策要在俄罗斯联邦主体的参与下制定，并由联邦机关实施。国际上对俄罗斯的承认和俄罗斯的国际权利主体性是俄罗斯的本质属性，也就是说，参与国际关系。这表明，在考虑到俄罗斯的联邦属性和结构后，国际社会接纳了俄罗斯这一独立国家。

（6）俄罗斯联邦拥有受俄罗斯联邦武装力量最高统帅——俄罗斯联邦总统所指挥的统一的武装力量。

实际上，所有的联邦国家都有统一的军队，不允许联邦主体创建自己的军事部队。

在国内联邦建设史上存在反例。1944年2月1日，苏联最高苏维埃通过了组建加盟共和国军事部队和将人民国防委员会（后来为武装力量部）由全苏机关改组为加盟共和国机关（也就是说在各加盟共和国创建类似的机关）的法律。当时认为，这样做可以加强统一的红军，并可以向红军补充新的军事力量。但是，实际上没有任何收获。在战争时期创建民族军事联盟的尝试，很快就证明这一设想的弊端——这种军事范围内的联盟不是最好的，因为丧失相应民族男性遗传基质的威胁是非常明显的，对于战争结束和向和平生活过渡的可预见的前景，也应该认真思考。更何况，战争结束后已经没有任何民族军队联盟的必要性。

（7）俄罗斯联邦拥有内务和安全部门的统一体系。在国家联邦建设史上，安全机关一直为国家地方组建机构，但都只是垂直管理。今天也仍然保持了这一状态。

至于内务机关，国家建设的历史证明，在对内务机关的管理中区域和中央之间在不断地"拔河"。有时内务部地方机关的领导是由上级任命，有时是由相应的人民代表苏维埃任命（经过协商，或者是根据内务部体系高级领导的最后批准），这种周期在不断地更替。现在，俄罗斯联邦各主体内务部门的领导,由俄罗斯联邦总统根据俄罗斯联邦内务部部长的建议任命。

（8）作为国家的俄罗斯联邦拥有统一货币的金钱-财政体系、统一的税收体系,货币信用流通,俄罗斯联邦中央银行,等等。根据宪法第75条的规定,卢布是俄罗斯联邦的货币单位。货币发行只能由俄罗斯联邦中央银行进行；不允许其他货币在俄罗斯联邦流通和发行。

向联邦预算纳税的制度和俄罗斯联邦纳税、筹资的一般原则由联邦法律确定。国债根据联邦法律规定的程序发行并在自愿基础上配用。

（9）具有建立在所有制形式多元化、经济活动自由和竞争基础上的统一的经济体系是俄罗斯联邦的特征。

（10）具有俄罗斯联邦国家语言也是俄罗斯联邦的特征。在本书的第四编中我们已经研究过该问题。需要提醒的是,俄语是俄罗斯联邦全境的国家语言（俄罗斯联邦宪法第68条）。作为联邦制国家的俄罗斯有权处理语言使用问题和调整其全境中的语言关系问题。共和国有权确定自己的官方语言。它们可在共和国国家权力机关、地方自治机关、国家机构中与俄罗斯联邦官方语言同时使用。俄罗斯联邦保障其各民族保留母语,创造条件以便研究和发展母语的权利（第68条）。

（11）最后,俄罗斯拥有所有必要的国家象征（标志）——俄罗斯有国旗、国徽、国歌、首都。

俄罗斯联邦的国旗、国徽和国歌,对它们的说明和正式使用的程序由联邦宪法性法律规定（俄罗斯联邦宪法第70条第1款）。对此,现在生效的有3部联邦宪法性法律：2000年12月25日《俄罗斯联邦国歌法》（2001年3月22日修订）和《俄罗斯联邦国徽法》（2003年6月30日修订）,2000年12月25日《俄罗斯联邦国徽法》（2005年3月7日修订）。

莫斯科是俄罗斯联邦的首都。首都的地位由联邦法律规定（宪法第70条）。对此,现在生效的法律是1993年4月15日通过的《俄罗斯联邦首都地位法》（2007年6月26日修订）。

第四节　俄罗斯联邦各主体的地位

一、概　　述

俄罗斯联邦宪法规定了俄罗斯联邦主体地位的特征：

(1) 如前所述，俄罗斯联邦主体平等，也就是说，作为俄罗斯联邦的主体，它们拥有相同的权利和履行同样的义务。当然，所有的主体具有不同的经济潜能，享用不同的某种机会，但这是另一个问题，在法律上它们是平等的。

(2) 俄罗斯联邦主体的地位由俄罗斯联邦和主体共同确定。对此，俄罗斯联邦宪法第66条规定：共和国的地位由俄罗斯联邦宪法和共和国宪法规定(第1款)。边疆区、州、联邦直辖市、自治州、自治区的地位由俄罗斯联邦宪法和俄罗斯联邦相应的主体立法(代表)机关所通过的边疆区、州、联邦直辖市、自治州、自治区章程予以规定(第2款)。俄罗斯联邦主体的地位可经俄罗斯联邦与俄罗斯联邦主体协商一致后，根据联邦宪法性法律改变(第5款)。当几个主体想合并或者分立时，这一款也同样适用。

(3) 俄罗斯联邦每个主体都有自己的基本法律文件——共和国是宪法，其他主体是章程。每个主体都有自己的立法权。而且，就自己管辖的问题俄罗斯联邦各主体有立法自主性的保障——就联邦管辖的问题，主体必须遵守联邦层级的规范性文件，但是，主体就自己管辖的问题发布的文件，不得与联邦法律抵触。

(4) 每个联邦主体都有自己的领土，以及特有的地方统治权。该统治权表现在未经该主体的同意，不允许对联邦主体的领土进行更改。各主体间的边界可以根据它们之间达成的协议进行更改(俄罗斯联邦宪法第67条第3款)。联邦委员会对俄罗斯联邦主体间边界的变更进行批准，但是联邦委员会只能根据利害关系主体的申请来进行批准，而且在相应的主体提出请求时，联邦委员会无权作出相应的决定。如前所述，俄罗斯联邦境内（其中包括俄罗斯联邦各主体）不允许设立海关边界、关税、收费和任何妨碍商品、服务和财政资金自由转移的障碍。为了保证安全、保护人的生命和健康、保护自然和文化珍品，如果需要，可以根据联邦法律限制商品和服务的流动（俄罗斯联邦宪法第74条）。

（5）每个联邦主体都有自己的国家权力机关体系。该体系由主体自主设立，但是要与俄罗斯联邦宪法和1999年10月6日通过（2008年3月29日修订）的《关于俄罗斯联邦各主体组织国家权力立法（代表）和执行机关的一般原则》规定的组织国家权力代表机关和执行机关的一般原则相符。主体的国家权力机关体系由立法（代表）机关、俄罗斯联邦主体高级公职人员、主体的其他执行权力机关组成。在一系列的主体中还创建了宪法法院和章程法院。

对俄罗斯联邦包括国家权力机关在内的联邦主体的地位，必须指出如下几点：

一是各主体无权创建特殊机关，以及与共和国政体形式（俄罗斯联邦宪法第1条第1款）和分权原则（第10条）不符的机关；

二是各主体国家权力机关不能阻碍联邦权力在包括具体主体领土在内的整个领土上的执行，而且主体必须协助国家权力联邦机关开展工作。

（6）在与俄罗斯联邦的关系上，各主体有一系列可行的措施保障俄罗斯联邦各主体的地位。首先，俄罗斯联邦宪法规定了在联邦和各主体间管辖问题的划分，这是专属于联邦管辖的问题；联邦和联邦各主体共同管辖的问题；专属于各主体管辖的问题。

俄罗斯联邦各主体在俄罗斯层级上还有派驻的代表，还有向联邦机关提出问题，且联邦机关必须对这些问题进行详细答复的可能性。例如，每个联邦主体都向联邦委员会——联邦会议的上院派驻两名代表。主体的立法机关有权向国家杜马提交法律草案进行审议（也就是说，实现立法动议的权利），有向俄罗斯联邦总统提出俄罗斯联邦宪法法院成员空缺职务候选人的权利。各主体的立法和执行机关可以就有关一系列规范性文件（其中包括联邦法律）和条约的合宪性问题，以及就与联邦和联邦其他主体权力机关间产生的争议向俄罗斯联邦宪法法院提出诉讼请求。

联邦层级上一些问题的解决程序中规定须有俄罗斯联邦各主体参加。例如，在对宪法进行修订时，要将有关修订的联邦法律草案发给各主体的立法机关，并且只有在不少于2/3的联邦主体立法机关批准后，该宪法修订草案才有获得通过的机会。联邦法律草案必须由国家杜马发送给所有的联邦主体，在1/3的主体对该草案表示反对时，必须成立有联邦主体参加的协调委员会。

对一系列的联邦职务，俄罗斯联邦各主体有权提出这些职务的候选人。其中，包括俄罗斯联邦各主体的检察官，在征得各主体同意的情况下，由俄罗斯联邦总检察院任命。在国家权力联邦机关地方分支机构规定中，这些分支机构领导职位的候选人须征得相应主体最高行政首脑的同意。

（7）各主体当然有相互合作的权利。它们互相间可以签订条约，解决迫切性问题，相互派遣代表团或代表，等等。

（8）俄罗斯联邦各主体拥有国有财产权。这些国有财产应该在俄罗斯联邦和各主体之间进行划分。对国有财产的划分属于联邦和联邦各主体的共同管辖事项。当然，在解决国有财产问题时，主体必须兼顾联邦的利益，主体无权宣布土地、其他自然资源和按其特征分布在主体领土上的物质性客体是主体自己的财产。

（9）俄罗斯联邦个人的地位是统一的，与该个人居住在哪个联邦领土无关。而且，如果根据俄罗斯联邦宪法，"保护人与公民的权利与自由"是属于联邦和联邦主体的共同管辖范围,那么,对个人地位的"调整"就是专属于联邦的管辖范围。

但是,这并没有排除俄罗斯联邦主体通过保障个人地位、提升他们物质性状况的补充措施的权利。

在整个俄罗斯联邦的领土内保障统一的法制,为此需要建立统一的护法机关体系。但是,组建的护法机关主要由生活在相应主体地域的公民组成。主体必须采取措施对护法机关予以支持,保障护法机关的活动。

(10)俄罗斯联邦负责保护国家安全、武装保护自己的领土。因此,俄罗斯联邦主体没有自己的武装部队(军队、武装部队、边防军人等)的权利。但是,主体有义务对保卫国家安全进行协助。

(11)俄罗斯联邦各主体有权参与国际和对外经济关系。因此,这一范围属于联邦和联邦主体共同管辖的范围(宪法第72条),俄罗斯协调各主体的国际和对外经济关系。因此,各主体必须兼顾俄罗斯的利益。外交和领事机构对俄罗斯而言是统一的,虽然,在必要时,这些机构中可以由相应主体的代表参与工作。

(12)各主体有使用官方语言的权利。对作为俄罗斯联邦各主体的共和国,允许有自己的官方语言(俄罗斯联邦宪法第68条)。对其他俄罗斯联邦主体,则未作此规定。如果对边疆区、州和联邦直辖市而言,这里主要生活的是俄罗斯人,这就很明显,因为国家语言就是他们的母语,但是也不应该忘记,在自治单位中还聚居着民族团体。对此,宪法保障其各民族保留母语、创造条件以便研究和发展母语的权利(第68条第3款)。除此之外,俄罗斯联邦根据普遍公认的国际法原则和准则以及俄罗斯联邦签署的国际条约保障原住民少数民族的权利(第69条)。

(13)俄罗斯联邦的各主体有自己的标志权——徽章、旗帜、歌曲,以及首都(对共和国而言)或者行政中心(对其他主体而言)。

二、俄罗斯联邦各种类主体的特点

如前所述,俄罗斯联邦的组成部分有:共和国、边疆区、州、联邦直辖市、自治州、自治区。虽然,根据俄罗斯联邦宪法,它们都是平等的,但是,对单独种类的主体而言还是有一些原则上的特点。

(一)共和国

可以认为,共和国的特点是,它们都是按照反映在大多数主体名称中的民族地域特征创建的——除达格斯坦外,该国名称译成俄语是指"众山之国",尽管在民族构成的多样性方面达格斯坦超过了其他各共和国。

除此之外,根据俄罗斯联邦宪法,共和国指国家(第5条第2款)。但是,我们已经指出,在主权的范围内和对外政治关系上,被赋予国家之名的共和国没有被授予任何其他特殊的权力和特权。

其实,虽然根据俄罗斯联邦宪法,共和国在法律上与其他各主体平等,但是,还是能够发现因它们特殊的法律地位产生的一定后果。除了共和国被称作国家外,还表现在以下几点:

(1)在俄罗斯联邦宪法第65条规定的俄罗斯联邦主体名单中,共和国被置于首位;

(2)它们拥有作为自己主要法律文件的宪法,而其他各主体只有章程(就实质而言,这已经没有那种原则上的区别,更何况一些主体在自己基本文件的名称中,在章程一词的后面以括号的形式补充注明"基本法");

(3)共和国的宪法既可以由其立法机关通过,也可以在主体的全民公投时通过,同时,其他主体的章程,只能由该主体的立法机关通过;

(4)共和国有规定同时使用俄罗斯联邦国家语言和自己国家语言的

权利,而其他主体就没有这种权利,虽然宪法保障各主体保留和使用自己母语的权利。

(二)边疆区、州

这些主体之间,现在没有外部的区别,它们根据地域特征被创建并成为俄罗斯联邦的组成部分。

(三)联邦直辖市

这两个城市——莫斯科和圣彼得堡——它们一直都有特殊的地位,在苏维埃时期,它们被称作共和国直辖市。莫斯科的特点在于,它同时履行多个职能,它是俄罗斯联邦的首都,也是俄罗斯的主体和莫斯科州的行政中心。圣彼得堡是俄罗斯联邦的主体,同时也是列宁格勒州的行政中心。

(四)自治州

现在俄罗斯仅仅有一个自治州——犹太自治州。在1991年之前,有5个自治州,它们是边疆区的组成部分。后来,有4个自治州改建成了作为俄罗斯联邦组成部分的共和国,而剩下的一个犹太自治州直接成了联邦的组成部分。

在法律地位上,自治州没有任何特殊之处。但是原则上也不排除作为保障的这些特殊之处,根据俄罗斯联邦宪法第66条第3款的规定,根据自治州立法和执行机关的议案可通过关于自治州的联邦法律。但是,到现在这种关于自治州的联邦法律还没有出现。

(五)自治区

这种民族自治地方单位从20世纪30年代就开始存在,那时它们还被称为民族行政区。"自治区"这一名称被首次规定在1977年苏联和相应的1978年苏俄宪法上。自治区是边疆区和州的组成部分。

就自治区的属性经常有不同性质的争论。当它们还被称作民族行政区时,就对这样一个问题产生过争议:这是自治单位还是地方行政单位?第一种观点占了上风,在1977年宪法中,这些单位被称作自治区。

还有一个问题也是有争议的：这些自治区是否作为联邦的苏俄的主体，它们是否直接是苏俄的组成部分，还是处于边疆区和州之中。对1978年苏俄宪法进行修改的1992年联邦条约和1993年俄罗斯联邦宪法清楚地规定，自治区是俄罗斯联邦的主体。

有一个自治区——楚克奇是在1992年从马加丹州中分离出来的，现在直接是俄罗斯联邦的组成部分。其他各自治区继续处于边疆区和州的组成部分中，现在也是俄罗斯联邦的主体。还出现了这种被叫作复杂构成或者复杂管理的俄罗斯联邦主体结构——这些主体的构成中包括自治区。如前所述，由于新的俄罗斯联邦行政主体的成立，俄罗斯联邦的6个自治区被取消，这些自治区现在是具有特殊地位的俄罗斯联邦新主体的地方行政单位。因此，现在共有4个自治区，其中一个直接构成俄罗斯联邦的组成单位，有两个处于秋明州之中，另一个处于阿尔汉格尔斯克州。

作为对自治区地位的保障，俄罗斯联邦宪法（第66条）规定，根据自治区立法和执行机关的议案可通过关于自治区的联邦法律（现在没有任何一部这类法律）。除此之外，在一定程度上，构成边疆区和州的自治区的关系，可以由联邦法律和在自治区的国家权力机关与相应的边疆区与州的国家权力机关签订的条约调整（这类条约已经存在）。

但是，在实践中产生了一个宪法法律冲突：如果边疆区、州、自治区都是俄罗斯联邦的主体，意味着它们在自己的地位上是平等的；如果自治区是边疆区和州的组成部分，在与边疆区和州的关系上，它自然也就处于从属地位。几个自治区和州的权力机关间产生了摩擦，也因此曾经向宪法法院提出过请求，但是并没有得到明确的答复，宪法法院建议各主体在它们签署的相互关系和合作的条约中寻求相互理解和妥协的解决办法。

解决这一冲突的方案可以在将几个相应的主体联合成俄罗斯联邦的一个主体（形式上是新主体）上来寻求。

同时,也不应该排除另一个解决冲突的新方案,即将自治区从边疆区和州中分离出来,并将其直接作为俄罗斯联邦的构成部分。其实,虽然在楚克奇自治区的问题上,已有先例,但是,这一方案在国家政治范围内,被认为是不具有多大的发展前景。

参考文献

布罗德斯基·姆·恩、利维罗夫斯基·阿·阿:《俄罗斯联邦主体的法律地位和经济发展》,圣彼得堡,2000年。

列别杰夫·阿·恩:《俄罗斯联邦主体地位(思想基础、宪法政治模式、实践)》,莫斯科,1999年。

利维罗夫斯基·阿·阿:《联邦宪法政治制衡体制下的俄罗斯联邦主体》,法学副博士论文,圣彼得堡,2003年。

《俄罗斯联邦主体:法律地位和职权》,莫斯科,1998年。

切尔诺夫·斯·恩:《俄罗斯联邦及其主体关系的宪法调整》,莫斯科,2004年。

第五节　俄罗斯联邦的自治问题

很多国家在国家建设实践上都运用了自治。在谈及自治在俄罗斯的命运之前,首先探讨一下其基本概念。

自治——是一定地域或者一些人自我决定自己生活问题的权利总和。

如果自治是对地方自主性的保障方式即指地方(州)自治。自治可以在两种方式上实现:

第一,某一民族聚居地区被宣布为民族地方自治单位——自治共和国、自治州、自治区、民族区、民族县等时,自治可以是被用作民族自决方式的民族地方；

第二，当作为国家组成部分的地方单位被授予了更广泛的权利，被赋予了自主解决以前属于中央行政管辖的问题的权利时，可以使用自治的概念。这里说的是地方自治。正如本书第一编指出的那样，为了提高自己地方行政单位的作用，一系列的国家——意大利、西班牙、英国开始采用州自治的这一方式。

相对于地方（州）自治，还使用"政治自治"和"行政自治"这两个概念。在创建其地位和权利类似于国家的这种自治单位时，说的是政治自治。当然，这一词语在现代意义上，不是指国家，而是被称作准国家。在苏联时期，自治共和国被认为是政治自治。行政自治被授予那些在地位和权利范围上与一般的地方行政单位相似的单位。在苏维埃时期，自治州和自治区被列为行政自治这一范畴。

与体现为两种变体形式的地方（州）自治不同，还有一种民族文化自治。这种自治将属于同一民族的所有人，不仅是那些聚居的人，还有那些散居在全国各地的人。这种自治的实质体现在它的名称上，这是同一民族起源、语言的人的群体，该群体是为提升他们对自己的历史、文学和文化的兴趣创建的。

在第20章我们已经指出，在1917年革命之后的俄罗斯国家建设中，地方（州）自治才开始使用——并且仅仅是在民族地方这一表述上使用。从最初的几年开始，便已经建立了民族共和国、民族州，从30年代开始，建立了民族行政区，后来又将民族行政区更名为自治区。

关于行政地方单位自治问题，任何人都没有考虑过，在抽象学术领域也没有谈过这种可能性。仅仅是在70年代，谢梅诺夫才开始关注这一问题，他经过论证后指出，列宁将州自治不仅仅理解为民族地方单位的自主性，还包括地方行政单位的自主性。在当时的国家法律著作中，该作者的这一论断遭到了批判。

在苏俄作为苏联的加盟共和国的最后一个阶段，成立了20个自治共和国、5个自治州、10个自治区。自治共和国是政治自治，直接成了苏俄的组成部分，并且被认为是国家（自治共和国也在其他加盟共和国中出现过，如在阿塞拜疆苏维埃社会主义共和国中成立了纳西切万自治共和国、在格鲁吉亚苏维埃社会主义共和国成立了阿布哈兹和阿扎尔自治共和国、在乌兹别克苏维埃社会主义共和国成立了卡拉卡尔帕克自治共和国）。学界将自治州和自治区称作是行政自治。在苏俄时期，自治州属于边疆区的组成部分，而自治区则属于边疆区或者州的组成部分（自治州在其他苏联加盟共和国中也出现过，如在阿塞拜疆的纳戈尔诺－卡拉巴赫自治州、格鲁吉亚的南奥赛梯自治州、塔吉克的戈尔诺－巴达赫尚自治州，它们当时也直接是这些加盟共和国的组成部分；自治区只有在苏俄才有）。地方利益的代表机关被提升到苏联机关的层级上，所有自治单位都向苏联最高苏维埃民族委员会推选了自己的代表。在苏俄这一层级上，自治共和国的利益是通过将自治单位的代表列入苏俄政府的方式保障的，并且赋予自治州、自治区通过边疆区、州的权力机关首脑将疑难问题向苏俄机关反映的权利，制定了苏俄有关自治州、自治区的法律。如前所述，尽管形式上俄罗斯被称作联邦，但是，事实上俄罗斯当时是带有民族地方（州）自治的单一制国家。

在新阶段，在俄罗斯的国家建设中，从1990—1991年开始，出现了原则上的新变化。"自治共和国"的概念已经没有了，它们仅仅变成了作为俄罗斯联邦组成部分的共和国，并且，其数量有所增加。其他自治单位，以及地方单位的地位也被提高了——俄罗斯被正式地宣布为由共和国、边疆区、州、联邦直辖市、自治州和自治区组成的联邦。如果到此时还要争论，俄罗斯形式上是联邦，实际上是单一制国家，这种争议的对象已经不再有了。

这在原则上表明，虽然俄罗斯联邦的两类主体在名称上保留了"自治"一词，但是，可以将这归属于旧的残余之类，实际上，在俄罗斯已经不存在民族地方自治，相应的主体在平等的条件下实现自己的地方自治，并参与联邦事务。

至于民族文化自治，它被正式地认为是为顾及那些非聚居，而是散居在俄罗斯和俄罗斯各主体领域上的民族代表的利益的一种建构形式，为此可以使用社会团体这种法律组织形式。

俄罗斯现行生效的是1996年6月17日通过（2007年12月1日修订）的联邦法《民族文化自治法》。根据其第1条的规定，在俄罗斯联邦的民族文化自治——"这是为了保持某一少数民族的特色，为发展该民族的语言、教育和民族文化，将在相应地域上的、属于该少数民族的俄罗斯联邦公民，在他们自愿组织的基础上联合起来的一种民族文化自决的形式"；"民族文化自治是社会联合的一种。社会组织是民族文化自治的法律组织形式。"我们还要思考该法律第4条的规定："民族文化自治权不是民族地方自决权。"

民族文化自治有权：

（1）为保持其民族特色、发展民族语言（母语）和民族文化，从国家权力机关、地方自治机关方面获得必要的支持；

（2）代表自己的民族文化利益，向立法（代表）和执行机关、向地方自治机关提出申请；

（3）按照联邦法律规定的程序创建大众传播媒体，以民族语言（母语）获得和传播信息；

（4）保持和繁荣历史文化遗产，自由接触民族文化珍品；

（5）遵守民族传统和风俗，恢复和发展民间艺术手工业；

（6）创建教育、科学和文化机构，并保障这些机构按照俄罗斯联邦法律发挥职能；

（7）通过自己授权的代表参与国际上的非政府组织的活动；

（8）不带任何歧视地确立和保持与外国社会团体及公民的人文联系。

民族文化自治可以是地方的、区域的和联邦的形式。虽然法律上没有规定明确的概念,但是根据这一逻辑,地方民族文化自治应该在市立机关的领土内开展。地方民族文化自治有权创建区域性民族文化自治机构,也就是说在俄罗斯联邦某一主体的领土范围内进行。两个或者两个以上的俄罗斯联邦主体的区域民族文化自治组织,可以创建自己活动的跨区域协调机构。这样的机构不是跨区域民族文化自治机关。由不少于一半的登记的区域民族文化自治机构创建联邦民族文化自治机构。

如相应的民族在俄罗斯有自己的俄罗斯联邦主体,那么,由生活在该主体之外的相应民族的公民创建民族文化自治机构(例如,那些生活在鞑靼斯坦之外的鞑靼人)。因此,法律规定,那些属于一定的民族共同体,拥有相应的共和国、自治州、自治区的俄罗斯联邦公民的联邦或者区域性民族文化自治组织和俄罗斯联邦各主体国家权力机关,在联邦、区域民族文化自治组织和俄罗斯联邦各主体达成的相互协定和条约的基础上,可以协调自己的活动,参加在保持和发展民族语言(母语)和民族文化领域的联邦和区域计划的制定工作。

地方民族文化自治组织,由属于确定的民族文化共同体并长期生活在相应市立机关领土内的公民,在共同会议(大会)上成立。地方自治组织的创始人可以是公民,与此同时,也可以是属于一定民族共同体的俄罗斯公民的、在相应的市立机构领域内登记的社会团体。几个地方民族文化自治组织的代表团成员,在大会(代表大会)上可以在联邦一个主体的范围内创立区域性民族文化自治组织。几个区域性民族文化组织的代表团成员,在代表大会上,可以创建联邦民族文化自治组织。

地方、区域和联邦民族文化自治组织,应该按照俄罗斯法律的规定,由俄罗斯联邦司法部进行国家登记。

最初法律规定,俄罗斯联邦政府下设民族文化自治事务咨询委员会,该委员会是咨询机关,并依照共同的原则开展业务活动。2005年11月30日对该法律进行修订后规定,俄罗斯联邦政府确定执行权力的联邦机关,该机关下设上述的咨询委员会。因此,该委员会的级别被降低了很多。咨询委员会由每个联邦文化自治组织选派的具有一定任期的代表组成。

俄罗斯联邦各主体执行权力机关可以创建咨询委员会或者其他的民族文化自治事务咨询机关。这些机构的组建、开展活动和撤销程序由俄罗斯联邦各主体执行权力机关确定。

相应市立机构的地方自治机关也可创建咨询委员会或者民族文化自治事务的其他咨询机构。这些机构的组建、开展活动和撤销程序由市立机构的规范性法律文件规定。

同实现民族文化自治权有关的活动所需的资金,由下列组织或者个人提供:民族文化自治组织、它们的分支机构和组织及个人;联邦财政、俄罗斯联邦各主体财政、地方财政。为实现上述目的,可以创建专门的联邦、区域和地方基金会。

根据俄罗斯法律规定,民族文化自治组织有财产权。按照联邦和俄罗斯联邦各主体法律规定的程序,联邦执行权力机关、俄罗斯各主体执行权力机关、地方自治机关可以将国有和地方所有的财产赠予或者租赁给民族文化自治组织及其分支机构。

第六节　俄罗斯联邦和联邦各主体的管辖范围

在联邦制国家最为复杂的问题是管理对象和职权的种类,以及它们在联邦中央和联邦各主体间的划分。

管理的对象通常是指国家和社会生活的一些领域,这些领域处于相应的国家和国家组织的支配之下,在这些领域内它们的机关实现着这样或者那样的职权。职权是指国家、国家组织和它们的机关在审理和解决相应领域(管理对象的)范围内的具体问题时的权利和(或者)义务。涵盖管理对象和职权的概括性概念是指相应的联邦、联邦各主体和它们机构的管辖范围。

在联邦国家成立和发展的过程中,不得不确定什么由联邦中央和中央机关管辖和管理,什么由联邦主体管辖和管理。甚至在联邦社会生活最为和平的时间里,这些问题都不是一般问题。历史上所周知的那些联邦各主体与中央相互关系十分复杂的事实,都是由于某些领域或者职权归谁所有或者分给谁的原因造成的。

正如在本编中前述的那样,俄罗斯联邦所采用了这样的一种调整管辖范围的模式,根据这一模式分为:专属于联邦管理;联邦和联邦的各主体共同管理;属于联邦各主体自己管理。

一、专属联邦管辖的对象

属于这一类的管辖对象(范围),只能由俄罗斯联邦作出规定。俄罗斯联邦各主体机关无权通过关于专属于联邦管辖的问题的决议,虽然各主体也可以提出自己的建议并将其提交国家权力联邦机关审议。

基本上,专属于联邦管辖的问题被规定在俄罗斯联邦宪法第71条中。为了方便理解,可以将它们分为几组。

在国家建设方面,属于联邦管辖的有:通过和修改俄罗斯联邦宪法和联邦法律,对其遵守情况实行监督;俄罗斯联邦的联邦结构和领土;调整和维护人和公民的权利与自由;国籍;调整和维护少数民族的权利;确定联邦立法、执行和司法权力机关系统,它们的组织和活动程序;建立联邦国家权力机关;俄罗斯联邦的国家奖励和荣誉称号;联邦国家机关;在国家建设和民族发展领域确定基础和联邦纲要。

在经济、社会和文化政策领域,属于联邦管辖的对象:联邦的国有财产及其管理;在经济、生态、社会、文化发展领域确立联邦政策的基础和联邦纲要；确定统一市场的法律基础；财政、外汇、信贷、海关调整、货币发行、价格政策基础；联邦经济机构，包括联邦银行；联邦能源体系、核能、放射性材料；联邦运输交通道路、信息和通讯；航天活动；气象机构、标准、标准器具、公制、时间计算、大地测量和制图、地理目标的命名；正式的统计和会计核算。

在对外联系、国防和安全领域，属于联邦管辖的对象：对外政策和国际关系；俄罗斯联邦的国际条约；战争与和平问题；俄罗斯联邦的对外经济关系；国防与安全；国防生产；决定武器、弹药、军事技术装备和其他军用物资的销售和购买的程序；毒物、麻醉品的生产及其使用程序；规定俄罗斯联邦国界、领海、领空、特别经济区和大陆架的地位并予以保护。

在保护社会秩序、保障公民权利和维护司法领域，属于联邦管辖的有：法院组织；检察机关；刑事、刑事诉讼和刑事执行立法；大赦和赦免；民事、民事诉讼和仲裁诉讼立法，知识产权的法律调整。

二、俄罗斯联邦和联邦各主体共同管辖的问题

如果某一领域属于俄罗斯联邦和联邦各主体共同管辖，这就表明，在该领域内部联邦权力机关和各主体权力机关都有管辖权。但是，任何一方都有自己的职权。

概括地说，它们的关系可以构建以下几种方式：

（1）联邦可以具体而直接地（也就是说是直接行为规范）调整在共同管辖范围内的某一方面，而各主体实施这些规定，并且最好能够在自己的法律中作同样规定，不作修改。

（2）在相应的社会关系领域，联邦可以进行框架调整；如此一来，主体可以通过自己的法律性文件，在该文件中发展并补充联邦法律的规定，但是不能对联邦规定的原则内容进行更改。

在同一法律或者其他规范性法律文件中,联邦经常进行直接或者框架性调整。实践上也有通过立法基本原则的联邦规范。这样的规范强调的是它们作为在联邦各主体内部以后进行规范性调整基础的这种特性,虽然,直接效力的联邦规范也被规定在基本原则的类型文件中。

联邦和联邦各主体共同管辖的问题,为了方便起见,可以归为如下几类:

在国家建设领域,属于联邦和联邦各主体共同管辖的有:确保俄罗斯联邦各共和国宪法和法律及其他各主体的规章、法律和其他规范性法律文件符合俄罗斯联邦宪法和联邦法律;维护人和公民的权利与自由;维护少数民族的权利;保护弱小的民族共同体固有的居住环境和传统的生活方式;规定组织国家权力机关和地方自治机关体系的一般原则。

在经济、社会和文化政策领域,属于联邦和联邦各主体共同管辖的有:占有、使用和处分土地、矿藏、水流和其他自然资源的问题;划分国有财产;自然利用;保护环境和确保生态安全;特别自然保护区;保护历史文物;协调医疗卫生问题;保护家庭、父母和儿童,社会保护,包括社会保障;采取措施同人祸、自然灾难、流行病作斗争,消除其后果;确定俄罗斯联邦纳税和筹资的一般原则。

在对外关系领域,协调联邦各主体的国际联系和对外经济联系,履行俄罗斯联邦的国际条约是属于共同管辖的对象。实际上,这是指在这一领域,每一方都履行自己的职权,而协调问题则归属于俄罗斯联邦。

1999年1月4日通过的联邦法《协调俄罗斯联邦各主体国际和对外经济联系法》,确立了协调俄罗斯联邦各主体国际和对外经济联系的一般程序,还规定了在确立和发展国际和对外经济联系时,保证各主体权利和合法利益的法律保障。

该法律明确规定,俄罗斯联邦各主体不仅拥有与外国的联邦国家各主体、外国的地方行政机构开展国际关系和对外经济关系的权利,还拥有参加在为这一目的专门建立的机关的范围内进行国际组织活动的权利。只有征得俄罗斯联邦政府同意的情况下，俄罗斯联邦各主体才能够与外国的国家权力机关建立联系（第1条第1项）。俄罗斯联邦各主体的国际和对外经济关系是指与相应的外国伙伴，在贸易经济、科学技术、生态、人文、文化和其他领域开展的联系。

俄罗斯联邦主体国家权力机关有权与外国伙伴举行会谈、有权与它们签署有关开展国际和对外经济关系的协议。根据该联邦法律第3条的规定，俄罗斯联邦主体机关预先通知相应的联邦权力执行机关有关参与关于签署开展国际和对外经济联系协议的会谈事项。在签署前不迟于一个月的时间，将协议草案提交给俄罗斯联邦外交部以获得许可，在必要的情况下，还需向其他联邦权力执行机关提交。外交部和其他执行权力联邦机关，通常自收到协议草案之日起，在不迟于20天的时间内，将对协议草案的审查结果通知俄罗斯联邦主体国家权力机关。在产生争议的情况下，按照俄罗斯联邦法律的规定，适用协调程序。

由俄罗斯联邦主体国家权力机关签订的有关开展国际和对外经济联系的协议，不论其形式、名称和内容如何，都不是国际条约。

国家权力联邦机关对类似的协议不承担责任，但是下列情况除外：同外国国家权力机关签订的协议，征得了俄罗斯联邦政府的同意或者俄罗斯联邦主体就具体的问题有政府的正式保障。

为了实现开展国际和对外经济联系的协议，在征得俄罗斯联邦外交部的同意后，俄罗斯联邦各主体有在国外开设代表处的权利。同时，依照俄罗斯联邦外交部的同意，主体机关有权作出对在本主体的领土上开设外国联邦国家主体和外国地方行政机构代表处的许可。

俄罗斯联邦各主体在外国领土上的代表处，以及在俄罗斯联邦主体领域上的外国代表处，不具有外交代表机构的地位，它们不具有领事或者外交职能。上述代表处的工作人员不享有外交特权和豁免权。俄罗斯联邦公民负责俄罗斯联邦各主体在俄罗斯国外开设的代表处的工作。

对上述协议,在俄罗斯联邦和其各主体国家权力机关间产生争议的情况下,按照俄罗斯联邦宪法和法律的规定适用协调程序。如果协议与俄罗斯联邦宪法、联邦法律、国际法公认的原则和规定及俄罗斯联邦签署的国际条约相抵触,对俄罗斯联邦其他主体的利益造成损害,或者违反了1999年联邦法律规定的程序,这一协议可能会按司法程序被驳斥。在相应的法院对该问题作出决定前,俄罗斯联邦总统可以暂时中止该协议的效力。

在保障社会秩序、保护公民权利、保障护法机关的活动和维护法律领域,属于俄罗斯联邦和联邦各主体共同管辖的有:确保法治、法纪、社会安全;边境区域制度;行政、行政诉讼、劳动、家庭、住宅、土地、水源、森林立法;关于矿藏、环境保护的立法。

三、俄罗斯联邦各主体专属的管辖对象

专属于俄罗斯联邦各主体管辖的问题,可分为两类:

(1)在共同管辖的范围内,主体合法地享有确定的职权——以联邦规范性法律文件为基础,同时可以发展联邦规范性法律文件;

(2)属于联邦主体专属管辖的还有那些以上各类都不包括的对象。

因此,对俄罗斯联邦各主体适用的规则是:不属于联邦管辖的一切,都属于主体管辖。各主体的管辖范围通常被规定在它们的宪法和章程中。一部分文件规定了主体管辖对象和职权的详细清单,该清单既包括与联邦共同的管辖范围,也包括主体专有的管辖范围。另一些文件单独规定了联邦和主体共同的管辖对象,列举了俄罗斯联邦宪法第72条的内容,还规定了除联邦管辖范围即联邦与主体共同管辖范围之外的主体的管辖对象和职权。

各主体章程规定,通常属于各主体专有的管辖对象和它们的职权有:通过主体的宪法、章程、法律和其他规范性法律文件,对上述法律文

件进行修改和补充,监督其实施;

确立主体国家权力机关体系,它们的组织和活动程序,这些机关的组成;

主体的地方行政结构;

占有、使用和处分主体的财产对象,管理转交主体管理的联邦财产;

制定、通过和执行主体的社会经济、文化、城市建设和其他规划;

制定、批准和执行主体的财政预算;

确立和授予主体的荣誉称号、奖品和奖金;

与俄罗斯联邦其他主体开展合作;

主体专有管辖的其他问题。

四、划分俄罗斯联邦和联邦各主体职权问题的最新决定

现实地划分俄罗斯联邦和联邦各主体间的职权问题,是联邦关系中最为亟待解决的问题之一。很多问题现在还以"摸着石头过河"的方式解决,当然,这不能令众多的主体满意,就是连联邦自己也不满意。为了理顺相应的实践,制定了很多重要的措施,这些措施在1999年10月6日联邦法《关于组织俄罗斯联邦各主体国家权力立法(代表)和执行机关的一般原则》中有所体现,2003年7月4日对这一联邦法进行了修改,后来又通过对该法的修改进行了补充。

上述联邦法中设有专门的第四-1章——《在国家权力联邦机关和俄罗斯联邦主体国家权力机关间划分职权的一般原则》。根据该法第26.1条的规定,俄罗斯联邦主体国家权力机关行使的职权包括:

俄罗斯联邦各主体管辖的对象,由主体的宪法(章程),法律和根据宪法、法律通过的其他规范性法律文件确定;

共同管辖的对象由俄罗斯联邦宪法、联邦法律、划分职权的条约和

协议确定；

联邦管辖的对象,由根据俄罗斯联邦总统和政府的规范性法律文件颁布的联邦法律以及协议确定(因此,法律,在将俄罗斯联邦宪法的规定细化的同时,赋予主体各机关的不是调整,而是参与实现俄罗斯联邦专属职权)。

联邦法律、划分职权的条约和确定俄罗斯联邦主体国家权力机关职权的协议,总统令和政府决定应该规定俄罗斯联邦主体各权力机关的权力、义务和责任,规定相应职权实现的程序和财政来源,不能同时将相似的职权赋予国家联邦权力机关和地方自治机关。

根据俄罗斯联邦各主体管辖对象,属于主体的国家权力机关的职权,依靠主体的财政预算(除联邦财政的补贴外)由这些主体独立实施。

针对共同管辖的对象,俄罗斯联邦主体国家权力各机关的职权,依靠主体的财政预算(除联邦财政的补贴外)由这些机关独立实现。上述职权可以按照联邦法律规定的程序和情况,依靠联邦预算资金和包括根据联邦专用计划在内的联邦国家预算外基金予以实现。

2003年修订的该联邦法律第263条第2项规定了就共同管辖的对象授予俄罗斯联邦主体权力机关,并由这些机关依靠主体的财政预算(除联邦财政的补贴外)独立开展职权的清单。最初该法律规定了46项该职权,后来这一清单被拓展并被细化,到目前为止,根据笔者的统计,已经有78项职权。就这些职权可以实施联邦法律,除部分特殊情况外,在这些联邦法律中不应该规定主体从预算中支出的数额和程序,这由主体自己决定。而且,就共同管辖的问题,对主体国家权力各机关职权清单的修改,只能通过对联邦法律作出相应修订的方式进行。

清单和其他联邦法律未作规定的,俄罗斯联邦主体国家权力各机关共同管辖对象的职权,依靠联邦预算的补贴来开展。联邦法律应该规定,在实现相关职权时联邦主体各国家权力机关的权力和义务,以及国家权力联邦各机关的权力与义务;为保障相应职权,联邦法律应该解决联邦转交给主体的财政资金和物质对象的问题；联邦法律还应该规定，联邦机关对主体权力机关履行相应职权的监督程序。

参考文献

别兹鲁科夫·阿·弗：《俄罗斯联邦及其主体协调合作的共有职权及完善》，《法学》2003年第4期。

别列日纳亚·特·弗：《俄罗斯联邦及俄罗斯联邦主体间管辖范围和职权的区分形式（宪法研究）》，法学副博士论文，奥姆斯克，2006年。

瓦西里耶娃·特：《联邦和联邦主体间法律冲突的解决》，《宪法：东欧观察》2002年第1(38)期。

涅恰耶娃·特·弗：《俄罗斯联邦主体职权确定的宪法原则（在共同管辖对象的框架下）》，法学副博士论文，莫斯科，2006年。

普列希弗采夫·伊·恩：《俄罗斯联邦主体的剩余职权（宪法视角）》，法学副博士论文，秋明，2005年。

切列帕诺夫·弗·阿：《俄罗斯联邦及其主体划分国家权力的宪法基础》，莫斯科，2003年。

切尔特科夫·阿·恩：《俄罗斯联邦及其主体共有职权领域的立法调整》，莫斯科，2005年。

第七节 俄罗斯联邦和其各主体相互作用的形式

联邦和其各主体的相互作用，既可以在联邦关系中每一方地位的专门保障体系中实现，也可以在联邦和其各主体的不断联系中实现。"相互作用"这一术语，是以每一方都具有可能性为前提的。使用这一术语也绝非偶然，因为，在俄罗斯体现联邦关系的不仅有联邦对各主体的影响（自上而下），而且还有各主体对联邦政治与日常事务以及联邦各机关业务活动(自下而上)的影响。

毫无疑问,联邦各机关在联邦与其各主体的相互作用上,对联邦和各主体的发展产生影响的可能性更大。联邦和其各主体的关系不可能是平等的关系,而是联邦的地位更高。但是,每个主体都有法定的、整体上能够表明它们对联邦关系发展的看法,以及使各主体利益在联邦层面上得以体现的方式。

我们将按顺序先阐述主体对联邦的影响,然后再探究联邦对主体的影响。

一、俄罗斯联邦各主体对联邦事务的影响

对俄罗斯联邦各主体在联邦层级上具有的可能性的一般观点,可以确定如下:在俄罗斯联邦各机关解决各种问题时,各主体有权代表并捍卫自己的利益。允许各主体职能的权力机关——主体的立法机关和高级公职人员向俄罗斯联邦总统、政府、各部、联邦局处的领导提出自己的请求。后者对这些请求应该做出论据充分的回答。

在编制联邦预算时,各主体有权维护自己的利益,因为在联邦预算中有部分内容是有关向各主体预算中划拨经费的。

如果各主体国家权力机关与国家联邦权力机关产生分歧,根据俄罗斯联邦宪法第85条第1款的规定,总统可以使用解决这些分歧的协商程序;在不能达成一致决定的情况下,可将争议的解决转交相应的法院审议。

根据俄罗斯联邦宪法第104条第1款的规定,立法动议权属于俄罗斯联邦各主体立法(代表)机关。各主体的立法机关享有该项权利。因此,在国家杜马的公文中,经常会有由各主体提出的法律草案。宪法还赋予各主体的立法机关提出对俄罗斯联邦宪法的修改和重新审议建议的权利(第134条)。

在国家杜马讨论所有法律草案时，俄罗斯联邦各主体的利益都应该被兼顾。杜马的规章规定，要将所有提交的立法草案分发给俄罗斯联邦各主体，以让它们就各草案向杜马表达自己的意见。

现在，在联邦层级的立法过程中，采取了更为全面地保障俄罗斯联邦各主体立场的措施。1999年10月6日通过了联邦法《关于组织俄罗斯联邦各主体国家权力立法（代表）和执行机关的一般原则》，2003年7月4日将第264条"俄罗斯联邦主体国家权力机关参与俄罗斯联邦联邦会议国家杜马审议有关共同管辖对象的法律"的规定列入1999年的组织原则联邦法律中。该条规定，共同管辖对象的联邦法律草案，需有俄罗斯联邦各主体国家权力立法（代表）和最高执行机关的同意。那么，需遵守如下程序：当国家杜马收到法律草案后，这些法律草案将被分发给上述各主体，上述各主体要在30天内，向国家杜马提交自己对这些法律草案的意见。如果1/3以上的上述各主体机关，表示反对通过相应的联邦法律，根据国家杜马的决定须成立协调委员会。如果俄罗斯联邦主体国家权力立法（代表）和最高执行机关认为可以通过法律，则主体各权力机关对共同管辖对象的联邦法律草案的意见被认为是肯定性的。如果上述两机关表示反对通过草案，则意见被认为是否定性的。如果意见出现分歧，则认为联邦主体国家权力各机关弃权。

上述内容发生在国家杜马一读中没有审核法案的阶段。就共同管辖的问题，国家杜马在一读时通过的法律草案，须寄送给俄罗斯联邦各主体立法（代表）机关，各主体代表机关须在30天内向杜马提交对上述法律草案的修改意见（也就是说在这一阶段无须将法律草案寄送各主体的权力执行机关）。在这一期限届满之前，上述法律草案不允许进行二读。

俄罗斯联邦各主体的立法机关和执行机关有向俄罗斯联邦宪法法院提出咨询意见的权利，这也是对各主体利益的保护方式。而且各主体的立法和执行机关可以就联邦法律、总统、联邦会议发布的规范性文件、其他各主体发布的有关俄罗斯联邦管辖问题的文件、俄罗斯联邦和联邦各主体国家权力机关签订的条约以及未生效的俄罗斯联邦签署的国际条约的合宪性提出质疑。有关俄罗斯联邦和联邦各主体之间国家权力机关的职权范围，以及各主体高级国家机关间的职权范围都可以是向俄罗斯联邦宪法法院提出咨询的对象。各主体立法机关可以向宪法法院提出对宪法进行解释的申请。

为了使俄罗斯联邦各主体能更好地表达自己的利益，在联邦机关设立了各主体的代表机关。根据俄罗斯联邦宪法第95条第2款的规定，在俄罗斯联邦委员会每个主体都可以派驻两名代表。即一名代表由主体的立法机关选举，另一名代表由主体执行权力机关的首脑任命。2000年9月1日俄罗斯联邦总统令规定，所有主体权力执行机关的首脑，在职位上都是俄罗斯联邦国家委员会的成员，该委员会是一个总统领导下的咨询机构。权力执行机关的首脑还被称作立法者委员会的成员，该委员会也是一个咨询机构，是在联邦会议两院"监护"下，在联邦层级上开展工作的机构。

俄罗斯联邦各主体在联邦层级上有正式的代表机构。根据1991年8月22日苏俄总统令《关于苏俄执行权力机关工作的一些问题》(第5项)，成立了下设在苏俄总统的各共和国的代表机构。1992年4月2日的俄联邦总统令《关于俄罗斯联邦政府下管辖的各边疆区、各州行政机关代表机构》成立了其他各主体的代表机构。代表机构通常由俄罗斯联邦主体权力执行机关副首脑领导。代表机构的任务，一方面，在联邦层级上保障主体的利益，发展该主体与联邦国家机关的关系；另一方面，促进主体从联邦外获得利益，促进各地区作出必要的决议。

在一定程度上，俄罗斯联邦各主体可以参与组建联邦机关和任命联邦公职人员。如前所述，俄罗斯联邦主体的检察长，在与俄罗斯联邦各主体协商后，由俄罗斯联邦总检察长任命(俄罗斯联邦宪法第129条第3款)。在任命相应的人作为候选人时，既要在主体的立法机关也要在主体的最高公职人员那里进行协商。宪法性法律《俄罗斯联邦宪法法院法》，赋予俄罗斯联邦主体向总统提出俄罗斯联邦宪法法院法官空缺职务的候选人的权利。位于相应主体领土内的联邦权力执行机关分支机构领导的候选人，也可以与主体进行协商。

二、联邦对联邦各主体事务的影响

在联邦对其各主体事务的影响上，俄罗斯联邦拥有的可能性比各主体对联邦影响的可能性更大，在一系列情况下更强烈。众所周知，在联邦关系上，中央一直都是较为主动的一方，而且，中央需要考虑联邦与主体利益的协调，还要考虑让部分主体的利益不至于凌驾于全国利益之上，使主体最终能够遵守"联邦的纪律"。

保障俄罗斯联邦对联邦关系的整个制度和在联邦关系中各主体地位的影响的主要方式是对联邦关系和俄罗斯联邦各主体地位的宪法性法律调整。俄罗斯联邦宪法，首先就是为这一目的服务的。除此之外，为完善宪法，通过了众多的联邦法律，其中包括联邦和联邦各主体共同管辖对象的法律，进而确立了各主体行使相应职权的界限。

联邦预算是对联邦和主体产生影响的重要方式。俄罗斯联邦的特点在于，绝大部分的税收和财政来源都归联邦预算，然后，在确定本财政年度的预算时，对划拨给俄罗斯联邦各主体预算的费用进行详细的计算。这就既将全国和区域利益联系起来，也将各主体"掌控"在联邦手中，因为资金永远不足，甚至在某一主体非常缺乏资金且出现问题的情况下，它们从联邦预算中获得的弥补数额在很大程度上也与主体领导层与联邦权力执行机关关系的好坏有关。

如前所述，俄罗斯联邦宪法将联邦法律确立的组织俄罗斯联邦各主体国家权力的代表机关和执行机关的一般原则规定为联邦的管辖范围（第77条第1款），根据这些一般原则各主体组建自己的国家权力机关体系。

联邦规定了自己权力机关和各主体权力机关相互关系的一般规则。联邦规范性法律文件在整个俄罗斯领土适用，这就表示，对每个主体都适用。不需要各主体制定联邦规范性文件在其领域上生效的法令。在一段时间以前，部分主体非法地在自己的宪法、章程中允许在其领土上中止那些与各主体的利益和法律不符的联邦文件。2000年，俄罗斯联邦第二任总统执政后，在使各主体立法与联邦法律相符方面，采取了强硬措施，其中包括废除各主体的类似"权利"。当然，如果主体认为，就主体的专属管辖范围，联邦规范性文件与主体法律相抵触的话，主体可以向有权管辖的联邦法院提出异议。

国家权力联邦机关在国家整个领土上履行自己的职权，不能有来自联邦方面的例外和来自俄罗斯联邦各主体方面的任何限制。联邦和联邦各主体权力执行机关，是作为一个统一的权力执行体系开展工作的。可以在各主体的领域内建立联邦权力执行机关。

联邦领域管理体系和与各主体相互关系的合理化问题，一直被中央所关注。2000年5月13日俄罗斯联邦总统发布的总统令《关于俄罗斯联邦总统在联邦区的全权代表》(2004年修订)规定，国家被划分为7个联邦区，在每个联邦区中都任命总统全权代表。以前，在俄罗斯联邦各主体中都设有全权代表，有时为俄罗斯联邦相邻的主体任命总统全权代表。现在，向每个主体都任命联邦监察员或者联邦主监察员。他们隶属于相应各联邦区的总统全权代表。

在这些联邦区中，联邦区和总统全权代表成为联邦中央和联邦各主体间联系的环节。它们也应该促进保护法制问题和部分领域管理问题更快速地解决。为此，在联邦区这一层级上创建了一系列的联邦国家机关分支机构（如，有俄罗斯联邦副总检察长，在相应联邦区上的俄罗斯内务部管理局、司法机关、税务机关，等等）。

在联邦区中的总统全权代表不具有任何行政职权。他保持与各主体领导层和社会团体的联系，搜集并告知在相应主体内部事务的信息。将搜集的信息要告知总统、政府和其他联邦权力执行机关。在任命本地区联邦权力执行分支机构的领导时，全权代表要发表意见。总统全权代表协助属于该联邦区的俄罗斯联邦主体解决它们共同利益的任务。同时，全权代表无权干预各主体权力执行机关和代表机关的活动，在举行区域或者联邦选举时，不能发表支持某些候选人的正式言论。

解决联邦和联邦各主体权力机关的分歧，解决不同主体权力机关的分权属于联邦机关的管辖范围。这首先是总统的职权。以宪法法院为代表的联邦，拥有评价各主体主要文件——宪法、章程以及其他与联邦管辖问题有关的文件合宪性与否的权力。

如今，俄罗斯联邦各主体和联邦国家机关在起草和评价各主体规范性文件草案方面合作的实践正在发展。俄罗斯联邦司法部在这一过程中起到了特别重要的作用。各主体宪法、章程草案，对宪法、章程的修改草案，各主体的法律草案以及其他规范性文件草案，须提交给司法部，在这里对上述草案的合法性、是否与俄罗斯联邦法律相符，有时还对通过的合理性进行鉴定。

在联邦建设及联邦与各主体相互关系的实践中，联邦与联邦各主体间签署的条约具有一定的意义。如前所述，1992年3月31日的联邦条约和1992年4月21日的宪法改革确定了当今俄罗斯联邦的基本原则。俄罗斯联邦宪法（第111条第3款）规定了在宪法和联邦及其他条约的基础上，对联邦国家权力机关和俄罗斯联邦各主体国家权力机关间管理对象和职权进行划分。正如前文所言，在1994—1999年双边条约的实践获得了巨大发展，从2001年秋天开始，可以说为了立法统一而拒绝了条约的调整方式。目前，只有在受俄罗斯联邦主体的经济、地缘和其他特点所决定的情况下，并且，上述特点确定了与联邦法律规定的不同的职权划分时，才允许签订划分职权的条约。在划分职权的条约中规定了联邦国家权力机关和俄罗斯联邦主体国家权力机关职权的清单，对这些职权的划分与联邦法律和俄罗斯联邦主体的法律规定不同,确定了实现这些职权的条件和程序,双方具体的权利和义务,划分职权条约生效的期限和延长这一期限的期间,以及提前解除划分职权条约的依据和程序。

主体的最高公职人员要将职权划分草案递交给主体国家权力立法(代表)机关批准。批准或者不批准条约草案以立法(代表)机关决议的形式作出。俄罗斯联邦主体首脑就条约草案的审查情况向俄罗斯联邦总统汇报。

划分职权条约由总统和主体最高公职人员签署。然后,在签署条约之后的10天内,总统将批准职权划分条约的联邦法律草案提交给国家杜马。从关于批准职权划分条约的联邦法律生效之日起,条约生效,如果上述联邦法律未做其他规定。职权划分条约具有联邦法律的效力。职权划分条约的有效期不能超过10年。

根据双方的同意或者根据法院的决议,职权划分条约可以提前终止(以后称解除)其效力。根据双方中任何一方的提议,在联邦法院以生效的决定确定另一方违反了条约规定的情况下,可以解除条约。联邦法院的决定是俄罗斯联邦总统或者俄罗斯联邦主体最高公职人员,根据双方中一方的提议作出解除划分职权条约的依据。从相应法院的决定生效之日起30日内,双方中的一方提出的解除划分职权条约的决定可以被通过,并应当予以正式公布。在这种情况下,从有关解除条约的相应决定正式生效之日起,关于批准划分职权的联邦法律失效。

在谈到俄罗斯联邦对联邦各主体施加影响的方式时,还应该涉及联邦采取的各主体承担宪法法律责任(部分学者将其称为"联邦责任")的措施。在整体上,这一问题属于更为广泛的、被称作联邦干预的问题,也就是说,在主体或者在主体领域内违反了宪法和法律,对居民的生命和安全造成了现实的威胁,当这是主体自己造成的,或者主体无力恢复秩序,或者事件和自然灾害需要中央的帮助时,联邦国家对自己的主体可能采用的制裁或者措施体系。

我们在本书第一编,已经提到过在联邦关系上的宪法法律责任问题。这里需要提醒的是,反映联邦对各主体事务进行干涉的一系列措施,被规定在2001年5月30日通过(2003年修订)的联邦宪法性法律《紧急状态法》中。该联邦宪法性法律允许:在实行紧急状态的地区,完全或者部分地中止主体权力执行机关和地方自治机关的职权;在各主体国家权力机关和地方自治机关发布的文件与总统关于实行紧急状态的总统令相抵触时,中止上述文件的效力;确定对实现部分种类的财政经济活动进行限制,包括运输商品、服务及财政资金,中止政党和其他社会团体的活动。

在实行紧急状态的地区,由总统令规定通过创建管理这一地区的临时专门机关或者联邦机关来对这一地区实行特别管理。

根据联邦法《关于组织俄罗斯联邦各主体国家权力立法(代表)和执行机关一般原则》(第26.9条)的规定,俄罗斯联邦主体国家权力机关的部分职权可以被临时赋予国家权力联邦机关和(或者)国家权力联邦机关任命的公职人员,在下列情况下,如果:

(1)由于自然灾害、意外灾难、其他紧急状况而缺失俄罗斯联邦主体国家权力机关,或者不能根据本联邦法律的规定组建主体国家权力机关的;

(2)由于俄罗斯联邦主体国家权力机关的决定、行为或者不作为产生了在俄罗斯联邦预算法典规定的程序中履行债务和(或者)预算债务的主体逾期债务,且债务额超过其在下一会计年度主体预算收入的30%;

(3)在依靠从联邦预算中提供的补助金实现职权时,俄罗斯联邦主体国家权力机关违反了俄罗斯联邦宪法、联邦法律、总统和政府发布的其他规范性法律文件,如果上述违法事实被相应的法院认定的话。

在出现第(1)种情况时,将相应职权赋予国家权力联邦机关的决定,由总统根据与联邦会议的协商作出。

在出现第(2)种情况时,为了恢复主体的支付能力,根据总统的请求，按照联邦法律，最高仲裁法院以决议的形式，在俄罗斯联邦主体内实行期限在一年以内的临时财政行政。

在出现第(3)种的情况下，在俄罗斯联邦主体国家权力执行机关在履行职权时，出现相应的违法的情况下，关于由执行权力联邦机关临时履行上述职权的决定，按照联邦法律、总统和(或者)政府颁布的规范性法律文件确定的程序，由政府作出，同时取消相应的补助。

如今，俄罗斯在联邦关系上强化了中央集权，虽然不想让读者形成主要是行政关系内容的印象。任何一种过程都有其主观的和客观的原因。在很大程度上，客观原因是同主体过度的自由且有时会对保障全国的利益造成影响有关的。同时，因为没有联邦的帮助，主体也很难会这样做。因此，应该制定一个评价主体活动积极性的标准，通过这些标准可以看到主体努力的结果，其中包括在联邦帮助下所取得的结果。

在这一方向上，已经采取了一定的措施。其中包括，2006年12月29日对1999年联邦法律补充了第26.3.2条"对俄罗斯联邦主体国家权力机关活动积极性的评价"一条。该法律本身没有规定相应的标准，而是规定："评价俄罗斯联邦主体权力执行机关活动积极性的指标清单由俄罗斯联邦总统确定。"（2007年10月18日修订）俄罗斯联邦主体权力执行首脑向俄罗斯联邦总统提交关于事实上已经取得的和计划取得的相应指标的报告。报告提交的程序和期限由俄罗斯联邦总统确定。为了促进取得和(或者)鼓励取得最好的指标，俄罗斯联邦总统和(或者)俄罗斯联邦政府可以规定从联邦预算资金中向俄罗斯联邦各主体划拨资助金。

2007年6月28日俄罗斯联邦总统令《关于评价俄罗斯联邦各主体执行权力机关的活动积极性》，规定了对活动积极性进行评价的指标清单，该清单共有43项内容。其中包括：区域总产量大小，人均固定资本（预算资金除外）投资额，同上一年度相比，劳动者实际应发的月平均工资量，失业率，居民死亡率，居民比重，经常从事体育运动者的比重，在俄罗斯联邦主体体育设施的保障程度，导致犯罪的程度（占调查数的百分比），等。还有一些特别指标，诸如居民对俄罗斯联邦主体执行权力机关活动的满意程度，其中包括对信息透明程度的满意程度（占被调查者的百分比）。

创建了评价联邦和区域权力执行机关业务活动效能的政府委员会。2007年11月14日，俄罗斯联邦政府决议批准了该委员会的条例。

第八节　俄罗斯联邦各主体的地方行政结构

地方行政结构应该被理解为对国家领域的划分，而在联邦制国家，地方行政结构是指国家的各主体在其相应部分——各地方单位，在这些范围内实现一定的国家职能和（或者）居民自治（地方自治），创建的国家机关或者地方自治机关。在相同意义上，经常使用"地方行政划分"这一概念。

正如在本编开始所说的那样，因为联邦制国家被划分为部分——联邦各主体，所以对联邦国家在整体上使用"国家结构"这一概念。为了阐明联邦各主体内部地方组织，可以使用"地方行政结构"这一范畴。

因此，在俄罗斯联邦的条件下，"地方行政结构"这一概念是对俄罗斯联邦各主体适用的。

"地方行政结构"这一范畴自古就存在。这一概念的一部分——"地方结构"——具有共同性，因为国家或者国家部分不可避免地被划分为地方单位。该概念的另一部分——"行政结构"——其产生就是为了在地方单位范围内成立国家行政机关并进行国家管理（一般管理、警察管理等）。

经过一段时间，在地方单位内部，创建了由居民选举产生的权力代表机关，使用了直接民主制度——地方全民公投，讨论全国或者地方生活的问题等。进而，随着地方自治这一思想的传播，地方单位成了创建市立，也就是说，非国家机关的基础。但是，"地方行政结构"这一概念，很久之前就以词组的形式存在。如今，在使用这一概念时，应该指出，俄罗斯联邦主体地方行政结构，既可以是实现国家（行政）管理、监督和司法国家职能的基础，也可以是地方自治的基础。

地方行政结构最常见的是双层次的。如果从上到下，第一层次的是直接构成俄罗斯联邦主体的单位——概括地说，是乡村区域和大城市；这些单位是法院、检察院、国家安全机关、内务部机关、国家登记机关等活动的领域（一定条件下可以将这些所有机关称作为行政机关）；同时，在这些地方单位层级上还可能存在着地方自治组织。第二层级的单位包括第一层级单位组成部分以及地方自治机关。

"地方行政结构"这一概念包括下列内容：

（1）地方单位体系，它们组建和管理的程序；

（2）将居民点和居民区域归入某类地方单位；

（3）地方单位边界的确定和变更；

（4）自身包括几个居民点的单位中心的确定；

（5）地方单位、部分居民点，它们的街道、广场和其他部分的名称与更名；

（6）居民点登记，在地方行政结构中变化的统计。

所有这些内容，以前都属于俄罗斯联邦管辖，并且由1982年8月17日苏俄最高苏维埃主席团命令《关于苏俄解决地方行政结构问题程序》来调整。1993年俄罗斯联邦宪法没有将地方行政结构的问题划归联邦和联邦各主体共同管辖的对象之列。随之，这些问题被归入俄罗斯联邦各主体自己管辖的范围。并没有排除，俄罗斯联邦将来把确定各主体地方行政结构的职权划归自己的可能性。要知道，根据宪法第71条的规定，"俄罗斯联邦联邦结构和领土"属于联邦的管辖范围。而每个地方单位是主体领土的一部分，最终也是整个俄罗斯国家领土的一部分。

俄罗斯联邦各主体在自己的宪法、章程、专门法律中规定了地方行政单位的结构问题。而且,在一部分主体使用了"地方行政结构"的概念,在另一些主体更喜欢简单地称作是"地域"划分。

到目前为止,俄罗斯联邦各主体基本上保留了以前的地方行政结构体系,并且有下列的一些地方行政单位种类:

(1)共和国、边疆区、州、自治州、自治区的城市,这些城市直接是共和国、边疆区、州、自治州、自治区的组成部分;这些城市可能有两类——一类是由城市界限内的领域组成;另一类是除由城市界限内的领域组成外,还有城市的周边地区组成——可能是更小城市、镇和乡村地区的领域组成;

(2)位于乡村地区的区;

(3)区下辖的城市,这些城市是乡村地区区的组成部分;

(4)城市中的区(市区);

(5)村行政区(乡公所所在村,村苏维埃)——农村地区的地方行政单位,其自身包括4—6到14—20个村庄和属于这些村庄的周边地区(田地、牧场、森林等);村行政区(乡公所所在村,村苏维埃),通常是乡村地区的区的组成部分,虽然有时它们也可能是属于俄罗斯联邦主体管辖的城市区域的组成部分;

(6)工人新村、疗养点、别墅区,这些地方既可能是乡村地区的区的构成部分,也可能是城市、市辖区的构成部分。

在乡村地区的小规模的居民点——乡村、村、山村、很小的村通常不是独立的地方行政单位,而是村行政区的构成部分(乡公所所在村,村苏维埃)。同样,农庄、单独分布的几座房子(例如,位于铁路会让站),通常认为它们不是独立的居民点,而是认为附属于乡村、村和村镇。但是,大的居民点可以被认为是独立的地方单位。例如,哥萨克村镇——位于罗斯托夫州,克拉斯诺达尔和斯塔夫波罗尔边疆区等的哥萨克人居住的居民点——根据居民的数量,可以拥有诸如城市、镇、村行政区等地方行政单位的地位,或者不具有地方行政单位的地位,而通常是村行政区、村苏维埃的组成部分。

2003年10月6日联邦法《关于组织俄罗斯联邦地方自治组织的一般原则》拟定组建市立机构体系,该体系在很大程度上是以俄罗斯联邦各主体地方结构的新因素为前提的。

实践上,如果"从上到下"进行,俄罗斯联邦主体地方划分的链条整体如下:

(1)主体被分为基层地方行政区域和城市区域的领域;

(2)在基层地方行政区域的组成中有乡村居住区和城市居住区;

(3)乡村居住区由农村居民点构成;

(4)城市居住区由城市和乡村组成,除此之外,农村居民点也有可能构成城市居住区;

(5)农村居民点是农村地区最初级的地方单位;

(6)较大的城市还可能被划分为几个区(市辖区)。

不应该认为,所有列举的地方单位都是基层地方行政组织。根据2003年联邦法律的规定,地方自治在城市和乡村居住区、基层地方行政区域、城市区域中,以及在联邦直辖市内部的区域内开展。基层地方行政单位领域界限的确立和变更要根据本法的要求,由俄罗斯联邦各主体的法律规定。

在俄罗斯,根据新的联邦法律,不应该还存在那些未成为基层地方行政组织构成部分的地域。形象地说,主体领土上的每块土地都应该是最初级的基层地方行政组织——乡村居住区或者城市居住区的组成部分。

乡村居住区是一个或者几个乡村居民点[村镇、村落、乡村、农庄、村(中亚地区的)、山村(高加索、中亚地区的)和其他的乡村居民点]联合起来的领域,在这些地方地方自治是通过居民直接和(或者)通过选举出的其他地方自治机关来实现的。因此,乡村居住区是基层地方行政组织。实际上,乡村居住区已经取代了今天的乡村区域的地方行政单位(乡、村苏维埃）。

城市居住区是城市或者带有毗邻地区的居住点（在城市居住区的组成中也可能有不是地方基层行政组织的乡村居民点），在这些地区地方自治由居民直接和（或者）通过选举其他的地方自治机关来实现。因此，城市居住区也是地方基层行政组织。就实质而言，"城市居住区"这一概念已经取代了"区域意义上的城市"这一概念，因为，城市居住区是地方基层自治区域的组成部分。

居住区领域包括历史上形成的居民点的土地、附属于居民点的公共使用的土地，相应居民点居民传统的自然资源使用地区，供休息休闲的土地，供居住区发展的土地。属于居住区领域的土地与所有制形式和用途无关。

法律规定，在农村居住区内，可以有一个具有一定数量居民居住的农村居民点，通常，其居民数量超过1 000人（对高居民密度的地区——超过3 000人）和（或者）居民人数少于1 000人的几个居民点的组合（对高密度居民区每个居民点的人数少于3 000人）。居民人数少于1 000人的农村居民点，通常是城市或者乡村居住区的组成部分。根据联邦主体的法律规定，考虑到主体居民的密度和居住区面积的具体情况，可以赋予居民人数少于1 000人的农村居民点以农村居住区的地位。如果这一决定在生活在相应居民点的公民大会上被通过，那么在居民密度较低的地区，以及在偏远地区，居民人数少于1 000人的农村居民点也可以被赋予居民区的法律地位，并且不作为其他居民区的组成部分。

如果按照"向上"划分，地方自治行政区（在乡村地区）和城市行政区域是地方自治行政组织，也就是说俄罗斯联邦主体内地方单位的第二层级。

地方自治行政区是几个居住区（乡村的和城市的）或者几个居住区和被称作是居住区之间的领域（也就是处于居住区边界之外的领域）联合而成的区域，在区域内实行地方自治。因此，该区域是地方自治行政区。它的特点不仅仅在于自己的大小和自身构成中包含了几个乡村和城市居住区,而且还在于在地方行政区域自治这一层级上,可以享有由俄罗斯联邦联邦法律和各主体法律授予地方自治机关的部分国家职能。

城市区域是指不属于地方自治行政区组成部分的城市居住区。城市区域的地方自治机关不仅仅解决地方问题,而且能够履行部分联邦法律和联邦各主体法律授予地方自治机关的部分职权。因此,城市区域作为更高级的地方自治行政组织,与城市居住区的区别不在于地方机构,因为它们之间地方结构可能很相似。与其他标准的区别是:第一,城市居住区是地方自治行政区的组成部分;而城市区域,恰恰相反,不是其组成部分。第二,城市区域可以被赋予部分国家职权,而城市居住区却不能。

至于城市内部区域,2003年联邦法律规定只能在联邦直辖市——在莫斯科和圣彼得堡的辖区中实行地方自治。在其他大城市(这些大城市通常是共和国的首都,和俄罗斯联邦其他各主体的行政中心)的辖区中,城市行政机关只能够创建区管理机关,这些区里可以有法院、检察院等。

联邦一些主体的特点是,在这些主体的地方行政结构体系中,列入了更为高级的单位——行政区。创建的这种单位,如,在莫斯科,按照莫斯科市章程第17条的规定,行政区是为对相应地区实施行政管理而成立的莫斯科市的地方单位。行政区自身包括了城市的几个区。行政区的边界不能阻隔各市辖区的界限。

俄罗斯联邦新主体成立的实践,正如读者们所了解的那样,出现了创建特殊地位的地方行政单位的例子,也就是在原自治区的基础上创建的。在相应的宪法性法律出现之前,在俄罗斯宪法上完全没有这样的概念。那么,随着相应法律的通过,也不应该说,一切就都出现了。例如,在以合并彼尔姆州和科米-比尔米亚克区的方式,成立彼尔姆边疆区的联邦宪法性法律中规定,科米-比尔米亚克区属于彼尔姆边疆区,具有统一的领土和根据俄罗斯联邦法律的规定所颁布的彼尔姆边疆区章程规定的特殊地位,是彼尔姆边疆区的地方行政单位。也就是说,保留了以前行政区的地域和称谓，只是没有了"自治"一词。后来，还出现了在该地区创建两个地方自治行政组织来取代统一的行政区的设想，但是这一设想在原自治区遭到了强烈的反对，而后无人再提。

在关于成立新的俄罗斯联邦主体——克拉斯诺达尔边疆区（通过合并边疆区和两个自治区的方式成立）的联邦宪法性法律中规定，在俄罗斯联邦新主体的构成中，"在泰梅尔（多尔干-涅涅茨）自治区和埃文基自治区的领域界限内，创建具有特殊地位的地方行政单位"。对这一表述最为严格的解释，也不能得出结论认为，新成立的地方行政单位保留了以前的称谓。

可能，这对后来的法律中的相关规定产生了影响，因为后来新的地方行政单位都保留了以前自治区的名称，只是没有了"自治"一词。例如，2007年联邦宪法性法律《组建后贝加尔边疆区》第5条规定，"在后贝加尔边疆区的构成中，在阿加布里亚特自治区领域的范围内，创建具有特殊地位的地方行政单位——阿加布里亚特区"。

具有特殊地位的地方行政单位——行政区的特点，暂时可以归纳为以下几点：它是作为一个统一的整体加入俄罗斯联邦新主体的，在俄罗斯联邦规章中对该具有特殊地位的地方行政单位有单独的规定，这些规定反映出在整体上和在联邦预算上对其特殊地位的保障；在主体的立法机关有它的代表，有从事区事务的俄罗斯联邦主体权力执行专门机关的可能性，有解决区领域和边界问题的特殊规定。随着俄罗斯联邦新主体的发展，详细的规定会逐步出现。一些联邦法律和一系列的联邦各主体的宪法和章程也规定了存在具有特殊地位的领域的可能性。原则上，这不是地方行政单位，而是需要特殊关注的地区。例如，根据圣彼得堡章程的规定，圣彼得堡是一个需要特别保护自然地域和具有历史文化意义的地方经济发展地区，等等。

在俄罗斯联邦，还有这样一种被称作封闭式地方组织的地区。根据1992年7月14日联邦法《封闭式地方行政组织法》（2007年12月1日修订）的规定，拥有地方自治机关的地方组织，在该地方组织的范围内分布着研制、生产、保存和使用大规模杀伤性武器，在加工放射性和其他物质资料的工业企业，分布着军事或者其他单位［以下称企业和（或者）单位］，为此规定了特殊安全检查和保密制度，其中包括特殊的公民居住规定。创建封闭式地方组织的决定由总统根据政府的建议作出。在封闭式地方组织中的地方自治机关，根据联邦法律规定的规则开展工作，并具有相应组织的特点。

第九节　俄罗斯联邦民族和区域政策的宪法法律基础

一、民族政策的宪法法律基础

俄罗斯联邦是一个多民族的国家。如前所述，在一些情况下，民族因素与地域因素是在创建俄罗斯联邦各主体时需要考虑的因素。在另一些情况下，这些民族共同体没有自己的国家地方行政单位，但是，他们的利益同样需要被兼顾。此外，在国家和民族之间——在需要考虑它们的国家存在之外——存在着众多不同的关系。

由此，我们的国家——在它的任何一种结构形式下，而且在存在联邦组织的情况下，也必须执行经过周密考虑的民族政策。概括地说，民族政策的实质在于，在生活在联邦领域上的各民族团体间，为了保护各民族团体的利益，创建友好、和平、合作和相互理解的氛围。

1996年6月15日，俄罗斯联邦总统以总统令批准了《俄罗斯联邦国家民族政策的构想》。在这一文件中规定，俄罗斯联邦国家民族政策的总的原则是：不论种族、民族、语言、对宗教的态度、社会团体或者社会联合体的属性如何，人和公民的权利与自由是平等的；禁止任何形式的按照社会的、种族的、民族的、语言的或者宗教属性特征限制公民权利；在与联邦权力执行机关的关系上，俄罗斯联邦各主体平等；保障原住民少数民族的权利；公民有确定并指出自己民族属性的权利；促进国家各民族民族文化和语言的发展；及时并和平地解决矛盾与冲突；禁止破坏国家安全，挑起社会、种族、民族和宗教仇视、憎恨或者敌意的活动；保护俄罗斯境外公民的权利与利益，对境外同胞予以支持。

根据这些原则，在政治、国家法律、社会经济、精神领域、对外政策、完善联邦关系领域和在俄罗斯各民族文化自决、联合俄罗斯联邦各主体相应的力量方面，规定了应采取的一系列的措施。

上述规定的任务中的很多内容，都是在完善俄罗斯的联邦建设、发展国家经济、支持不同的民族团体、促进各民族文化和语言的发展、建立民族文化自治的范围内解决的。

当然，在国家政策、地方自治组织建设的各个方面，以及在俄罗斯和其他生活在该国的各个民族的民族自我感觉中，要将考虑民族因素作为一个长期的任务。

在宪法法律方面，应该划分出这类俄罗斯联邦的国家民族政策的一些方面：

（1）在法律上保障包括民族共同体在内的国家各民族的完全平等，这与其人口数量、经济潜能、文化遗产等无关，不允许根据这些特征对民族进行歧视；

（2）为包括民族共同体在内的各民族的自决创造条件，在兼顾自己国家的联邦组织和俄罗斯联邦各主体的现实情况的条件下，由各民族自己选择实现自己的自治形式；

（3）保障原住民少数民族利益的特殊措施；

（4）保护少数民族的权利。

在本书的前述部分中，就第（1）和第（2）项内容阐述已足够充分。因此，这里主要阐述第（3）和第（4）项内容。

在谈到原住民少数民族时,应该注意,根据宪法第69条的规定,俄罗斯联邦根据普遍公认的国际法原则和准则以及俄罗斯联邦的国际条约保障原住民的少数民族的权利。为了实现宪法的规定,1999年4月30日通过(2008年5月13日修订)了联邦法《俄罗斯联邦原住民少数民族权利保障法》;2000年7月20日通过(2006年2月2日修订)了联邦法《关于组织俄罗斯联邦北部、西伯利亚和远东地区原住民少数民族公社的一般原则》。此外,还通过了其他联邦规范性文件。俄罗斯联邦一系列主体的法律也对这些问题有所规定。

1999年联邦法律规定,俄罗斯联邦各原住民少数民族是指:生活在自己祖先的传统居住地区,保持着传统的生活方式、经济活动和手工业,在俄罗斯联邦的人数少于5万人,并认为自己是独立的民族共同体的民族。俄罗斯联邦政府根据俄罗斯联邦各主体在这些民族居住区域上的行政机关的建议,批准了俄罗斯联邦原住民少数民族统一目录。根据在达格斯坦共和国领域内居住者的数量,同时,在考虑到达格斯坦共和国居民民族构成的独特性的情况下,该法律授予达格斯坦共和国国家委员会确定自己的原住民少数民族数量和其他特征的权力,同时,还赋予该国国家委员会确定原住民少数民族目录并将之列入俄罗斯联邦原住民少数民族统一目录中的权力。

联邦法律认为各少数民族的传统生活方式是指,各少数民族历史上形成的维持生命活动的方式,这种方式是建立在他们先辈、在自然资源利用、独特的生活社会组织、独特的文化、保持生活习惯和信仰领域的历史经验之上。历史上形成的分布区域被认为是少数民族世代居住的环境,在他们的居住界限内,少数民族进行文化和日常生活活动,这一分布区域也对他们统一民族的形成和生活方式产生着影响。

为了保护原住民少数民族的世代居住环境,保持和发展它们的传统生活方式、经济活动、手工业和文化,联邦法律规定恢复重建少数民族的公社和其他社会自治形式,这些是属于少数民族的人,根据血缘(家庭、民族）和（或者）相邻地域原则自我组织和联合的形式。还使用了"少数民族全权代表"这一概念，此处，"少数民族全权代表"是指根据联邦法律的规定，代表这些少数民族利益的自然人或者法人。

法律规定，联邦、联邦各主体国家权力机关和地方自治机关，根据联邦法律和联邦各主体法律的规定，保护少数民族独特的社会经济、文化发展权，保护少数民族其世代居住环境、传统的生活方式和经济活动的权利。按照联邦法律和俄罗斯联邦各主体法律的规定，在实现少数民族权利方面，各种所有制形式的组织、社会团体和自然人都有权向少数民族人民提供协助。

例如，国家联邦权力机关有权通过有关保护各少数民族世代居住环境、传统生活方式、经济活动和手工业的联邦法律和其他规范性法律文件。这些机关可以通过关于各少数民族社会经济和文化发展，发展、保持和恢复各少数民族语言，保护各少数民族的世代居住环境、传统生活方式、经济活动、使用和保护土地及其他自然资源的联邦计划。上述计划的实现由联邦财政预算和预算外资金提供保障。实现上述计划时，可以吸引联邦各主体国家权力机关、地方自治机关参加，同时向这些机关划拨必要的物质和财政资金。此外，还可以吸引各少数民族的全权代表参与上述计划的实现。

联邦规定了创建、改革和取消联邦所有的、处于少数民族传统生活和经济活动地区的组织。根据与俄罗斯联邦各主体国家权力机关的协商，少数民族全权代表可以规定对在各少数民族传统生活和经济活动地区的，对各少数民族非传统的经济活动组织进行限制。对属于联邦所有的组织所从事的经济活动，如果其对各少数民族世代居住的环境造成了损害而产生了赔偿问题，则由联邦机关决定。联邦机关有权规定各少数民族传统自然资源利用的土地的边界，以及为实现这些目的，向各少数民族出让属于联邦所有的土地的办法。

俄罗斯联邦各主体国家权力机关参与相应联邦计划的实现，并通过各少数民族社会经济和文化发展的区域规划，以及通过各少数民族传统自然资源和其他自然资源利用和保护的区域规划。这些机关有权在各少数民族传统生活和经济活动地，在自己的职权范围内，限制任何所有制形式的组织经济活动。俄罗斯联邦各主体规定将自己的财产转让给各少数民族公社和属于各少数民族的个人的程序，规定划拨、使用和保护属于俄罗斯联邦各主体的、各少数民族传统自然资源利用的土地的程序。为保护上述各少数民族的权利和合法利益，基于公共原则，在各主体权力执行机关下可以设立各少数民族代表委员会。

地方自治机关有权参与实现上述的联邦和区域规划，有权对按照上述程序划拨的物质和财政资金的使用情况进行监督，还有使用和保护在各少数民族传统生活和经济活动地区的土地的权利。地方自治机关可以对那些属于各少数民族的个人，对那些为保持各少数民族传统的生活方式、从事传统的手工业而必需的土地的划拨、使用和保护情况进行监督。地方自治机关还应该制定其在各少数民族传统生活和经济活动地区的地方公共自治的组织和活动原则。

各少数民族自己也可以：

（1）在传统生活和经济活动地区，按照联邦法律和俄罗斯联邦各主体的法律规定，无偿使用为实现各少数民族的传统经济活动、从事传统的手工业和有益的矿产开发的各种类型的土地；

（2）参与对在传统生活和经济活动地区，无偿使用为实现各少数民族的传统经济活动、从事传统的手工业和有益的矿产开发的各种类型的土地使用情况的监督；

（3）在各少数民族传统生活和经济活动地区，在工业使用土地、自然资源、建筑和改造经济与其他客体时，参与对有关环境保护的联邦法律和俄罗斯联邦各主体法律的遵守情况的监督；

（4）从国家权力机关、地方自治机关、各种所有制形式的组织、国际组织、社会团体和自然人那里获得对各少数民族的社会经济和文化发展所必需的物质和财政资金；

（5）通过自己的全权代表，参与权力机关制定和通过就保护各少数民族的传统居住、传统生活方式、经济活动和手工业方面的决定；

（6）在各少数民族传统生活和经济活动地区，在制定开发各少数民族自然资源和保护环境的联邦和区域国家规划时，参与举行生态和民族鉴定工作；

（7）向俄罗斯联邦各主体权力执行机关和地方自治机关下设的少数民族代表委员会派遣各少数民族的全权代表；

（8）因各种所有制形式组织的经济活动，以及自然人的行为给各少数民族世代居住的环境造成损害，而获得损害赔偿；

（9）考虑到传统的生活方式和经济活动，为改革各少数民族培养和教育未成年一代的所有形式而获得国家援助。

属于各少数民族的人，也拥有一系列的权利，其中包括：

（1）在传统生活和经济活动地区，按照联邦法律和俄罗斯联邦各主体的法律规定，无偿使用为实现各少数民族的传统经济活动、从事传统的手工业和矿产开发的各种类型的土地；

（2）参与俄罗斯联邦各主体权力执行机关和地方自治机关下设的少数民族代表委员会的组建和活动；

（3）因各种所有制形式组织从事经济活动，以及自然人的行为给各少数民族世代居住的环境造成损害，而获得损害赔偿；

（4）在土地使用和自然资源开发方面获得优惠；

（5）在各少数民族传统生活和经济活动地区，在经济和手工业传统领域内建立的组织中，在其专业范围内，被优先录用工作；

（6）根据民事法律规定的程序，与那些不属于各少数民族的人共同创建从事各少数民族传统经济活动和传统手工业的商业伙伴、公司，生产性和消费性的企业，但应当保证，在这些被创建的组织中，应有不少于一半的工作岗位提供给属于各少数民族的人；

（7）在各少数民族传统生活和经济活动地区，优先购得各少数民族传统经济领域和传统手工业方面的组织；

（8）按照俄罗斯联邦法律规定的程序获得社会服务；

（9）在国立或者市立的医疗保健机构获得免费的医疗帮助。

那些属于少数民族且按传统的生活方式生活，从事传统的经济活动和传统手工业的人，有以替代性公务代替服兵役的权利。

在各少数民族聚居地区，他们有权按照俄罗斯联邦各主体法律的规定，在考虑到民族历史和其他传统的情况下，创建这些民族的地方公共管理机关。

为了各少数民族的社会经济和文化发展，保护他们的世代居住环境和传统生活方式，以及经济活动和手工业，根据自己的民资、历史和文化传统，各少数民族的人有权在自愿联合的基础上创建各少数民族协会和其他团体。

1999年4月通过的联邦法律，在最初的版本中规定，俄罗斯联邦各主体法律可以规定，在联邦各主体立法（代表）机关和地方自治组织的代表机关中各少数民族的代表名额。但是，在2004年对该法进行修订时，该条规定被废除了。

在谈到对少数民族的保护时，应该指出，根据俄罗斯联邦宪法第71条、第72条的规定，调整和维护少数民族的权利属于联邦的职权，而维护少数民族的权利则属于联邦和联邦各主体的共同职权。尽管有这些宪法规定，但是关于哪些主体属于少数民族的规定暂时还没有。少数民族的地位在专门的法律上还没有规定。1998年6月18日联邦法律批准了1995年保护少数民族的国际框架公约（1996年2月8日在斯特拉斯堡以俄罗斯联邦的名义签署了该公约）。但是，在这一国际公约以及其他国际公约中，都没有关于少数民族的明确定义，虽然这些文件一般是根据在民族（应该认为，这里的民族也是指生活习惯、生活方式）、文化、语言和宗教的因素所表现出来的特点制定的。

在确定少数民族这一范畴时，根据俄罗斯的特点，需要考虑下列因素：

一方面，可以说是居住在自己历史地域上的人们的民族的（民族和日常生活的）、语言的、文化的共同体，还可能是宗教的共同体。同时，可以有条件地划分为两个层面：(1)在自己的领域上，他们构成了一个社会（也就是说"外来人"明显占少数），虽然在整个国家的范围内他们是少数民族；(2)在很大程度上他们被移民所冲击，在自己的领域内甚至在整个国家都变成了少数民族。这些共同体所面临的问题，可以通过创建民族国家单位（共和国、自治州、自治区）或者创建区域民族单位（民族地方自治行政组织、民族居民点）的方式来解决。除此之外，还可以使用上述我们提到过的"原住民少数民族"这一概念来解决。在任何情况下，国家和国家主体的基本法都应该规定国家政策相应的方向。无论是俄罗斯联邦宪法，还是联邦各主体的宪法、章程都应该进行规定。例如，卡累利阿共和国宪法第21条宣布，在共和国"采取措施保障在其领域上生活的卡累利人、维普斯人、芬兰人的复兴、稳定和自由发展"。

另一方面，如同在说少数民族时一样，也应该谈谈生活在本民族历史地域之外的人们的共同体。例如，在这一点上，在俄罗斯的乌克兰人、格鲁吉亚人、阿塞拜疆人和其他民族的代表都将被认为是少数民族。当然，与俄罗斯公民一样，他们也享有所有权利。民族文化自治可以是兼顾他们特殊的语言、文化等方面的利益的主要方式。

在俄罗斯联邦，少数民族问题在联邦的一些主体获得了意想不到的看法：赋予该主体名称的原住民民族的代表认为，俄罗斯联邦主体首先要代表的恰恰是他们的利益（与各主体的人民和民族主权有关，我们在第三编已经涉及了这一问题），相应的其他民族的公民，他们中的很多人，由于对全国领土的有意识的划分，很久以来就生活在该地区，并成了主体的组成部分，他们才是少数民族。经常这会涉及俄罗斯人，而且，在自相矛盾的情况下，当就人口数量而言，该主体的俄罗斯人超过了原住民民族或者与他们人数相等。这一观点的结论非常明显：恰恰是原住民民族的代表才能担任领导职务，才能在议员中占据绝大多数等，而"少数民族"享受语言和文化的保障。

这一看法是极其不受欢迎的，因为那些属于民族国家中主要民族的人，在自己国家领土的任一部分都不可能成为少数民族。而且，因为地方的边界当时是非常随意划定的，俄罗斯人开始要求将自己生活的区域划归相邻的俄罗斯联邦讲俄语的各主体。只有一条途径，如果需要的话，对生活在主体领域上的所有人平等地考虑民族因素（语言、文化、风俗习惯、宗教）；同时，不论民族属性如何，平等参与主体事务和主体领域上每一部分事务的管理。

二、区域政策的宪法法律基础

俄罗斯联邦是一个具有多种地方条件的（自然地理、经济、社会、政治、宗教、民族、心理等）大国。这些条件在俄罗斯联邦主体领域的局部范围内，或者在整个主体表现出了地方性。俄罗斯联邦一些主体类型也常常具有这些特点。

自此就产生了经常在国家正式术语上以及学界使用的"区域政策"这一概念。在联邦层级上，"区域政策"这一概念和这一政策的基本方向在1996年6月3日俄罗斯联邦总统令中有所规定，该总统令批准了《俄罗斯联邦区域政策的基本内容》。

在该文件中，俄罗斯联邦的区域政策是指"国家权力机关管理国家各区域政治、经济和社会发展的任务和目的体系，以及它们的实现机制"。

当然，这里需要确定"区域"的概念。在总统令中，"区域是指具有自然、社会经济、民族文化和其他条件的共性的俄罗斯联邦领土的一部分。区域可能会同俄罗斯联邦主体领土的界限相重合，或者将俄罗斯联邦几个主体的领土联合在一起"。

当然,按照这一观点,区域政策要兼顾在联邦建设领域的政策,还要考虑民族政策的特点。但是,"区域政策"这一概念,可以独立存在,尤其是联邦区被创建和发挥功能的条件下,可以划分出区域政策的这些层级:

在考虑到俄罗斯联邦各主体和联邦区的情况下,在整个国家领土上实行的俄罗斯联邦区域政策;

在部分联邦区内实行的俄罗斯联邦区域政策;

在个别主体内部,尤其是在领域面积大,在自己的构成中有其他主体(也就是说,构成边疆区、州组成部分的自治区)的个别主体内部的俄罗斯联邦和联邦本主体的区域政策。

区域政策的目的是:保障联邦关系的发展;促进俄罗斯联邦各主体的合作和各区域经济的增长;发展高效的地方自治。其被规定在1996年的俄罗斯联邦总统令中,具体是:

(1)保障联邦制的经济、社会、法律和组织基础,创建统一的经济空间;

(2)不取决于各区的经济潜力,保证统一的最低社会标准和平等的社会保障,保障公民的社会权利;

(3)平衡各区域的社会经济发展条件;

(4)预防环境污染,消除环境污染造成的后果,各区域综合性的生态保障;

(5)优先发展具有特殊战略意义的区域;

(6)最大限度地利用各区域的自然气候特点;

(7)建立和保障地方自治。

区域政策是以保持和巩固俄罗斯国家的统一和法律空间为前提的,而这在很大程度上取决于联邦关系的成功形成,组织国家权力联邦机关、联邦各主体权力机关和地方自治机关的相互作用。

在经济领域,区域政策的前提是:每个区域的经济增长,跨区域基础设施体系(交通、通讯、信息技术等)的发展,向生态灾难区域、高失业率区域、有人口和移民问题的区域提供国家支持,在对有复杂的经济条件、需要专门的社会调控方法的各区域(北极和北部地区、远东地区、边境地区等)制定和实现科学的、经过充分论证的政策,完善全国的经济区划。

在社会领域,在形成国家调控措施体系时,区域的特点需要有适合的体现。这些调控措施的目的是为俄罗斯所有区域居民的社会发展创造平等的条件,和预防产生社会紧张的策源地。其中包括,联邦应当尽其一切努力,不允许在所谓的俄罗斯联邦富裕和贫穷的主体之间,在居民的生活水平上出现过大的差距,尤其需要关注贫穷的主体,为其提供专门的包括物质上的支持,创造就业岗位,保障居民就业率等。联邦应该关心生态上有充分依据的生产力分配,生态上工业的安全发展,农业经济、能源、交通和公共设施的发展。

在区域政策上,还要考虑民族-种族关系的区域观点。在民族-种族范围内的区域政策应当执行具有国家法律性质的措施,而在思想范围,要保障对人和公民权利与自由的尊重,而不论其民族、社会地位和居住地域;在任何一种地方自治的形式中,各民族的权利平等;考虑到不同民族的宗教和信仰的特点,遵守宗教信仰的平等地位,承认传统宗教在培养人民之间的尊重感和信任,以及在不同宗教信仰的相容性上的重要作用,支持神职人员对所有宗教信仰的调节活动,支持神职人员加深跨民族间的和睦和保持俄罗斯国家完整性上所做的努力。

参考文献

阿布杜拉季波夫·尔、米哈伊洛夫·弗、奇恰诺夫斯基·阿:《俄罗斯联邦的民族政治:从理念到现实》,莫斯科,1997年。

安德利琴科·尔·弗、别洛乌索娃·耶·弗:《俄罗斯联邦少数民族法律地位的基础》,莫斯科,1995年。

安德利琴科·尔·弗:《俄罗斯联邦少数民族和当地少数民族权利的规定和保护》,莫斯科,2005年。

布·斯·克雷洛夫主编:《联邦〈民族文化自治法〉释义》,莫斯科,1997年。

C.A.阿瓦基扬主编:《民族问题和国家建设:俄罗斯问题和国外经验》,莫斯科,2001年。

弗·阿·克利亚日科夫编纂:《俄罗斯少数民族地位.法律文件》(第三册),莫斯科,2005年。

哈布里耶娃·特·亚:《俄罗斯联邦的民族文化自治》,莫斯科,2003年。

沙姆巴·特·姆:《俄罗斯联邦的民族政治和民族国家制度》,莫斯科,2000年。

阿布杜拉季波夫·尔·格、博尔坚科娃·尔·夫:《联邦制经验》,莫斯科,1994年。

阿·阿·扎哈洛娃主编:《联邦的不均衡性》,莫斯科,1997年。

《俄罗斯国家:现状与发展前景》,莫斯科,1995年。

瓦连捷伊·斯·德:《联邦制:俄罗斯历史与现实》,莫斯科,1998年。

格利吉奇-佐洛塔列娃·姆·弗:《联邦制的法律基础》,莫斯科,2006年。

格舒利亚克·弗·弗:《现代俄罗斯联邦制的宪法基础》,莫斯科,1999年。

多布雷宁·恩·姆:《新联邦制:未来俄罗斯联邦国家机构的模式》,新西伯利亚,2003年。

多布雷宁·恩·姆:《俄罗斯联邦制:确立、现状和前景》,新西伯利亚,2005年。

兹拉托波利斯基·德·尔:《俄罗斯联邦:现代发展的特点》,《莫斯科大学学报》1997年第5期。

兹拉托波利斯基·德·尔:《俄罗斯联邦关系的发展过程》,《莫斯科大学学报》1998年第2期。

佐洛塔列娃·姆·弗:《俄罗斯的联邦:问题与前景》,莫斯科,1999年。

卡拉佩强·尔·姆:《联邦国家和人民的法律地位》,莫斯科,1996年。

卡拉佩强·尔·姆:《俄罗斯国家的联邦制度》,莫斯科,2001年。

科克托夫·阿·恩:《俄罗斯民族和俄罗斯国家》,叶卡捷琳堡,1994年。

科纽霍瓦·伊·阿:《现代俄罗斯的联邦制和外国经验:确立和发展前景》,莫斯科,2004年。

利维罗夫斯基·阿·阿:《俄罗斯联邦制度的现实问题》,圣彼得堡,2002年。

萨利科夫·姆·斯:《美国和俄罗斯联邦制的比较》,叶卡捷琳堡,1998年。

《俄罗斯联邦制的发展趋势》(分析报告),莫斯科,2002年。

乌姆诺娃·伊·阿:《现代俄罗斯联邦制的宪法基础》,莫斯科,1998年。

切列帕诺夫·弗·阿:《俄罗斯联邦制理论》,莫斯科,2005年。

切尔诺夫·斯·恩:《俄罗斯联邦及其主体关系的宪法调整》,圣彼得堡,2004年。

奇尔金·弗·耶:《现代联邦国家》,莫斯科,1997年。

第六编

俄罗斯联邦选举制度

第二十二章
俄罗斯联邦选举制度的概念、规范性法律基础和原则

第一节 基本概念和规范性法律基础

一、选举法及选举制度的概念

选举法和选举制度是俄罗斯宪法中至关重要的两个概念。

所谓选举法,它是俄罗斯宪法的一个分支,是指规定俄罗斯联邦选举制度的原则、组织和举行由公民选举代表的程序及选举国家权力机关和地方自治机关中选任职位的程序的宪法性规范的总和。这是选举法客观意义上的概念。

除此以外,选举法在主观意义上被理解为——是公民个人选举权、被选举权及参加包括投票在内的所有组织和举行选举活动的权利的标志。

选举法作为宪法法律的一个分支,调整有关选举的社会关系(这些关系在由法律规定之后就成为选举法律关系)。选举法律关系的一个重要特点在于这种关系只发生在居民通过投票参与到选举程序的期间。选举制度可以规定居民直接选举特定的人(称为直接选举——参见下文)或者在某些情况居民选举代表,由代表选举相关人员(总体上这是一个统一的选举过程)。但是,如果议会的议院成员和其他公职人员是通过国家权力机关和地方自治的相应机关选拔获得职权,而不是通过居民投票获得的,这就不属于选举制度,而属于机关的组建。

选举制度是指组织和举行选举俄罗斯联邦国家权力机关及地方自治机关代表和选任职位的现有程序。

该程序：

（1）可能与选举法规范完全一致；

（2）也可能被宪法规范所认可。比如，不久前联邦立法允许各级权力代表机关的选举既可以采用单一的多数制原则，也可以采用混合的多数-比例制原则。实践中，多数俄联邦主体立法会议代表的选举，以及地方自治代表机关代表的选举都仅采用了多数制选举的原则。自2002年起，联邦立法要求俄联邦主体立法会议代表的选举全面向多数-比例制转型，而国家杜马议员的选举（也就是说根据政党名单的选举）采用比例制原则，俄联邦主体立法权力机关也向着混合的多数-比例制选举转型——至少部分俄联邦主体以及市政机关已经采取了根据政党名单选举代表的方式；

（3）该程序中也可能包括一些法律规范中没有体现的规则，包括以下情况：在法律规范中并没有规定相应的规则，但该规则在实践中以惯例的形式存在，随着时间的推移逐渐被法律规范取代；还可能根本不会制定相应的立法，因为法律本身不可能进行调整，如果加以调整就会限制选民权利。比如，对候选人的道德要求只能停留在道德规范领域以及形形色色的社会规范传统，很难将它们转换成法律范畴。或者再看另一个例子：法律允许提名21岁以上的公民为代表候选人，而实践中该群体都大于该年龄，这是一个国家选举制度的传统惯例的影响，而完全不是选举法作用的结果。

应该将选举和相关的宪法制度，如全民公决、代表、选任职位的罢免等区分开来。对这个问题本书第一部分和第三部分已经有所涉及，在这里不再赘述，只是重复一下主要内容。

根据目的来区分——这是不同的宪法制度。选举的目的在于组成国家权力机关或者地方自治机关。全民公决的目的是就某一国家生活、领土方面的重大问题由人民（居民）作出决定。罢免的目的是在当选人由于违反法律、践踏公共道德而降低威信,从而失去自己的选民信任时,剥夺其职权。罢免——宪法责任的一种措施。罢免后将面临着新一轮的选举。

根据程序来区分,选举、全民公决和罢免很相近,因为每种情况都要进行投票表决,同时都伴随着为组织和举行投票表决所必须采取的类似措施。由此可以将这些原本为独立的宪法制度的相应规范整合到一起,作为选举法的渊源。在联邦层面上,2002年的联邦法律《俄罗斯联邦公民选举权和参加全民公决权基本保障法》(经多次修改和补充)就是这样做的。很多俄联邦主体也通过了选举法典,将上述宪法制度中的许多规范都结合在了一起。

根据参加投票表决人数的要求来区分,选举、全民公决和罢免也有本质上的区别。正如读者将在下文中所看到的那样,选举中选民参加投票表决的百分比——也称作"最低参加人数"——在不断降低,现阶段全国范围的比率为20%,而在国家杜马选举中为25%(也就是说,当这个比例的选民参加了选举时,选举被认为是有效的);但是在2006年,这个最低参加人数的规定完全被取消了,不论有多少选民来参加选举,选举都被认为是有效的,只要候选人或者候选人名单所获得的选票多于竞争对手,就被认为是获胜者。对全民公决的要求与上述要求不一样:只有超过所有已登记的全民公决参加人数的50%的人参加投票,该次全民公决被认为有效,而超过所有投票人半数的人赞成的,决议被认为已通过。对于罢免的投票表决来说,最低出席人数可能低于50%,但该比例仍然高于选举中的最低出席人数(如果还有这个最低数),目前这个最低出席人数还保留;而对于罢免代表和其他选任职位来说,需要相当高比例的选民投票赞成,才能罢免该代表或其他选任职位。

二、选举的规范性法律基础

俄联邦宪法中并没有专章规定选举制度,只是有一些关于选举制度和选举法的条款。其中包括:"全民公决和自由选举是人民最高权力的直接表现"(第3条第3款);"俄罗斯联邦公民有选举或被选入国家权力机关和地方自治机关以及参加公决的权利"(第32条第2款);"法院认定为无行为能力的以及根据法院判决关押在剥夺自由刑实施地点的公民没有选举权和被选举权"(第32条第3款);"俄罗斯联邦总统由俄罗斯联邦公民按照普遍平等原则,根据直接选举制度,采用秘密投票方式选举产生,任期4年"(第81条第1款);"俄罗斯联邦总统选举程序由联邦法律规定"(第81条第4款);"国家杜马议员的选举程序由联邦法律规定"(第96条);"选举是公民实现地方自治的方法之一"(第130条第2款)。但还是应当在宪法中用专章来规定选举制度,相关的学术文献中也一直在探讨这个问题。

有关选举制度和选举程序联邦基础的必要性问题,在1993年俄联邦宪法通过之后迅速凸显出来。第一,这是由宪法本身的规范决定的:如果说选举是人民主权的最高的直接表现形式,那么就不能将这种形式交由俄联邦主体包办;同样,根据宪法第71条,对人和公民权利与自由的调整属于俄罗斯联邦的专有管辖范畴,而根据宪法第72条,规定组织国家权力机关和地方自治机关体系的一般原则是联邦和联邦主体共同管辖的事项。解决这些问题要先有选举法方面的联邦法律文件。第二,如果没有联邦层面的调整,各联邦主体在规定选举制度和选举法时就会出现各自为政的情况。为了既能保证方式方法的统一,也能保证公民权利在各联邦主体中独立存在,联邦调控是必需的。第三,对于联邦自身的国家权力机关的选举来说,联邦立法也是必要的。

这样,选举法渊源的第一类就是联邦的选举法律,它们既具有普遍性,又适用于各类具体的联邦选举形式。

说到具有普遍性的法律文件,就一定要提到1994年通过的联邦法律《俄罗斯联邦公民选举权基本保障法》。该法于1997年修改为《俄罗斯联邦公民选举权和参加全民公决权基本保障法》。

2002年以该名称通过了新法——现行联邦法律《俄罗斯联邦公民选举权和参加全民公决权基本保障法》，在过去的几年间通过了30多部联邦法律对其进行修改和完善，这才有了现行的2009年版本（以下我们将其称之为2002年联邦法律，2002年法律或联邦法律《基本保障法》）。

2002年的这部联邦法律地位非常重要。

首先，它是一部专门规定选举制度和选举权问题的重要法律文件，确定全国范围内各类公民享有的选举权和参加公决权实现的保障机制，对整个俄罗斯联邦具有直接的效力。其他的联邦法律文件应与该法的规定相一致。2002年联邦法律第1条规定，联邦宪法性法律、其他联邦法律、俄联邦主体法律可以规定联邦公民选举权和公决参加权的保障，作为本法的补充。联邦法律、宪法（章程）、俄联邦主体法律，以及联邦通过的有关选举和公决的其他规范性法律文件都不得与本法相抵触；如果联邦法律、宪法（章程）、俄联邦主体法律或其他有关选举和公决的规范性法律文件与本法相抵触的，适用本法。

其次，如果某种选举缺乏相应的选举立法文件或者该立法文件已经过时，与2002年联邦法律不符，那么选举应根据2002年联邦法律的规定来举行。这部联邦法律还指出，如果俄联邦主体有关主体权力机关和地方自治机关选举的法律基础不够完善，而本法以及其他联邦法律的相关规定又不足以适用时，根据俄联邦总统令来举行选举（第11条第4项）。

具有特殊性的法律文件涉及两类联邦选举——国家杜马议员的选举和俄联邦总统的选举。

首届国家杜马议员的选举是于1993年根据同年俄联邦总统确认的国家杜马议员选举条例举行的。1995年和1999年的国家杜马议员的选举是根据1995年和1999年相应的联邦法律国家杜马议员选举法举行的。接下来通过了2002年联邦法律国家杜马议员选举法，根据该法举行了2003年的选举。由于通过了根据政党名单选举国家杜马议员制度转型这一激进决议，2005年出台了新的联邦法律《俄罗斯联邦联邦会议国家杜马议员选举法》(2009年修订)。根据这部法律举行了2007年"计划内的"例行选举。值得一提的是，宪法规定俄联邦总统有权解散国家杜马，那么接下来，就要举行由俄联邦总统确定的临时选举。

在1993年俄联邦宪法通过之后，根据1996年的俄联邦总统选举法举行了1996年的总统选举。1999年通过了新的联邦法律，《俄联邦总统选举法》。由于俄联邦第一任总统的提前辞职，2000年举行了总统选举。

现如今，2003年的联邦法律《俄罗斯联邦总统选举法》仍然有效，根据该法举行了2004年的俄联邦总统选举以及2008年3月的俄联邦总统选举（现行法律于2009年再次修订）。

如前所述，俄罗斯的联邦委员会不是经选举产生的，是组建而成的。所以，2000年8月5日的联邦法律《俄罗斯联邦联邦会议联邦委员会组织法》(2009年修订)不是选举法的渊源。

选举法渊源的第二大类是俄联邦主体的选举法律。截至2005年，有以下几种文件：

(1)有关俄联邦主体国家权力立法(代表)机关代表选举的法律；

(2)有关俄联邦主体高级公职人员——共和国总统、州长、政府首脑选举的法律；

(3)有关代表机关代表和地方自治公职人员选举的法律(可能是一部法律，也可能是两部单独的法律)。

自2004年12月起实行了新的规则，即执行权的首脑并不是由俄联邦主体的公民选举产生，职位候选人由俄联邦总统提名，候选人根据联邦主体立法权机关的决议享有俄联邦主体高等公职人员的职权。因此，有关执行权首脑选举的法律也不再是选举法的渊源。

一些俄联邦主体通过了综合性法律文件——选举法典。全国的政治家、代表和学者们都在探讨通过俄罗斯联邦选举法典的意义。

渊源的第三类就是在构建选举法和选举程序基础方面非常重要的

俄联邦宪法法院的决议。宪法法院关于选举制度问题通过了不少文件。这些文件中既有适用全国各类选举的通用规定，也有针对国家杜马议员选举、俄联邦主体立法机关代表选举、公职人员选举等专门选举的特点作出的规定。

渊源的第四类是俄联邦中央选举委员会做出的规范性文件（工作细则、解释等）及俄联邦主体选举委员会的相关文件。这些文件非常重要，尤其对选举的组织工作、选举委员会工作、文献资料、报告等制度特别重要。在特定的阶段，当选举法律中缺乏相应的规范时，这些文件都起着很重要的作用，而后，这些规则可能就会规定在法律中。但是选举中仍然有很多具体事项，尤其是程序上的事项，也包括技术上的事项，还是应该由选举委员会的相关细则文件来规定。

第二节　选举制度的原则

选举制度的原则是选举制度赖以创建、组织和举行代议机关代表选举及国家权力和地方自治选任职位的选举的主要基础。俄罗斯联邦选举的举行依据以下原则：

（1）普遍选举权原则；

（2）平等选举权原则；

（3）直接选举权原则；

（4）秘密投票原则；

（5）自由选举和自愿参加选举的原则；

（6）选举中多数代表制和比例代表制相结合的原则；

（7）竞争性原则；

（8）国家拨款和非国家经费相结合的原则；

(9)由选举委员会组织和进行选举的原则。

一、普遍选举权原则

这是选举制度的初始原则,它是指达到法定年龄的俄罗斯公民都具有选举权和被选举权,有权参与所有的选举工作、活动和程序。

在俄罗斯的特定时期,普遍选举权仅限于选举权和被选举权。如今普遍选举权的内容更加广泛,并为公民积极参与选举程序的各个阶段提供条件。

2002年的联邦法律确定了"公民选举权"的全部内容——这是"俄罗斯联邦公民选举和被选举进入国家权力机关和地方自治机关的宪法权利,参与候选人及候选人名单的推选权、参与选前竞争的权利,监督选举的进行和选举委员会工作的权利,包括对投票表决数量的确认和对选举结果的确认,参与俄罗斯联邦宪法、现行联邦法律、其他联邦法律、宪法性文件、俄罗斯联邦主体法律确定的其他选举活动的权利"(第2条第28项)。

当然,对俄罗斯公民来讲,有两个因素在普遍性原则中最为关键:选举权和被选举权。选举权和被选举权独立于其他社会因素。联邦法律《基本保障法》宣称,不论性别、种族、民族、语言、家庭出身、财产状况、职务状况、居住地点、宗教信仰、社会团体的归属及其他情况如何,公民都有选举权和被选举权(第4条第2项)。

选举权是指在选举日向俄罗斯联邦公民提供条件方便其参与投票表决,也就是使其有条件获得选票、填写选票并将选票投入到投票箱中。

立法者和法学研究者都将选举权称为积极的选举权。这意味着公民能够通过自己积极的行动来实现该权利。任何人都无权代替公民行使投票权——法律禁止将选票给予他人而代替本人投票(其中包括本人同意的情况),我们不承认委托投票、代理投票和亲属原则。

对俄罗斯联邦的公民来讲,年满18岁就具有积极的选举权。

被选举权是指为公民提供条件使其有机会作为候选人参加代议机关代表的选举或者国家权力机关及地方自治机关公职人员的选举。换言之,被选举权就是为公民提供获得竞选职位的机会。

该权利在立法和学界被称为消极的选举权。词语"消极"不能理解为被提名的候选人被动地作为、"谦虚"地等待选举结果,由其他人替他参与所有的竞选活动。恰恰相反,如今的候选人自己推荐自己,为了登记而收集支持自己的选民的签名、积极地宣传、与选民见面、在媒体发表演说等。但是候选人能否当选还是取决于选民。并且在投票那天,候选人不得影响选民的意志,只能消极地等待最终的结果。

对竞选俄联邦总统职位的候选人来说,年满35岁的人有消极选举权,年满21岁的公民就具有国家杜马议员的消极选举权。俄联邦主体的立法确定了年龄标准:年满30岁有资格当选为俄联邦主体首脑,联邦主体立法权机关代表是21岁,年满21岁有资格当选为地方自治代表机关代表及公民选举的市政首脑。

说到普选权,就要涉及选举资格的问题。选举资格通常理解为积极选举权和消极选举权实现的条件和制约,或者实现上述权利的限制。在很多国家选举立法的历史上都有过或者现在还存在着这种条件、制约和限制。

大致有以下几种选举资格:

(1)年龄资格:必须达到一定的年龄标准才能获得积极的或者消极的选举权;

(2)财产资格:为获得积极的或者消极的选举权需具备一定的财产;提供一定的选举保证金(也就是一定的金钱数额)才能作为候选人进行登记;

(3)社会资格:根据曾经的和目前的活动性质,特定社会阶层的人不具有积极选举权和消极选举权;

（4）政治忠诚度资格：这一资格是由前一资格引出的，它是指被怀疑不忠于本国宪法和宪法政治制度的人不具有选举权；

（5）性别资格：女人不具有选举权；

（6）兵役资格：所有军人不参加选举或者现役军人不参加选举；

（7）文化资格，尤其是政治文化资格：能够阅读以及能够读懂国家宪法的公民拥有选举权；

（8）居住地、定居的资格：必须是在某地长期居住或居住达到一定期限的才能获得当地的积极或者消极的选举权；

（9）"刑事"的限制：实施了刑事犯罪的人不具有积极的和（或者）消极的选举权。

俄罗斯的立法中没有使用"资格"这一概念。但是一定的规则——与实现积极的和消极的选举权相关的条件、限制、禁止是存在的。是否把其认定为选举资格，那取决于学者的喜好和研究方法。

俄罗斯选举权的实现不受财产状况、社会状况、政治忠诚度、性别和文化程度的限制和制约。但是以下因素可能导致选举权受到制约：年龄；国籍；居住时间；服役情况；当选次数；选任职位和席位的数量；当选人前一委任状终止原因的限制；担任特定职位的能力；是否受过刑罚处罚。

第一种限制积极和消极选举权的因素——年龄资格——我们已经谈过了。现在我们详细看一下其他因素。

一是具有俄罗斯联邦的国籍：俄罗斯联邦公民有权参加在俄罗斯联邦境内举行的选举。一般情况下，外国人和无国籍人不能参加选举，也就是他们没有选举权和被选举权。

但是1999年在对1997年联邦法律《基本保障法》进行增补时规定，外国公民在地方自治机关的选举中有选举权和被选举权。在现行的2002年联邦法律中这一规则阐述如下："根据俄罗斯联邦所加入的国际条约以及法律所规定的程序，在相应的市政辖区内长期居住的外国公民按照俄罗斯公民同等条件在地方自治机关的选举中有选举权和被选举权,有权参加上述选举的各项选举活动,有权参加地方全民公决。"(第4条第10款)由此看来,外国公民仅在下列条件下有权参加市政选举:(1)俄罗斯联邦应先签署了相应的国际条约;(2)通过了规定外国公民具有选举权的法律(联邦法律或俄联邦主体法律);(3)外国人只能在其长期居住的市政辖区内参加选举。

对外国人在俄罗斯参加选举的限制不仅仅指选举权和被选举权,这种限制还涉及其他的选举活动。法律规定,外国公民、外国法人、社会团体、境外国家、国际组织无权实施促进或者阻碍候选人及候选人名单的推荐、登记、选举活动,他们不能向候选人、政党及其他选举联合的选举基金提供捐赠。

候选人和议员能否具有双重国籍的问题在俄罗斯正处于激烈的讨论之中。前不久的选举立法中并没有禁止具有双重国籍的俄罗斯公民参加选举。但是,立法要求,候选人在提供其同意参加选举的申请(申请中指明取得国籍的国家、时间和依据)时应当说明自己具有另一外国国籍。接下来关于候选人外国国籍的相关信息还应该标明在选举过程各个阶段的文件资料中——在收集选民签名阶段、候选人登记阶段将该信息发布在投票点张贴的公告中。最后,选票中也应对此予以明示。由选民自己决定具有外国国籍的人能否成为代表。

但是根据1994年联邦法律《国会议员地位法》的规定,曾经有一名联邦委员会成员和一名国家杜马议员被提前解职,原因就是他们具有双重国籍。显然选举立法和1994年的联邦法律是不承认双重国籍的。看来,还是要逐渐确定一个统一的规则,而这一规则很可能不利于具有双重国籍的人。这一趋势已经在2004年的联邦法律国家公职法中初见端倪,该法禁止国家公职人员拥有双重国籍。

2006年7月25日通过的联邦法律对《基本保障法》的该项禁止进行了补充,并作了扩充解释:"持有外国国籍或境外居留证或者其他长期居留证件的俄罗斯联邦公民没有被选举权。但如果俄罗斯联邦签署的国际条约中有相关规定的,上述公民在地方自治机关的选举中享有被选举权。"(第4条第3.1项)

二是居住:2002年的联邦法律《基本保障法》规定:公民只有在相应选区领域内拥有住所,他才能作为选民登记在选民名单中并有权参加投票(第4条第4项)。这样,积极选举权的取得就有了一个居住上的限制,但是关于居住的期限并没有规定。

关于消极选举权,在1993—1996年间,很多俄联邦主体通过的宪法性文件、章程和选举法律中对居留问题都规定了不平等的条件——对于联邦主体权力执行机关的首脑候选人来说,要在该主体境内居住10年以上,对于联邦主体立法会代表的候选人来说,要居住5年以上,同时还要求至选举前在该联邦主体居住一定期限(不少于一年)。

这一规则有助于当地的候选人除去自己的竞争对手,使一些优秀的但没有在该联邦主体内居住的人,以及在联邦权力机关担任要职却移居别处的人没有机会竞选联邦主体的领导职位。

联邦立法者最终被迫扭转了这一局势。1997年的联邦法律增加了一个新的规定,该规定至今仍保留在2002年的现行联邦法律中:只有俄联邦宪法才能规定对消极选举权的限制,比如俄罗斯联邦公民在特定的地域住所地的情况,其中包括公民在该地域居住的期限和持续时间的限制。这样,在地方,消极选举权就没有限制了——可以在莫斯科居住,而在楚科奇参加选举(这样的例子不胜枚举)。

俄罗斯公民在国外居住不是参加选举的障碍,但这并不是对所有的选举都适用,而仅仅适用于国家杜马议员和俄联邦总统的选举。在选民名单中包括了那些长期居住在国外的俄罗斯公民。短期出国并持有注销证的公民也有权参加投票。而那些没有注销证的俄罗斯公民,根据其申请,区选举委员会也可以允许其参加投票。

但是正如上述法律第4条第3.1项所规定的,不仅双重国籍,就连境外的居留证或者其他证明境外长期居住的文件都能够妨碍选民参加俄罗斯联邦境内的各种选举。应该说，持有这样的证件并不能说明他在境外居住，他也可能长期居住在俄罗斯。但是如果这一事实被公开，那么他就不能作为候选人行使消极选举权，或者即使已经登记为候选人，也会按照既定程序取消登记。

三是服兵役情况：各类军人（俄罗斯公民，现在外国公民也可以在俄罗斯的军队中服役）同俄联邦其他公民一样参加俄联邦及联邦主体国家权力机关的选举。在地方自治机关的选举中，联邦法律《基本保障法》（第17条第5项）规定两类军人不能加入选民名单：应召入伍的军人和在军事院校学习的学生（但仅限于在应召前上述军人的住所地没有被划为该市政区划内）。2005年取消了对军校生的限制。这样，如果应召入伍的军人是从异地来到该区域的，那么他就不能参加该区域的市政选举。

四是当选次数的限制：这种限制仅适用于俄联邦总统选举（以前也适用于俄联邦主体的执行机关首脑）。同一个人不能担任特定职务超过两届。间隔一段时间以后可以继续竞争该职位。类似的限制也适用于市政机关首脑。

受选任职位和席位数量的限制：这样的限制主要针对消极选举权。简要地说，它是指如果一个人当选为某一代表机关的代表，那么他就不能同时担任其他代表机关的代表、总统、州长和市政机关的首脑。同样，如果当选担任国家或者市政机关职务的，也不能同时担任各级代表。显然，这不能作为参加选举的限制来探讨——公民还是可以参加选举的，只是如果他当选了，那么他自己还面临着选择，哪个职位更吸引他。但2002年的联邦法律确实将这一规则规定在普选权的条款中（第4条第9项）。

还有一点需要补充，在进行复选及补选以填补代议机关代表空缺的情况下，不能再推选已经是该机关代表的人作为候选人。

候选人在一次选举中不能同时在几个选区中被推选；但是，可以在同一选举中同时推选其为单名制(或者多名制)选区的候选人和候选人名单中的候选人。如果说竞选不同的岗位,而这些岗位的选举是同时发生的,法律并没有相关的禁止规定。

五是当选人前一委任状终止原因的限制:在俄罗斯的选举实践中曾发生过这样一个案例,某人提前终止了自己当选的职务,又重新去竞选因其提前终止职务而空缺出来的岗位。所以,2002年联邦法律(第32条)规定:

如果公民担任俄联邦总统的职务,由于健康状况不能胜任自己的职务而退职或者被撤职,从而提前终止了自己的权限的,他不能再成为该职位的候选人;

如果公民担任市政机关首脑的职务,依据其个人意愿提前终止自己的权限,其中包括竞选议员或其他与市政机关首脑地位不相符的其他职位,或者根据既定的法律程序被解职的,他就不能再成为该职位的候选人。

在俄联邦主体执行机关首脑的直接选举被取消以前,也存在类似的限制。

六是担任特定职务能力的限制:这个限制主要涉及的是根据法院判决,某人被禁止担任相应的职务,而该职务是经选举产生的。2002年的联邦法律第4条第7项规定:"如果法院对某一公民作出在一定期限内剥夺其担任国家和(或者)市政职务的权利的判决生效,那么这个公民就不能成为国家权力机关和地方自治机关代表的候选人,直到期限届满为止。"

我们这里说的不是剥夺其消极选举权,而是对其担任一定职务的限制,因为公民曾担任过类似的职务并滥用了职权,那么就会有这样的担忧,就是说当他重新担任该职务时,他还会再利用这个职位来谋取不当利益。

七是与刑事处罚相关的限制:本章开始的时候我们提到俄联邦宪法

第32条第3款的规定,根据法院判决关押在剥夺自由地点的公民没有选举权和被选举权。

这就出现这样的问题:为什么要有这样的限制?这个限制该如何理解?似乎是因为剥夺了人身自由就不能去参加选举,而被判了刑的候选人也没有能力去进行选前的宣传。但这个解释有些牵强:如果被监禁的人有选举权,就可以设置一个选区,来进行投票;被监禁的候选人也不会遇到无法参加选举活动的问题——他可以依靠"同僚"的帮助,并在警卫人员的陪同下与选民见面。

所以这个问题应换个角度来看待:其一,如果被监禁人能够自由投票,那么投票结果就可能由犯罪"头目"们决定;其二,谁都不希望犯罪分子成为议员、总统或是市政机关的领导——这会导致权力机关不平等;其三,会出现一个新的被称作刑事选民的范畴,被选举人自愿或者不自愿地成为他们的代表;其四,竞选获胜的犯人刑罚的继续执行会是一个很大的问题。

从宪法责任的角度来看,被判处剥夺人身自由刑的人不参加选举并不是剥夺其参加选举的权利,而是在一定期限内限制其选举权的行使。当被监禁人获得自由,也包括提前释放,刑罚执行完毕的时候,他就会享有选举权和被选举权。

在这个问题上,选举权并没有争议。但是有人会问,难道不久前被监禁或者被判处剥夺人身自由刑之外的刑罚的罪犯也能作为议员、国家、市政机关职务的候选人?

学者们这样认为:普选权原则是指所有公民只有选举权,也就是积极的选举权,而被选举权不是也不能被认为是普遍的。因为会有各种各样的限制。首先这种限制就应该是针对曾经受过刑罚处罚和正在受刑罚处罚的人说的。

立法者并没有一开始就讨论消极选举权。对待这一问题,关键是要让选民知道候选人的犯罪行为。在了解了相关信息之后,让选民自己来决定，投不投他的票。为此，在提出候选人阶段和向选举委员提交参选申请阶段，候选人有义务告知未被撤销的前科。这个信息应该在接下来的选举活动中标明在相关的选举文件中。

但是，在2006年12月5日和2007年7月24日通过的对《基本保障法》的补充规定中立法者对那些实施了严重的刑事违法和行政违法的人的消极选举权规定了非常严格的限制。根据该法第4条第3.2项，下列俄罗斯联邦公民不享有被选举权：

其一，因实施了严重和（或者）特别严重的犯罪而被判处剥夺自由刑的，并在选举日该罪前科仍未被撤销的人；

其二，因实施了俄联邦刑法典所规定的极端主义倾向犯罪而被判刑，并在选举日该罪前科仍未被撤销的人；

其三，因实施了俄罗斯联邦行政违法法典第20.3条和第20.29条所规定的行政违法行为而受到行政处罚的，在投票结束时仍被认为受到该行政处罚的（第20.3条——宣传并公开展示纳粹象征或标志；第20.29条——制作并传播极端主义资料）；

其四，这种情况主要是针对国家权力机关或者地方自治机关的选举，以及公职人员的选举，对于本法第56条第1项规定的违法事实经法院生效的判决确认了，或者实施了本法第76条第7款中第7项和第8款中第7项的情况，如果上述违法行为是在选举日以前以及法律确定的该国家权力机关和地方自治机关权限期间内或者公职人员的权限期间内实施的（概括地说，上述规定是指候选人、选举联盟的选前纲领、其他宣传资料、候选人及其代理人、公民在公众活动和媒体上的发言都不应该鼓动极端主义思想，不应该宣传能够引起社会、种族、民族和宗教对立的信息，也不应该鼓动宣传和公开展示纳粹标志）。

八是已经被提起刑事诉讼，可能被关进侦查隔离室的人：对这部分人来说，法律并没有暂时中止他们的选举权，他们还可以选举或者当选。俄联邦宪法中有一个无罪推定的原则。是否有罪只能通过法院的判决来确定,在这之前任何被指控犯罪的人都被认为是无罪的。这样也就没有理由阻止他们去投票或者竞选。必要时他们在看守所内还可以与选民见面。看守所的行政主管根据其所在地向区选举委员会提供关押人员的名单。选举委员会成员到这些地方组织投票。

随之又出现了这样的问题,这个候选人在选举中获胜了怎么办?我们注意到,立法并没有规定选举后这个人的刑事案件应该终止,或者对这个人进行刑事处罚一事应该取得相应机关的同意,或者要将这个人从看守所释放出来,或者在其签署了不离境具结书之后放了他,等等。所以,一方面,可以假设让他去相应机关工作,但是侦查应该继续。在案件移交法院以前不需要征求任何人的同意。但是当有罪判决作出之后,相应机关应该作出终止该当选人权限的决定。

至于是否应该告知选民候选人被提起刑事诉讼,至今还没有一个合理的解决方案。候选人自身在这方面是不会得到什么好处的,如果他没有被羁押,那么他就可以隐瞒这个事实。但问题在于,如果一个人成为候选人,这样的信息就不应该保密,选民有权利知道这样的信息,来决定自己的选票。

立法规定,被法院认定为无行为能力的人不享有选举权和被选举权。立法者并不是像以前的规范性文件中所表述的那样贬低承受精神疾病痛苦的人的人格。可以说,无行为能力人不参加选举不是责任的承担措施,而是他们不能意识到自己的行为。并且重要的是,这种无行为能力不仅是医疗机构确认的,也是法院的决定。怀疑选民,特别是候选人有精神问题的人可以将自己的怀疑告知选举委员会,选举委员会有义务查明事实,必要时申请做出相应的司法鉴定。

立法通过各种方式来保障普选权。每一个享有积极选举权的公民都应该在选民名单中并可以在选举日投票。列入选民名单或者允许参加投票不仅仅以选民登记的文件为基础,还应该以其他证明居民在选区内居住的文件为基础。特定情况下可以提前投票。如果选民到投票点有困难，根据其请求，区选举委员会的成员可以去其家中。如果选举日当天选民恰好不在居住地，他可以凭借注销证所在地的投票点投票。选举法规定，如果一个地方（医院、疗养院、度假村等）有大量的选民，而这些选民都不是在自己的居住地，在那里就可以设立投票点进行投票。

立法通过保障选民顺利参加所有选举活动来保证选举权的普遍性——与候选人见面，获取候选人的相关信息，选前宣传，为候选人提供帮助，等等。

为了保障消极选举权的普遍性，法律规定可以自荐候选人，可以使用各种方式进行竞选宣传、保障自己的利益，并且有同等的义务遵守选举立法。顺便提一句，仅根据政党名单进行国家杜马议员的选举时，公民的消极选举权受到了限制。过去他们可以在地区选举委员会以自荐方式推荐自己作为候选人，收集选民签名或者提交选举保证金；但是现在在这类选举中自荐方式没有了，政党的推荐完全由该党的领导机构决定。

二、平等选举权原则

该原则具有以下含义：

（1）所有选民平等地参加选举，选民之间不存在任何超越他人的优势；

（2）在投票时，对同一权力机关的选举，选民有平等数量的表决权，也就是说获得同样数量的选票[比如，在国家杜马议员的选举中，过去选民会得到两张选票：一张根据地区选区来选举议员，另外一张根据政党名单来选举议员（在这之前根据选举联盟的名单选举议员）]；现在，选民只能获得一张根据政党名单来表决的选票；

（3）根据"一票一权"的原则，选民的表决权是平等的；

（4）最后，平等的选举权还表现在选民参加选举活动的条件是平等的。

在议员选举中，平等选举权还表现在各选区选民数量的平等，当选的委任状也因此获得了同等的"价值"，平等选举权还表现为在权力机关中各地区的选民具有平等的代表性，这是由各区选民代表制的统一标准所决定的。这个标准就是在进行选举的地域选民总数除以应选代表数。

但是，选举中无论是根据地域还是根据选民数量都很难保证选举的绝对平等。选举法规定，在划分单名制选区时（也就是在选区中将选出一名议员）遵循选区大致平等的原则，允许在选民代表制平均标准的参照下上下浮动一个选区（详见下文）。这种误差意味着根据选民数量划分的选区是不能保持一致的。

三、直接选举权原则

这一原则自1936年苏联宪法和1937年苏俄宪法通过时起就已经在俄罗斯选举法中规定了。如今，它指的是代表和其他选任职位都是由选民直接选举。

多级选举或者间接选举与直接选举相排斥。

1936年以前苏维埃实行多级选举，上级代表机关的代表由下级代表机关选举产生。多级选举在组织程序上比较简单，也不需要太多的开支。除此以外，这种选举防止敌对阶级的人被选进权力代表机关。在间接选举中，选民推选选举人，由选举人选举代表或者选任职位。间接选举最典型的例子就是美国总统的选举。

在俄罗斯目前的选举实践中并未采用间接选举。有时候我们将俄联邦主体的立法权机关选举联邦委员会成员称为间接选举。该机关的代表是由联邦主体的选民选举产生的；然后在机关大会上以秘密投票的方式选举联邦委员会成员——该权力机关在议会上院的代表。这种方式也不能简单地称之为间接选举，因为在间接选举中选民选举选举人只出于一个目的——赞成候选人担任相应的职务。立法权机关拥有长期的权限并处理各种各样的事务。

说到多级选举,2003年的联邦法律《俄罗斯联邦地方自治组织原则法》(第35条第4款)规定了组成市政辖区代表机关的两个方案。该代表机关可以:(1)由选民直接选举产生;(2)由组成市辖区的居民点的首脑和上述居民点代表机关的代表组成,该代表是居民点代表机关从自己的组成人员中根据代表平等标准的原则、不论居民点居民数量的多少而选出的。第二个方案就是独具特色的两级选举制。

四、秘密投票原则

在1936年苏联宪法和1937年苏俄宪法中就已经规定,秘密投票是俄罗斯选举制度的基本原则之一。之前的立法曾规定在选民大会和代表机关大会代表通过公开选举产生。一方面,公开投票意味着劳动阶级的选民根据各自的利益开诚布公地竞争,选民对候选人的态度都可以在会上讲清楚。同时,在选民文化程度不高、生活贫困的情况下公开选举进行起来比较容易。另一方面,借助公开选举,执政党可以监督选举,保证那些支持苏维埃政权,或者说支持党的政策的人当选。

秘密投票要求每个投票点都要设有专门的办公室或者房间,选民可以在里面独立填写选票,填写后投入到投票箱中。

五、选举自由和公民自愿参加选举原则

俄罗斯联邦的选举是自由的选举,是在公开的、选民全面了解选举活动信息的条件下进行的。

根据2002年的联邦法律,每个公民参加选举不仅仅是自由的,而且是自愿的。任何人都无权强制其参加选举或者不参加选举,也无权影响

其自由表达自己的意志。可以呼吁选民参加选举,自觉表达自己的意志。但应该注意的是,如果相当多数量的选民不参加投票,就会导致选举无效,可能需要再次选举,那么这就会增加财政上尤其是资金上的开支。但是不参加投票是不用承担任何行政或者刑事责任的。

选民不参加选举(罢选)是由多种因素决定的,最主要的原因就是对权力机关缺乏信任,不相信候选人的承诺,怀疑自己在选举中的作用,认为一切都已经事先安排好了。

除了宣传和选民信息获取外,分析人士提出了在投票日改变选民参加表决状况的各种方式。

首先,一些学者认为历史上存在的以物质鼓励选民参加选举的方法如今也可使用。当然,这取决于一个国家的经济条件,同时,它在鼓励选民自愿参加选举方面作用并不大。另外一些学者赞同在一些国家所采取的对不参加投票的选民适用罚金的做法。但是,俄罗斯采用这种方法是不现实的。尽管不久前立法曾规定了参加选举的最低人数为登记选民的20%—25%时选举被认为是有效的(这样就会有几百万人将受到处罚)。何况2006年12月5日的新规定又取消了对选举最低人数的限制,此时再谈强迫选民参加投票的问题将没有任何意义。

其次,自由参加选举为普遍性原则作了诠释——不是所有达到18岁的选民都参加选举,参加的只是那些想成为该次选举选民的人。为此,公民要么应该提前做选民登记,要么在选举日直接到居住地的投票点加入选民名单。这项改革并不太理想,因为部分选民怀疑相关当选席位的代表性。

六、议员选举制度中的多数制和比例制原则相结合

多数制(由法语majorite一词而来,意为"大多数")选举——将国家或者地区单位的范围划分为几个选区,根据选区选举代表。如果在一个选区选举一名代表,这就是单名制(外来词还称作单项制)选区;选举

两名代表的，就是双名制（双项制）选区；选举3名或3名以上代表的，就是多名制（多项制）选区。

在多数制选举条件下，候选人以个人的形式被推荐并在相应选区内参选，既可以是自荐，也可以是政党推选。

在多数制选举中获胜者的赞成票应多于其竞争对手。

如果要求候选人当选不仅赞成票要多于竞争对手，还要求赞成票不少于登记选民（所有包含在选民名单中的选民）总数的一半，这就是绝对多数制选举。

如果要求获胜者所得选票不少于参加投票的选民数的一半，这种多数制选举就是简单多数制。

如果当选的必要条件是特定数量的选票（比如参加选举的选民数量的25%、30%、40%或2/3），这就是特定多数制选举。

如果当选的条件是所得选票多于竞争对手的选票（也就是"相对于"自己的竞争对手来说是多的），而占投票人的多大比例并不重要，这叫作相对多数制选举。有些国家，包括不久以前的俄罗斯，在选票上还为选民提供了一个选项"反对所有的"候选人。这时候候选人不仅要超过自己的竞争对手，同时，他所得的赞成票的数量还要多于该选区内反对所有候选人的票数。但是在2005年7月，"反对所有候选人"一栏已经从选举立法中删除了。

根据多数制选举来投票通常会进行一轮或者两轮。如果立法已经确定了赞成票的底线，获胜者就应该达到这一要求，他要是能在第一轮就超过这个底线，那么选举就到此为止了。另一种情况就是在第一轮投票中获得选票最高的两名候选人进入到第二轮投票，那么在第二轮中选票高的当选（此时要么所得选票不低于一定票数，要么仅仅高于竞争对手即可）。

比例制选举是对代表候选人名单进行投票的一种方式。名单由政党提出（过去在俄罗斯是由选举联盟来推选名单的，他们或者是党派间的联合，或者是党派和其他社会团体的联合，从2005年开始，联盟取消了，但正如我们之前提到的，2009年在俄联邦总统的倡议下，政党和其他社会团体的联盟或者联合可以参加市政代表机关代表的选举，此时会有一个统一的名单，里面15%的名额留给社会团体的候选人）。全国或者整个地区单位在选举的时候作为一个统一的选区。选民来参加选举，会得到一张选票，上面列着所有候选人名单。选民只需对一个认可的或者能代表他的利益的名单投赞同票即可。是否获胜与该名单获得的选票数量呈正比。为此，参加选举的选民投票总数要除以应选的代表席位的数量，这样就会得出一个商数；然后，名单所得的选票数再除以商数，这样党派就会知道它会得到多少代表席位。并且，并不是所有参加选举的党派都参与议席的分配，只是那些超过法律确定的百分比（在国家杜马的选举中以前规定为5%，现在是7%）——也就是获得的选民投票的最低数的政党才能参与议席的分配。

以上大致介绍了比例选举制的轮廓。各国在适用比例选举制时都有自己的特点。在俄罗斯，适用时较为复杂，尤其表现在：提出的候选人名单可能是封闭式的或者开放式的，相对应地就是硬性的或者弹性的。这是指：如果候选人名单是封闭的或者硬性的，那么选民在投票时就可以将名单作为一个整体来投票；如果名单是开放的或者弹性的，选民就有特惠权（表现出对某位候选人的偏好），也就是在候选人名单上标注出来谁是他的代表首选，给他们做一个第一、第二、第三依此类推的排名——于是谁获得的选民特惠权比其他人多，谁就能当选代表。这一制度最开始（大约在2003—2004年）规定在12个俄联邦主体的选举立法中，用来举行俄联邦主体立法机关代表的选举（如布里亚特共和国、卡尔梅克共和国、特瓦共和国、滨海边疆区、阿穆尔州、卡卢加州、利佩茨克州、马加丹州、奥勒尔州、斯摩棱斯克州、特维尔斯卡州、亚马尔-涅涅茨自治区），但并没有被推广使用，并且在上述的大部分俄联邦主体中由于适用起来较复杂，于2006—2007年就不再适用了，有的地方是2009年停止适用的，特威尔斯卡州则是从2011年现任州议会期满就不再适用这一制度了。但是开放式名单制度在某些俄联邦主体的市政机关（特瓦共和国、乌里扬诺夫斯克州、萨马拉州）或者市立行政区及市辖区（雅库特、涅涅茨自治区）的选举中至今还保留着，能持续到什么时候就不得而知了。总体来说，俄罗斯国内适用得更多的还是封闭式的硬性的候选人名单。

前面提到的还有一个特点，我们称之为选票转移（统一的选票转移制度）——如果名单中所得特惠权排名第一的候选人其特惠权票数的数量高于必需的，那么多余的就转移给第二个被标记的候选人，以此类推。因为我们实行的是硬性的名单，所以这种方案并没有在俄罗斯适用。

同时，俄罗斯也没有自由名单制度，在这种制度中选民有权将他想给予特惠权的候选人从一份名单中划入到另一份名单中，从而组成自己的候选人名单。

以前，多数选举制和比例选举制主要适用于国家杜马议员的选举和部分俄联邦主体代表机关代表的选举中。如前所述，2002年的联邦法律（第35条第16项）规定，在俄联邦主体立法机关的选举中适用多数选举制和比例选举制结合的方法，并且允许两份以上获得参加投票的选民50%以上选票的候选人名单参与分配席位。俄联邦主体的选举立法引入了政党获得的选民最低投票数的机制，在政党超过这一最低投票数时才有资格分配议员的席位。之前这个最低投票数是5%—10%。联邦法律《基本保障法》（2005年版）确定的最低投票数是7%。

在市政选举中，两种选举制都在适用，法律并没有硬性要求根据名单进行选举。而在很多市政机关进行选举时仅根据政党的名单来选举代表。

自1993年第一届国家杜马选举至今，该选举都采用多数制和比例制结合的原则。

国家杜马议员的一半（225人）由单名制选区（一个选区一名代表）选出，它以选区内选民代表制的统一标准为基础。这一代表标准是用俄罗斯所有登记的选民数（大概为1.08亿人）除以所有选区数，即225人。接下来居住在相应俄联邦主体的选民数除以这个统一代表标准就会得出在该俄联邦主体领域内划分出多少个选区。如果俄联邦主体的选民数少于统一代表标准，那么这个主体也是一个选区，应选出一名国家杜马议员。

在单名制选区中推举出国家杜马议员的候选人，选民针对具体的人来投票。谁获得的选票多于其竞争对手，也多于反对所有候选人的票数，谁就当选。也就是说，这部分杜马选举适用的是相对多数制选举制度。

国家杜马另一半议员（225人）在全国范围内选举，也就是选举时全国是一个统一的联邦选区。政党（选举联合）推选出议员的联邦候选人名单。选民根据自己对某一党派、运动或其领导人的喜好针对这些名单来投票，而不是针对具体的人来投票。获得参选选民5%及5%以上选票的政党会根据其所得选票比例取得杜马的议员席位；在名单内部，位居前列的候选人先获得席位。这种选举模式在1993年的选举中首次尝试。

近年来对比例制选举存有一些非议，因为只有少数政治团体能够获得超过5%的最低得票数。而那些获得国家杜马席位的政党组成了与俄联邦总统对立的党团和议员小组。失败的政党和团体要求取消比例制选举或者降低最低得票数。一些地方精英们也在指责比例制选举，因为如果根据选区进行选举的话，他们得胜的概率要大一些，并且能够协助那些能在国家杜马中代表其利益的候选人取胜。

1995年第一任俄联邦总统建议调整杜马议员的比例关系：根据选区制选举300名议员，根据比例制仅选举150名议员，名义上，多数制选举中每一位选民都有"自己的"代表，也就是代表和选民之间的联系密切，但实际上是想削弱国家杜马中自己的对立党的实力。但是在经过一番激烈的争论和投票后，议会还是保留了原来的225∶225的比例关系。

1999年选举之后，首任俄联邦总统还作出了言词更为激烈的建议——彻底拒绝比例制选举，国家杜马450名代表全部根据选区来选举。但是建议并未被采纳。1999年的法律中还是保留着原有的比例关系：225名由选区选出的代表；225名由名单选出的代表。这一规则在2002年联邦法律《国家杜马议员选举法》中也有所体现（采用比例制要同时满足一些要求，对这些要求我们将在选举结果的确定程序中涉及）。

2003年的国家杜马议员选举适用的是5%的最低得票数，也就是那些获得参选选民选票少于5%的联合和团体不能参与席位的分配。当然，后来对这一规则进行了调整。比如，俄联邦宪法法院在评价1998年的原联邦杜马选举法时指出，不应该出现所有席位由一个党派取得的情况，也就是如果他的名单是唯一一个超过5%最低得票数的，其他的政党"连边儿都摸不着"。至少应该有两份名单参与分配席位，第二个可以是虽然没有拿到5%最低得票数，但比其他政党更接近这个最低标准的政党——否则就与俄联邦宪法规定的多党制原则相矛盾了。除此之外，还应该力求有50%以上的参选选民的选票是支持那些有实力竞争分配席位的选举联合或选举团体的。

相应的规则在联邦法律国家杜马议员选举法中同样适用。同时，在2003年的国家杜马议员选举中，参与的政党和选举联合的数量由两个提升至3个，如果他们没有获得参加投票的选民选票的50%，那么那些选票低于5%的政党也可以参与分配席位，以便选民的总数达到50%。

但就在2003年选举活动举行过程中联邦法律国家杜马议员就选举法作出了修改，规定自下届选举开始最低得票数增至7%，而参与分配席位的党派和联盟的数量增至4个，尽管选举只是在两份推选名单中进行；还规定应该获得60%以上选民的选票。根据这些规定举行了2007年的国家杜马议员选举。

通常在选区制选举中难以取胜的政党都会反对选区制选举而支持比例制选举：在选区制选举中获胜的仅是这些党派——俄罗斯自由民主党；上届国家杜马选举中获胜的是"苹果"党及"右翼力量联盟"中极少

数的几个人。在国家杜马中占多数席位的"统一俄罗斯"党并不表态。然而该党坚决拥护普京总统在2004年的讲话中透露出的只进行比例制选举的设想。并且在此之前立法中已有规定，只允许政党参加选举，不允许其他社会团体参加，即使该社会团体与政党联盟也不允许。总统的建议在2005年的联邦法律国家杜马议员选举法中兑现了，现在国家杜马议员的选举不仅是比例制选举，还是纯党派之间的选举，因为只有各政党推选出来的代表候选人名单。也许，这种国家杜马的选举的魅力就在于，它能够保证领先的党派获胜，避免了烦琐的选区制选举导致的不可避免的选前斗争，为下议院提供特定的、安全的反对党。

但是，正如本书前面提到的，比例制选举的新特点，特别是最低得票数提高到7%以后，一部分过去比较活跃的政党没有机会进入国家杜马。目前在国家杜马中有4个党派，其中：两个党"统一俄罗斯"党和"公平俄罗斯"党是亲总统的党派；第三个俄罗斯自由民主党是一个会综合考虑政治局势而作出决定的党；只有一个党，即俄罗斯联邦共产党是反对党，虽然它也不是常常扮演这个角色。这样多党制就带有了一定的特色，党派是有的，而政治力量的对比关系是显而易见的。

俄联邦总统在2008年11月5日的联邦会议上作的国情咨文中建议：如果某一党派在选举中没达到7%，但是超过了5%，就应该分给该党派1—2个国家杜马议员的席位。这个建议被采纳了。2009年5月12日的联邦法律国家杜马议员选举法中新增加了82.1条，规定候选人联邦政党名单所得的参选选民选票低于6%、高于5%，不允许参与议员席位分配的，可以分得一个议员席位；候选人联邦党派名单所得的参选选民选票低于7%、高于6%，不允许参与代表席位分配的，可以分得两个议员席位。

总体而言，多数制选举和比例制选举相结合的原则反映在选举中是矛盾的——国家杜马议员的选举中没有结合适用；暂时该原则保留在俄联邦主体立法（代表）机关议员的选举中，但本应该是半数以上的议员根据党派名单选举产生，而一些俄联邦主体一级的所有代表却都是根据比例制选举产生的；而市政机关代表议员多是经选区产生的，偶尔会采用两种体制相结合的办法，或者仅根据党派名单选举产生。

七、竞争性原则

苏维埃时期法律上是允许几个候选人竞争一个代表职位的。但在实际中，选区内只有一个候选人有希望当选，而且他的推荐是在一党制的条件下进行的。尽管当时也存在一些并未公开的竞争以及选拔阶段的角逐，但是选民对此毫不知情，这样就有了一个"事先准备好的"候选人，选民对他投"赞成票"或者"反对票"，没有其他的选择。实践中，该候选人会获得99%的选票。

在1989年苏维埃人民代表选举和1990年俄罗斯人民代表选举和地方委员会人民代表选举中已经使用了竞争性原则，即在实践中推选几个（或者很多）候选人竞选一个代表职位。但是立法并没有规定必须要有两个以上的候选人，即使只有一个候选人，选举也照样进行。

自1993年选举以来，情况开始发生变化。如果是选区制选举，在选民的选票上应该有两名以上代表候选人，如果是联邦选举，选票上应该有两份以上的名单。2002年的国家杜马议员选举法规定，联邦选举中候选人名单不应少于3份。如果没有可供选择的候选人及候选人名单，选举推迟举行（通常不迟于6个月），以便补推候选人或候选人名单。该法于2003年作了修正，规定联邦候选人名单不应少于4份，但如果选举时名单不少于两份时，也可以进行投票。根据2005年的国家杜马议员选举法，参加分配议员席位的至少有两份党派名单。

联邦立法规定单名制选区或者统一选区在下列情况下可以只有一名候选人：（1）二轮投票（比如俄联邦总统选举进行到第二轮时只有一个候选人）；（2）市政机关议员的选举（这要有俄联邦主体的立法规定）。如果上述两种情况下候选人所得选票高于参选选民投票的50%,即当选。

八、选举活动的国家财政和非国家资金使用相结合的原则

1993年以前选举由国家财政拨款,不接受来自个人的捐款、捐赠,甚至来自个人的捐款、捐赠会成为确认选举结果无效的理由。

后来又有如下规定:选举活动的财政支出依靠联邦财政或者地方财政;同时候选人、选举联合在选举活动的财政方面有权使用私有财产和公民、法人自愿捐赠的财产。

联邦法律《基本保障法》(第57条第1项)规定,俄罗斯联邦各级选举的组织和举行工作所需的开支、机器设备的使用和维修以及选举组织者和选民的培训费用由选举委员会从相应的财政拨款(联邦财政、俄联邦主体财政和(或者)地方财政)中划拨。

组织和举行选举的费用由相应财政从本财政年单独划拨。如果选举资金没有相应的财政划拨,组织选举、公决的委员会未能及时收到划拨款项时,选举、公决的组织和举行工作依靠该选举委员会公开招标的银行提供的贷款来进行。而俄联邦政府、俄联邦主体相应的权力执行机关、地方自治的被授权机关需自相应的委员会提出申请之日起10日内向其提供向银行履行还款义务,其中包括返还利息的国家或地方保证。

选举委员会用国家和地方的资金支付组织和举行选举的费用,包括制作选举文件的费用,支付选举委员会成员和工作人员的劳动报酬,支付法律规定的一些候选人、选举联合所需的费用,以及为选民提供信息服务的费用。

自书面向相应的选举委员会申请竞选时起至在该选举委员会登记时止,候选人有义务创建自己的选举基金以供自己选举活动的需要。俄联邦主体的法律可以规定,在地方自治机关的选举中,如果选区内有一

定数量的选民（不应超过5 000选民）时，候选人的选举活动中没有财政活动的，候选人可以不创建选举基金。

提出候选人名单的选举联合在其全权代表，尤其是相应选举活动的财政问题代表登记后，有义务创建选举基金以供选举活动之需。

由选举联合推荐的，只是在候选人名单中参加选举的候选人无权创建自己的选举基金。

候选人、选举联合的选举基金可以借助以下资金来源创建：

(1)候选人、选举联合的自有资金；

(2)推选候选人的选举联合划拨给候选人的资金；

(3)公民的自愿捐赠；

(4)法人的自愿捐赠；

(5)法律允许的情况下，选举委员会划拨给候选人、选举联合的资金。

一些选举在创建选举基金问题上有自己的特点。比如，2005年的联邦法律《国家杜马议员选举法》(第64条)规定了政党选举基金的来源，如：其自有资金，但总数不能超过法律规定的政党选举基金总数的50%；公民和法人的自愿捐赠。法律没有规定政党名单中的候选人提供的资金是否可以作为选举基金的来源，但是并没有禁止候选人作为俄罗斯联邦公民来捐赠资金。

向选举基金提供捐赠的可以是自然人，即俄罗斯联邦公民，也可以是俄罗斯的法人。

以下向候选人、已登记的候选人和选举联合的选举基金提供捐赠为法律所禁止：

(1)外国和外国法人提供的；

(2)外国公民提供的，立法允许其参加市政选举的除外；

(3)无国籍人；

(4)至选举日未满18周岁的俄罗斯联邦公民；

（5）有外国股份的俄罗斯法人，如果境外在该法人法定资本（共同资本）的份额（投资）在官方公布选举举行决定时超过30%的（对于开放式股份公司来说，在组成有权参加上一财政年股东年度大会的人员名单时）；

（6）国际组织和国际社会运动；

（7）国家权力机关和地方自治机关；

（8）国家和市政机关及其组织；

（9）俄罗斯联邦、俄联邦主体和（或者）市政机关的份额（投资）在官方公布选举举行决定时超过30%的法人（对于开放式股份公司来说，在组成有权参加上一财政年股东年度大会人员名单时）；

（10）国家和市政机关设立的组织（依私有化程序设立的股份公司除外），以及外国、国家或者市政股份超过30%的法人所设立的组织；

（11）部队、军事机构和组织、护法机关；

（12）慈善机构、宗教团体及其所设机构；

（13）匿名的捐赠者；

（14）至投票之日前登记不超过一年的法人；

（15）在向选举基金投入捐赠前一年接受《基本保障法》禁止的外国、其他主体、法人提供的资金或者其他财产的非商业性组织。

法律对每种选举都规定了向选举基金提供的候选人、选举联合的自有资金、选举联合划拨给候选人的资金、公民及法人的自愿捐赠的资金的数额限制，同时也规定了选举基金支出的数额限制。在第二轮投票中，选票上的候选人选举基金的支出费用可以高出数额限制的20%。

比如，根据2003年的联邦法律《俄联邦总统选举法》（第58条），候选人的自有资金不能超过其选举基金所有支出数额限制的10%，而对于参与第二轮投票的候选人来说，自有资金不能超过其选举基金所有支出数额限制的15%；推荐候选人的政党划拨给候选人的资金总数不能超过50%；对于公民和法人的自愿捐赠来说，单个公民不超过1.5%，单个法人不超过7%；候选人的全部支出数额不能超过4亿卢布，对于参加第二轮投票的候选人来说，数额不能超过5亿卢布（2005年修订）。

在国家杜马议员的选举中，党派的资金，正如前述，不能超过其选举基金支出的50%。公民和法人的自愿捐赠是这样规定的：单个公民捐赠总数不能超过法律规定的党派选举基金支出总额的0.07%，法人不能超过3.5%。这里提到的总额不能超过4亿卢布。

政党的区域部门可以创建自己的选举基金。这些国家杜马议员选举的基金来源于：一是政党的自有资金（除去政党的选举基金以外的资金），但是数量不能超过区域选举基金支出限额的50%；二是公民和法人的自愿捐赠，单个公民的捐赠不能超过党派区域部门选举基金支出限额的5%，单个法人的捐赠不能超过50%。这里所说的限额，法律有相应的规定：如果是在俄联邦主体领域内，登记的选民不超过10万，那么限额就为600万卢布，如果登记的选民多于10万，少于50万，限额就为1 000万卢布；如果登记的选民多于50万但少于100万，限额就为1 400万卢布；如果登记的选民多于100万但少于300万，限额就为2 000万卢布；如果登记的选民多于300万，限额就为3 000万卢布。

所有组成选举基金的资金都转移到专门的选举账户中，该账户由候选人或其财政方面的全权代表或者选举联合的财政方面的全权代表在相应选举委员会同意的情况下，在俄联邦储蓄银行的分行内开设，如果没有储蓄银行分行，可以在其他位于选区内或公决地域内的信贷组织开设。

选举基金里的资金均有着专门的用途，它们只用于那些与选举活动有关的支出的销账：

用于收集选民的签名，其中包括向招募来收集选民签名的人员支付劳务费；

用于选举前的宣传费用，包括信息和咨询服务的费用；

用于公民或者法人完成（提供）工作（服务）的其他费用，以及候选人、选举联合进行选举活动直接花费的支出；

如果法律规定了候选人需要交纳保证金（如俄联邦总统选举就不需

要提供保证金），则还用于此项费用。

公民和法人有权向候选人、选举联合、公决倡议小组提供资金（物质）支持，但只能通过相应的选举基金提供。与选举有关或为达到特定选举结果直接或者间接提供有偿劳动、商品销售、有偿服务的，如果没有候选人、选举联合或他们的代表的书面同意，或者选举基金没有支付相应报酬的，为法律所禁止。无偿完成工作、提供服务、销售商品，或者上述活动是以没有根据的超低价格实现的，如果这些活动直接或者间接地与选举活动有关，那么也是被禁止的。法律只接受一些公民个人提供的用于选举的组织和举行，不涉及第三人的无偿劳务。

候选人和选举联合除了选举基金的资金以外，禁止使用其他资金来实现自己的选举活动。

候选人和选举联合有义务向相应的选举委员会提供两份以上的财政报告，其中包括选举基金的总额、选举基金的全部组成来源、选举基金的所有支出。

立法还规定，其名单未参与分配席位、收集的参与投票的选民选票数低于法律规定的数额的选举联合有义务偿还在进行选举前宣传活动时免费提供的无线电宣传和免费的印刷场所的费用。这里所说的选民选票数不能超过参与国家杜马选举投票的选民数量的3%。

为了对选举活动中资金的专项用途进行监管，选举委员会成立监管部。

九、选举委员会组织选举的原则

选举制度的这一原则主要指的是组织、举行选举由已经组建的有效的选举委员会——俄联邦中央选举委员会、俄联邦主体选举委员会、选区选举委员会、市政选举委员会、地区选举委员会和投票点选举委员会（关于选举委员会详见下文）负责。

一部分选举委员会成员负责最基本的工作——主要是俄联邦中央选举委员会的成员和少数俄联邦主体选举委员会成员，工作量不太大的是地区选举委员会的成员。其余的选举委员会成员按照工作性质可以分为两种：一是不脱离自己原单位的公职而在委员会工作（确实，他们可以因为委员会的工作暂时离开自己的岗位，却不会给自己的单位带来什么损失）；二是基于额外的工作而需要部分离岗的（比如选举前的几个星期根据选举委员会的计划出差完成其任务的）。

参考文献

杜布罗维纳·耶·普：《俄联邦国家杜马议员选举向比例选举制转型的意义》，《现代法》2006年第8期。

耶雷吉娜·弗·伊：《俄联邦主体选举中组成党派名单的地区特征》，《宪法和市政法》2007年第7期。

扎斯拉夫斯基·斯·耶、佐托娃·兹·姆：《政党参加选举的组织法基础》，莫斯科，2007年。

扎斯特罗日纳亚·奥·科：《政党参加地区选举的法律适用保障问题》，《选举杂志》2006年第6期。

科捷戈娃·姆·阿：《比例选举制：俄罗斯和外国经验》，伊热夫斯克，2007年。

尼科拉耶夫·阿·斯：《俄罗斯联邦主体国家权力代表（立法）机关采用比例选举制的法律观点》，《俄罗斯法律杂志》2006年第4期。

努德年科·普·弗：《比例选举制中候选人名单中议员席位的分配》，《宪法和市政法》2006年第12期。

波希瓦伊洛娃·阿·弗：《俄罗斯联邦比例选举制的适用问题》，《远东国立大学勘察加分校文集》（第5辑），符拉迪沃斯托克，2007年。

切伊斯季·普：《俄罗斯立法者"赞成"或"反对"多数制》，《比较宪法观察》2006年第4(57)期。

韦斯库洛娃·弗·弗：《俄罗斯联邦选举的财政拨款：公法和私法基础》，法学副博士论文，莫斯科，2004年。

科柳申·耶·伊：《选举财政：法律与实践》，莫斯科，2002年。

科柳申·耶·伊：《选举基金》，莫斯科，2009年。

波马赞斯基·阿·耶:《违反选举立法中选举活动的财政拨款秩序的责任》,《俄罗斯法杂志》2007年第2期。

罗马嫩科·奥·弗:《俄罗斯政党的选举活动的间接拨款》,《权利与权力》2002年第3期。

C.A.阿瓦基扬:《1999年国家杜马选举:规则与程序》,莫斯科,1999年。

阿拉诺夫斯基·科·弗、伊格纳捷恩科·弗·弗、科尼亚杰夫·斯·德:《俄罗斯选举法(概念与基本制度)》,符拉迪沃斯托克,2007年。

阿尔巴茨卡亚·姆·恩:《选举程序的组织活动:当代世界实践》,伊尔库茨克,2007年。

韦杰涅耶夫·尤·阿、纳瓦尔斯基·斯·弗:《选举法:作用及其在俄罗斯法律体系中的地位》,《俄联邦中央选举委员会公报》2003年第2期。

韦杰涅耶夫·尤·阿、拉乌金·弗·伊:《俄罗斯联邦选举法的渊源》,《俄联邦中央选举委员会公报》2003年第6期。

韦什尼亚科夫·阿·阿:《国际法上的选举标准及其在俄罗斯联邦立法中的贯彻》,莫斯科,1997年。

沃尔琴科·弗·恩:《俄罗斯联邦国家权力机关选举中的消极选举权制度》,法学副博士论文,顿河畔罗斯托夫,2003年。

格拉希门科·特·弗:《俄罗斯联邦国家权力机关和地方自治机关选举的原则》,法学副博士论文,秋明,2003年。

戈洛温·阿·格:《俄罗斯选举法》,莫斯科,2007年。

济诺维耶夫·阿·弗、波利亚绍娃·伊·斯:《俄罗斯选举制度:理论、实践与未来》,圣彼得堡,2003年。

《俄罗斯联邦选举法和选举程序》,莫斯科,2003年。

科尼亚杰夫·斯·德:《现代俄罗斯选举法:概念、原则、渊源》,符拉迪沃斯托克,1999年。

科尼亚杰夫·斯·德:《俄罗斯选举法的理论概述》,符拉迪沃斯托克,1999年。

科尼亚杰夫·斯·德:《俄罗斯选举法》,符拉迪沃斯托克,2001年。

《〈俄罗斯联邦总统选举法〉释义》,莫斯科,2000年。

斯·弗·卡贝舍娃、阿·耶·波斯特尼科娃主编:《〈俄罗斯联邦联邦会议国家杜马议员选举法〉释义》,莫斯科,2003年。

耶·伊·科柳希纳主编:《〈俄罗斯联邦联邦会议国家杜马议员选举法〉释义》,莫斯科,2003年。

卢钦·弗·奥、别罗诺夫斯基·弗·恩、普里亚希纳·特·姆:《俄罗斯选举法》,

莫斯科,2008年。

雷先科·弗·伊:《选举及新欧洲的代表机关:八九十年代的政治学经验和发展前景》,莫斯科,1994年。

马捷伊科维奇·姆·斯:《俄罗斯联邦主体国家权力机关选举的法律调整》,秋明,1999年。

阿·阿·韦什尼亚科夫主编:《〈俄罗斯联邦公民选举权和参加全民公决权基本保障法〉科学与实践释义》,莫斯科,2007年。

俄联邦中央选举委员会:《选举和选举法历史概述》,卡卢加,2002年。

波斯特尼科夫·阿·耶、阿列希切娃·尔·格:《俄罗斯选举法指南:候选人及选举委员会成员参考用书》,莫斯科,2003年。

佩林·弗·弗:《俄罗斯联邦选举法和全民公决法》,圣彼得堡,2001年。

斯克萨列恩科·耶·耶:《俄罗斯选举制度:神话与政治现实》,莫斯科,2007年。

俄联邦中央选举委员会俄罗斯选举活动研究中心:《比较选举法》,莫斯科,2003年。

第二十三章
选举的举行

第一节　选举的确定

任何一个选举活动都是在确定选举日后开始进行的。有关确定选举的决议应该在不迟于上届当选的相应机关、代表任期届满前的最后一天作出。

根据联邦法律《基本保障法》第8条的规定,选举联邦国家权力机关的期限由俄罗斯联邦宪法规定。选举俄联邦主体国家权力机关、地方自治机关、上述机关的代表的期限,以及上述机关和代表的权力期限由相应的俄罗斯联邦主体的宪法章程、法律、市政规章来规定,但是所规定的期限不得少于两年或多于5年。

确认选举的主体及该主体的期限在宪法性法律、规章及选举法中规定。例如,俄联邦宪法第84条第1项规定国家杜马议员的选举由俄联邦总统确定。根据2005年的联邦法律《国家杜马选举法》的规定,关于确定选举的决议应该在投票日前110天至投票日前90天的期间内作出。上届选举产生的杜马的宪法规定的任期结束当月后第一个星期天为投票日。自国家杜马选举日开始起算这一日期。投票选出国家杜马合法组成人员的日期为选举日(第6条第2项)。

俄联邦宪法规定,联邦委员会确定俄联邦总统的选举(第102条第

2款第5项)。根据2003年的联邦法律俄联邦总统选举法的规定,关于确定选举的决议应该在投票日前100天至投票日前90天的期间内作出。投票日为上次总统选举举行的月份以及4年前的总统当选时的月份的第二个星期日(第5条第2项)。

同时,应当对以下情况进行说明:当选的日期对于确定新一届选举的日期是很重要的。也就是说,如果由于选民参选的数量不足导致选举不能够进行或者违法行为导致选举无效的,会重新选举,这时候选举的期限就不能从第一次选举的日期起算,而是要自重新选举的日期起算。如果为了补充推选差额的候选人和候选人名单而不得不推迟选举的,实际进行选举的日期为基准点。但此时,根据相应的法律文件,总统和地方行政长官并不是自选举日开始就履行其职责,而是自其宣誓之时开始履行职责(比如,俄联邦宪法第92条第1款规定,俄联邦总统自宣誓时起履行职责,通常自新当选的俄联邦总统宣誓时起终止履行)。但是在确定新一届选举的日期时,日期和月份不是其就职的日期,而是选举举行的日期(几年前卡拉恰伊—切尔克斯共和国的行政长官当选,由于选举的合法性受到质疑,半年内也没有任职,但是对下一届选举来说,基准日还是他当选的日子)。

如果在共同选举日,选举有效举行了,而个别议员没有当选,此时将在相应的选区内进行重新选举。那么,在这种情况下当选议员的权限按照整个机关的权限计算日期来计算。

在确定的选举日有2/3或者一半的代表被选出,那么该代表机关就认为被成功选出。这个数字具体规定在基本法或者选举法或者有关该机关的法律或者实施细则中。如果在多数制选举中一定数量的代表没有被选出,在相应的选区内就要进行补充选举(也就是重新选举)。只有在法律规定的数量的代表被选出来后,该机关才有权实现自己的权限。那么就会出现这样一个问题:权限的期限是从被确定的选举日开始计算还是从达到必需的议员当选数时开始计算?这个问题应该已经在相应的法律中解决了。通常是自有关机关的法定组成被选出来的时候开始计算权限的期限。因此,有权组成人员的最后一名代表当选的那一天即为投票日,从那一天开始计算代表机关的权限期限。

选举立法规定:如果某一应当作为的机关没有在法定的期限内确定选举,就由相应的选举委员会确定和举行选举。比如,在这种情况下,俄联邦中央选举委员会就会将国家杜马的选举确定于杜马权限期满的下一个月的第一个星期日举行。同样的情况,中央选举委员会也将俄联邦总统的选举确定于上届总统选举投票月份的第二个星期日举行。

如果相应的选举委员会也没有确定和举行选举(或者是由于某种原因委员会没有建立,或者是它还没有开始履行其职责),那么,根据联邦法律《基本保障法》的最初版本,选举由相应的普通管辖法院根据选民、选举联合、国家权力机关、地方自治机关、检察院的申请来确定选举。但是,在2005年7月21日修订的文本中规定,相应的普通管辖法院根据上述某一主体的申请可以确定选举期限,但该期限不得迟于被授权机关或者公职人员确定的期限,如果被授权机关或者公职人员也空缺,那么相应的选举委员会就应当确定选举。同时,如果有权确定选举的机关空缺,法院还有权责成俄联邦中央选举委员会或者俄联邦主体选举委员会(与相应的选举等级一致)自法院决定生效之日起10日内组成15人以内的临时选举委员会,法院还有权确定一个期限,在这个期限内临时选举委员会必须确定选举。2002年的联邦法律还规定,选举投票的日期只能定于星期日(第10条第3项)。不允许将投票定于节假日前夕或者非工作日的节假日及其次日,也不可以定于被确定为工作日的星期日(出处同前)。

2005年的《基本保障法》补充规定,俄联邦主体权力机关和地方自治机关的选举在同一天投票——即3月的第二个星期日或者10月的第二个星期日。

上述机关的权限期限都相应地规定于该法中。第8条规定,上述机关或者代表权限届满当年的3月第二个星期日是俄联邦国家权力机关、地方自治机关及其代表权限届满的日期，当然，条件是上届选举也是在3月的第二个星期日举行的。如果俄联邦主体的选举不是在3月的第二个星期日举行的，那么下届选举就在相应机关或者代表权限届满年份的3月或者10月的第二个星期日举行，而如果权限的期限届满于当届国家杜马议员举行选举的年份，则选举就在该届选举的投票日举行。同时，如果俄联邦主体的选举不是在3月的第二个星期日举行的，而宪法章程、俄联邦主体法律、市政机关的法律没有规定下届选举应该在3月份举行，那么该俄联邦主体的法律就可以规定延长该俄联邦主体国家权力机关、地方自治机关的权限期限，以便下届选举于上述机关权限期满年份的下一年的3月第二个星期日举行。

除非进行提前选举、重新选举或者补充选举，否则将各级选举放在同一天、选民同时就4张选票进行投票的情况是不允许的。

如果现有机关或者议员的权限期限届满时恰逢国家处于非常或者战争状态，那么上述机关和议员仍继续履行其职责，直至非常或者战争状态结束、新的机关组成人员或者议员选出之时。

法律并不禁止将各级选举放在同一天举行。联邦法律《基本保障法》还允许俄联邦主体的公决和地方公决同选举或者其他公决同时进行（第15条第7项）。而关于俄联邦的全民公决，2004年的联邦宪法性法律规定，全民公决的投票日不允许同全国范围内举行的国家联邦权力机关的选举的投票日重合（第23条第6项）。因此，联邦性的公决与国家杜马议员的选举或者俄联邦总统的选举是不可能在同一天举行的。

第二节　选　　区

任何一个选举都应该组成选区。选区是选出一名代表（几名代表）

或者选任职位的区域。

选区的性质取决于选举的种类。比如，国家杜马的选举是以多数制选举和比例制选举相结合为基础时，相应地，选举代表的时候就要设立两种选区：

单名制选区（也可以称为多数制选区或者地区制选区）；整个俄罗斯联邦划分为225个选区，每个选区选出一名代表；

对于联邦名单制选举（比例制选举）来说，将整个俄罗斯联邦看作是一个统一的选举国家杜马议员的联邦选区，从这个选区中选出225名代表。

现如今，仅根据党派名单进行选举，全国是一个统一的联邦选区，在这个选区中选出450名国家杜马议员。

总统选举时，整个俄罗斯联邦也是一个统一的联邦选区。

在俄联邦主体立法机关代表的选举中，如果是多数制选举，那么整个主体就划分为多个选区，选区的数量与应选的该机关的代表数量相等；如果一半的代表应当按照比例制选举，那么整个主体区域就看作是一个统一的选区。俄联邦主体权力执行机关的行政长官的选举也是相同情况，将整个主体区域看作是一个统一的选区。

原则上这个规律也适用于地方的选举。

如果一个联邦主体中，主体立法机关的多数代表、地方自治代表机关代表的选举适用的是选区制选举，那么大多采用单名制选区，也就是一个选区选出一名代表。同时，2002年法律也不排除采用多名制选区选举代表，这样就是一个选区可以选出不超过5名代表。多名制选区经常适用于地方性选举中，并且一些小的地区可以不受上述限制。

在组成选区时，2002年的联邦法律规定了几点要求（第18条）：

（1）各单名制选区内选民的数量要大体相同，允许有不多于选民代表数平均值10%的偏差，对于不易到达的地区及偏远地区，允许有不多于30%的偏差。组成多名制选区时每个代表席位相对应的选民数量大体相等。多名制选区内的选民数量相对于乘以该选区内代表席位数的选民代表平均值的偏差不得超过选民代表平均值的10%,对于不易到达的地区及偏远地区,不得超过选民代表平均值的15%。

（2）在俄联邦主体法律确定的少数民族聚居区内组建选区时,根据俄联邦主体的法律,允许存在高于上述界限的偏于选民代表平均值的误差,但不应超过40%。

第三节 投 票 点

投票点是选举中最基本的地域单位。

投票点在下列原则的指导下组建:一个投票点的地域范围内登记的选民数不得多于3 000人;投票点的界限不得跨越选区的界限(换句话说,一个投票点不得包含几个选区的地域)。

投票点在相应地区选举委员会的同意下由市政机关的行政长官在不迟于投票日前50天时组建,组建时应当考虑到当地情况及其他条件,并本着方便选民的原则。

投票点可以在选民临时居住的地区内(医院、疗养院、度假村、犯罪嫌疑人、被指控人的关押场所等)设立,可以在不易到达的地区和偏远地区设立,也可以在极地考察站和投票日正在航行中的船舶上设立。这样的投票点分属于其所在地的选区或者船舶登记地的选区。

在第一届国家杜马选举(1993年)时为兵役人员专门设立了投票点。但是自1995年的选举开始,服役人员到一般的投票点投票。

也有例外的情况,在位置偏僻、离居民区较远的部队营区也可以设立投票点。此时,投票点由营区首长根据相应地区的选举委员会的决定来设立。

在俄联邦总统的选举以及国家杜马议员的选举中,境外的投票点由俄罗斯联邦的外交代表机构或者领事机构的领导设立。在设立投票点时通常要考虑俄罗斯公民的聚居情况。通常，投票点的界限取决于领事机构管辖区的界限。

第四节　选民名单

每个成年的享有积极选举权的俄罗斯联邦公民都应该被列入选民名单。

所有享有积极选举权的公民都应该接受登记。公民在相应地区的住所地情况为选民登记的根据，该情况由登记机关根据公民在国内的居留地和住所地来确定。国外的情况就由俄罗斯外交代表机构或者领事机构来确定。

选民登记由地方行政长官、部队首长、俄罗斯联邦外交代表机构及领事机构的领导来进行。根据他们获得的信息，地区的选举委员会形成选民名单。这些名单会分到各投票点的选举委员会，以便检查、核对有关信息。在临时居住地、不易到达的地区和偏远地区、航行中的船舶、极地考察站以及军事营区的投票点中，选民名单由投票点的委员会自己登记写成。

投票点的选民名单中记录的是在投票日享有积极选举权的公民。公民的住所地位于某个投票点的领域内的，该公民就是该投票点选民名单中的一员。如果公民的住所地位于这一选区，却临时居住于该选区的另一地方，他要根据登记的信息列入选民名单，或者凭借选民的注销证来登记选民名单。

选举立法实际上顾及了目前俄罗斯形成选民名单的现实情况。如前所述，特定条件下外国公民在地方自治机关的选举中也享有选举权和被选举权。在此条件下，这些外国人也会列入相应选举的选民名单中。

应召进入部队或应召进入军事组织和机关的军人，而该部队、军事组织和机关位于相应的市政机关管辖范围内，如果这些军人入伍前的居住地并不位于举行选举的市政机关管辖范围内，那么他们就不被列入选民名单中。

在联邦法律《国家杜马议员选举法》中有这样一个原则：被认为是被动移民的或者向移民部门提交了有关承认其为被动移民的申请的俄罗斯联邦公民，依据其护照或者护照的替代证件以及提交到移民部门的相关证件，按照其临时居住地列入选民名单。

脱产学习的选民根据所居住的教育机构的宿舍列入选民名单。法律还规定，这一信息应该告知该选民居住地所在的投票点选举委员会，以便该委员会将其从选民名单中除名。这就能避免选民的重复投票。

选民名单公示后来到投票点地域居住的选民，和由于某种原因没有列入选民名单的选民，可以凭护照或者护照的替代证件，必要时还需要在该投票点地域经常居住或优先居住的证明文件（可以是住宅、房产的购买或者租赁文件、继承文件、许可但未经登记的文件等），补录入该投票点的选民名单中。

公民只能在一个投票点被列入选民名单。

选民名单一式两份。选民名单中选民信息按照字母或其他形式（根据选民居住地的居民点、街道、门牌号、地址）排列。在名单中标明选民的姓、名、父称、出生年份（如果刚好18岁，则应补充注明出生的月份和日期）、居住地址。在选民名单中还应该留出空白地方供选民在获得选票时签名，并可以用来填写各类选举的相关信息，以及留出投票点选举委员会成员向选民发放选票时的签名空白处。

投票点选举委员会校准和确定的选民名单不迟于投票日前一天由投票点委员会的主席和秘书签署并加盖投票点委员会的公章。

投票点选举委员会于投票日的20天前公布选民名单供选民知悉及确认。公民有权向投票点委员会提出自己未被列入选民名单中的事实，或者虽被列入选民名单中,但相关信息有误或者不准确。投票点的选举委员会应在24小时内,如果是在投票日收到公民提出的异议就应该自收到异议起两小时内、投票结束前审查该异议和提交上来的文件,然后修改错误或不准确的地方,或者向选民提交书面答复,注明拒绝异议的原因。如果要将某一俄罗斯公民从选民名单中除名,就需要由相应投票点的选举委员会主席和秘书签署并加盖该选举委员会公章,并且只能以公文的形式作出,同时向选民出具注销证或者将其列入其他选民名单。

对于投票点的选举委员会的决定,可以向上级选举委员会申诉或者向(投票点所在地的)法院起诉,受诉的选举委员会或者法院应当在3日内进行审查,如果是投票前3日内提出申诉的,则于投票日前进行审查,如果是投票当天提出申诉的,立刻进行审查。每个俄罗斯联邦公民有权向投票点的选举委员会告知更正选民名单上选民的相应信息。

第五节　选举委员会

一、选举委员会的种类、组成和职权

选举委员会是国家或者社会机关,其设立的目的在于:

(1)保障俄联邦公民选举权的行使和保护该权利;

(2)在俄罗斯联邦组织和举行选举;

(3)受理向其提交的关于违反选举法的审查请求,审查这类请求并采取相应的措施;

(4)为选民提供选举活动的相关信息,如选举期限、选举程序、候选人情况、推荐候选人的选举联合的信息等。

选举委员会的派生任务还包括在举行全民公决和投票时决定召回代表和当选的公职人员。在上述活动期间,它们分别被称为全民公决委

员会或者召回投票委员会,组成人员通常是一样的。

有下列几种选举委员会:

(1)俄联邦中央选举委员会;

(2)俄联邦主体选举委员会;

(3)市政选举委员会;

(4)选区选举委员会;

(5)地区(市区、市等)选举委员会;

(6)投票点选举委员会。

上述几种选举委员会中,属于国家机关的只有俄联邦中央选举委员会和俄联邦主体的选举委员会。2003年10月6日的联邦法律《俄罗斯联邦地方自治组织的基本原则》中将市政选举委员会列为市政机关。但是,2005年又规定,该选举委员会不属于地方自治机关的范畴。其他所有的选举委员会都属于社会性质的机构。

严格地说,对于选举委员会来说,采用外国立法中经常使用的"公法人"的概念更加贴切。这个概念能够反映出这些机构的特点,即职能和职责上更接近国家机关,而在组成程序和活动方式上更像是社会团体。

上述6种选举委员会中多数都属于常设性机构(仅投票点选举委员会除外)。每个选举委员会拥有自己的选举体系。

(一)俄罗斯联邦中央选举委员会

这是全国最主要的选举委员会。在1993年举行第一次国家杜马和联邦委员会的选举中,中央选举委员会由主席和20名成员组成。过去,中央选举委员会的主席由俄罗斯联邦总统任命,副主席和成员由总统根据主席的提名任命。显然,代表们不想把中央选举委员会看成是"总统的班底",尽管中央选举委员会的候选人是由俄联邦主体立法机关和权力执行机关推荐的。

在1994年的联邦法律《俄联邦公民选举权基本保障法》(第12条)

就规定了俄联邦中央选举委员会的组成程序,该规定于2002年的联邦法律中得以再现并一直延续至今。中央选举委员会由15名成员组成:

中央选举委员会中的5名成员由国家杜马从杜马议员和议员团体推荐的候选人中任命,此时,一个代表团体最多只能任命一名代表;

中央选举委员会中有5名成员由联邦委员会从立法(代表)机关和俄联邦主体领导人推荐的候选人中任命;

另外5名成员由俄联邦总统任命。

这样,任何人都不可能将这一联邦机关的组成加以垄断。中央选举委员会的主席、副主席和秘书都是由中央选举委员会成员以不记名投票方式互选产生。这一点更加强了作为全国主要选举委员会的机构的独立性。

《基本保障法》(第21条第5项)规定,中央选举委员会的成员应该有法学专业的高等院校学历,或者具有法学领域的学历。但是,2007年1月30日对该法进行修改后规定了新的要求——成员"应该有高等职业教育的学历"。该表述实际上就借助于"职业"教育这一模棱两可的词语为那些受过高等教育的人进入中央选举委员会敞开了大门,其实主要是为那些有政治头脑特别是议会头脑的人设置的。

中央选举委员会的任期为4年。中央选举委员会是一个常设性质的法人。法律允许中央选举委员会的成员不放弃原来的工作岗位,作为编外人员在选举委员会履行自己的职责。但是,法律却规定,中央选举委员会的主席、副主席和秘书是委员会的"在编人员"(《基本保障法》第29条第12项)。过去,某些中央选举委员会的成员没有转成该机关的在编人员。但是现在对于中央选举委员会的全体成员来说,这是一个主要的工作岗位,只是其中一部分同时还在高校任教。

俄联邦中央选举委员会是全国所有选举活动的领导、组织、规范方法和监督中心。中央选举委员会领导其他各级选举委员会的工作,监督公民选举权的保障情况;制定选举委员会工作所必需的技术设备规范并对其实施进行监管；采取措施按照统一的标准计算投票结果并确定俄罗斯联邦的选举结果；分配联邦财政划拨的资金以组织筹备和举行选举，并对资金的使用进行监管；为选举委员会提供法律、方法指导和组织技术方面的援助；听取联邦权力执行机关和联邦主体权力执行机关、地方自治机关关于联邦选举和全民公决的报告；受理关于下级委员会作为（不作为）的申诉（申请）并作出有充分论据的决定。中央选举委员会有权颁布关于选举法适用的实施细则，该实施细则对全国各级选举委员会都有效力。

中央选举委员会最重要的职能是负责以政党名单方式选举国家杜马议员，也负责俄联邦总统的选举。在代表的选举中，中央选举委员会的职能首先是要确保联邦名单准确无误，赋予收集支持者签名的权利，对联邦的候选人名单和政党代理人的名单进行登记。中央选举委员会还对俄联邦总统职位候选人及其代理人进行登记。

中央选举委员会确定统一的标准进行投票结果的整理并确定国家杜马议员选举的结果，也就是说，确定名单中谁胜出，同时确定某党派获得多少席位，等等。

当选进入杜马的人员名单由中央选举委员会汇总，连同其他相关文件移交到国家杜马。

中央选举委员会同时还确定俄联邦总统选举的结果。

（二）俄罗斯联邦主体选举委员会

该选举委员会是常设性的法人组织。每届任期为4年。

俄联邦主体选举委员会成员人数由宪法、章程、俄联邦主体法律加以规定，但不得少于10人，也不得多于14人。委员会由俄联邦主体的立法机关和俄联邦主体的首脑根据参与国家杜马席位分配并参加该联邦主体的代表机关的选举联合的建议、地方自治代表机关的建议、上届俄联邦主体选举委员会的建议、俄联邦中央选举委员会的建议组成。

在委员会的组成方面遵循平等原则：委员会的一半成员由俄联邦主

体立法权机关任命，另一半由俄联邦主体的权力执行机关领导人任命。参与国家杜马席位分配和联邦主体代表机关席位分配的选举联合占有一定优势，俄联邦主体选举委员会一半以上的成员都是各方根据它们的提名任命的。此外，联邦主体的立法机关和权力执行机关首脑还要必须采纳俄联邦中央选举委员会的建议，任命一名以上联邦主体选举委员会的成员。这一项规定在2002年的联邦法律中，反映的则是选举委员会组织活动的垂直领导关系。作出这一规定的结果是：如果俄联邦主体的相应机关没有在特定期限内组成联邦主体的选举委员会，或者仅组成了一部分，那么俄联邦中央选举委员会则有权组成联邦主体的选举委员会。

在俄联邦主体选举委员会中，国家公职人员和市政公职人员的数量不能超过成员总数的1/3。

最初的时候，联邦法律《基本保障法》规定，俄联邦主体选举委员会主席应该受过高等法学教育或者具有法学专业的学历（第29条第12项）。2007年4月20日修改后规定，主席应该受过高等职业教育。俄联邦主体选举委员会的主席、副主席和秘书是选举委员会的在编工作人员。对选举委员会的其他成员，法律并没有作出这样的规定。

俄联邦主体选举委员会的很多职能都与中央选举委员会的职能相近，只不过它针对的是俄联邦主体辖区内的选举事项。

俄联邦主体选举委员会直接领导联邦主体的国家权力机关选举和联邦主体全民公决的筹备和举行工作，采取措施筹集选举和全民公决的经费。联邦主体选举委员会确定地区委员会清单；为下级委员会提供法律、方法指导和组织技术方面的援助；听取联邦主体的权力执行机关和地方自治机关关于组织、举行联邦主体国家权力机关、地方自治机关、联邦主体的全民公决、地方全民公决的报告。

联邦主体选举委员会根据俄联邦中央选举委员会的授权制定规范，以该规范为标准制作选民名单、全民公决参加人名单和其他的选举文件，以及全民公决组织、举行的相关文件。委员会还受理关于下级委员会作为(不作为)的申诉(申请)并作出相应决定。

(三)市政选举委员会

市政选举委员会根据俄联邦主体的法律、市政章程组织和举行地方自治机关的选举。此外,委员会根据自己的级别参与俄罗斯联邦及其主体的国家权力机关的选举。市政章程、地方自治机关的规范性文件规定,该选举委员会具有法人地位。每届任期是4年。市政选举委员会的有表决权的成员人数由市政章程加以规定。

组成选举委员会时市政代表机关要考虑参与国家杜马和俄联邦主体代表机关的党派的建议,以及按照居住地、工作地、服役地、学习地组成的选民联合的建议,上届市政选举委员会的建议和俄联邦主体选举委员会的建议。

市政代表机关应当根据上面提到的党派的提名、候选人名单在地方自治代表机关分配议员席位的选举联合的提名,任命市政选举委员会成员总数的1/2以上成员。

此外,地方自治的代表机关应当根据俄联邦主体选举委员会的提名任命两名以上的市政选举委员会成员。这里体现的是垂直领导的影响。有一条规定可以证明这一点:如果地方自治的代表机关在特定的期限内没有组成市政选举委员会或者仅组成部分选举委员会,那么上级的选举委员会则有权进行组成市政选举委员会。

国家公职人员和市政公职人员在市政选举委员会的成员总数中所占的比例不得超过1/3。

市政选举委员会在市政辖区内负责监督保障公民的选举权和参加全民公决的权利;保障市政辖区内市政选举的组织与举行,其中包括竞选前的宣传、资金划拨、选举结果的确定等问题;为下级委员会提供法律、方法指导和组织技术援助;受理关于下级委员会作为(不作为)的申诉(申请)并作出相应决定。在俄罗斯联邦及其主体权力机关的选举中,市政选举委员会负责监督立法的执行情况、选举保障措施的贯彻情况等。如果把地区性的选举委员会的功能衔接起来,那么市政选举委员会还负责通报投票点选举委员会的数据资料,确定相应区域内的投票结果。

(四)选区选举委员会

这类选举委员会是在法律规定的进行单名制选区和(或者)多名制选区选举的情形下设立的。目前,国家杜马中一半的议员是按照单名制选区选举产生的,在这样的选区中过去要成立选区选举委员会,现在则不是必需的了。现在有下列几种独立的选区选举委员会:为俄联邦主体国家立法(代表)权机关选举成立的区选举委员会;为地方自治代表机关议员选举成立的选区选举委员会。

这些委员会是在投票前一定期限内设立的。自官方公布下次同类选举日期时权限终止。表面上看,上届选区选举委员会的职权终止与新一届选区选举委员会的职权开始中间有一个短暂的间歇,但实际上这仅仅是为了更新成员所必需的准备时间。

为选举产生俄联邦主体国家权力机关和地方自治机关而设立的选区选举委员会中有表决权的成员人数是由俄联邦主体的法律规定的。

为选举俄联邦主体立法(代表)机关代表、地方自治代表机关代表而设立的选区选举委员会的组成是由上级(相对于选区一级来说)选举委员会完成的。人员组成要根据政党的提名,地方自治代表机关的提名,以居住地、工作地、服役地、学习地为单位形成的选民联盟的提名确定。如果上级选举委员会在特定期限内没有组成选区选举委员会或者选区选举委员会的成员还不足时,俄联邦中央选举委员会和俄联邦主体选举委员会就有权行使这一职权。

在选区选举委员会中,国家公职人员和市政公职人员的人数不能超过成员总数的1/3。

选区选举委员会的职权与其他选举委员会的职权类似。同时,它又有着自己专门的职能:负责按照地区对候选人及其代理人进行登记,并向他们出具标准格式的证明文件；公布关于候选人的相关信息；保障候选人公平竞争、进行合法的竞选宣传；监督选举基金的支出以及确定选区的选举结果；在选区内证实选票文本的真实性，保证选票的制作印刷及供应；通过媒体公布选区内的选举结果；向议员出具当选的确认书；举行复选和补选。

(五) 地区选举委员会

地区选举委员会设立于尚未改组升为市政级别的行政辖区单位（市、市辖区）。

如果城市升级成为市政，也就是区级市，那么它的选举委员会也就相应地列入市政选举委员会中。如果一个市被划分为若干个内部区域（根据法律规定这些区域目前不是市政，莫斯科和圣彼得堡除外），那么在这些区域内设立地区选举委员会，在市政选举委员会的领导下负责筹备和举行该区域内的选举。

在市政的农业地区有自己的市政选举委员会。作为市政组成部分的农村和乡镇也归属于市辖区，在这些农村和乡镇中也有自己的市政选举委员会。但是如果市政地区比较大，可在部分辖区设立地区选举委员会，领导该辖区内农村和乡镇选举委员会的工作。

地区选举委员会的组成由联邦主体法律加以规定。委员会为常设机构，任期4年。俄联邦主体的法律规定，地区选举委员会具有法人资格。根据相应的俄联邦主体选举委员会的决定并经地方自治代表机关同意，地区选举委员会的职权可以委托给相应的市政选举委员会。

地区选举委员会由5—9名有表决权的成员组成。俄联邦主体选举委员会根据参与国家杜马和相应俄联邦主体代表机关以及地方自治代表机关的席位分配的政党提名（这类提名占一半以上），地方自治代表机关的提名，以居住地、工作地、服役地、学习地为单位组成的选民联合的提名，上届地区委员会的提名，来组成地区选举委员会。如果俄联邦主体选举委员会在特定的期限内没有组成地区选举委员会，或者地区选举委员会的成员人数尚不足时,由俄联邦中央选举委员会负责完成。

如果一个行政辖区单位内选民数量多,俄联邦主体选举委员会可以经俄联邦中央选举委员会同意后决定设立几个地区委员会。

俄联邦主体选举委员会有权设立一个或者几个地区选举委员会来领导设立在船舶、极地考察站上的选区委员会的工作。

俄联邦中央选举委员会有权设立一个或者几个地区选举委员会,领导设在俄罗斯联邦境外的选区选举委员会和选区全民公决委员会的工作。

地区选举委员会在其管辖范围内负责监督公民选举权和全民公决参加权的保障情况;保障选举委员会工作必需的技术设备的正常运转;在管辖范围内采取措施组织和举行选举、全民公决活动,发展俄罗斯的选举制度等。地区选举委员会为下级委员会提供方法指导和组织技术方面的援助;听取俄联邦主体权力执行机关和地方自治机关关于筹备和进行选举问题的报告;受理解决下级委员会作为(不作为)的申诉(申请)并作出相应决定。

(六)投票点选举委员会

投票点选举委员会是在选举活动进行时为了保证投票和计算选民票数顺利进行而在一定期限内设立的。具体的期限取决于选举的种类。如果是国家杜马议员的选举,投票点选举委员会要在投票日前23—30天内设立。2002年联邦法律规定,投票点选举委员会的职权终止期限是统一的——自正式公布选举结果之日起10日后,但前提是上级委员会没有收到针对该选举委员会因作为(不作为)导致投票秩序和选票计算程序被破坏的投诉、申诉,或者这类事实没有进入司法程序。如果对投票结果有异议和申诉的,投票点选举委员会的职权延续到上级委员会或者法院针对该异议或申诉作出最终裁决之时。

投票点选举委员会中有表决权的成员人数由法律规定。例如,国家杜马议员的选举中,委员会的人数取决于在选区内登记的选民数量:选民在1 000人以内的（包括1 000）为3—9个有表决权的成员；选民人数在1 001—2 000人的为7—12个成员；选民人数在2 000人以上的为7—16个成员。

上级委员会根据在国家杜马、俄联邦主体代表机关、地方自治代表机关有席位的政党的提名（按照这种提名任命的成员占一半以上），地方自治代表机关的提名，以居住地、工作地、服役地、学习地为单位的选民联名的提名，组成投票点选举委员会。如果相应的选举委员会在规定的期限内没有组成投票点选举委员会，则上级选举委员会有权组成该委员会。

投票点选举委员会负责向居民告知投票点选举委员会的地址、联系电话和工作时间，以及投票日期、时间和地点；核对和公布选民名单，受理对名单异议的申请并解决选民名单的更正问题；保障投票场所、投票箱和其他设备的正常使用；负责向选民告知从上级委员会获取的有关登记的候选人和提出候选人名单的选举联合的相关信息；监督选区内竞选宣传和全民公决宣传的秩序；出具注销证明；投票日在选区内组织投票，必要时组织预先投票；计算选票，确定并通告选区内的投票结果，编写投票结果记录表并将其移交给地区选举委员会；在自己的职权范围内受理违反选举法的申诉（申请）并作出合理的决定；如发现违法情况，制作行政违法笔录（为此应准备相关材料）并根据行政违法的相关规定将笔录移交至护法机关或者法院；负责保管并向上级移交选举筹备和进行工作的相关文件。

二、选举委员会的组织工作

根据选举立法的规定，委员会的工作采取集体合议制。各委员会在人数达到法定人数的2/3以上即可行使相应职权。

如果是常设性的委员会，在有表决权的成员任命决定下达之后15日内召开第一次会议。此时，已经任命的委员会组成人员应当不少于选举委员会成员的2/3。自新一届委员会的第一次会议举行起，上届委员会的职权终止。委员会职权期限从其第一次会议之日起计算。

俄联邦主体选举委员会主席根据俄联邦中央选举委员会的提名，在联邦主体选举委员会第一次会议上，由具有表决权的成员不记名投票选出。

市政选举委员会主席在该委员会的第一次会议上，由具有表决权的成员不记名投票产生。通常按照两种方式：一种是由俄联邦主体选举委员会提名；一种是在俄联邦主体选举委员会没有提名的情况下，根据有表决权的市政选举委员会成员的提名进行选举。

上级选举委员会在确定代表它自身利益的下级选举委员会主席候选人时起着决定性的作用；并且如果提名的主席候选人落选，上级委员会应当从有表决权的委员会成员中提名新的候选人。

选区、地区和投票点委员会的主席由上级委员会从有表决权的成员当中直接任命和免职。这就表明，这几种委员会的成员本身没有任何权利推选主席的候选人——既不能够自己选择，也不能根据上级委员会的建议来选择。

委员会的副主席和秘书由委员会有表决权的成员在第一次会议上不记名投票选出。

委员会的会议由委员会主席视情况召集。根据1/3以上有表决权的委员会成员的要求必须召开会议。有表决权的委员会成员有义务出席委员会的所有会议。中央选举委员会有表决权的10名以上成员参加委员会会议时，该委员会才具有合法权力。其他选举委员会半数以上有表决权的成员参加委员会会议时，该委员会才具有合法权力。

对属于委员会职权范围内的事项以及委员会议事日程的事项，每个委员会成员以及出席该委员会会议的上级委员会成员都有权要求委员会进行投票表决。

关于选举、任命或者罢免委员会主席、副主席、秘书的决定，以及关于上述职务候选人推选、选举和全民公决筹备和举行的资金保障问题的决定,以及候选人登记、候选人名单登记、向法院申请撤销上述登记的决定,关于投票结果或者选举结果、全民公决结果的决定,关于确认选举、全民公决未举行或者无效的决定,关于进行再次投票或者复选的决定,关于取消下级委员会决议的决定,都是在委员会会议上由有表决权的成员多数票通过才能作出。关于罢免委员会主席、副主席、秘书职务的决定应通过委员会不记名投票作出(自己申请辞职的情况除外),而选举新的委员会主席、副主席和秘书按照前面提到的程序进行。

其他事项的决议由出席会议的有表决权的成员多数票通过作出。

委员会在作决定时,如果出现有表决权的委员会成员所投的"赞成"票和"反对"票数相等的情况,则由委员会主席(会议主持人)作出最终决定。

俄联邦中央选举委员会、俄联邦主体选举委员会、市政选举委员会、地区选举委员会都是常设性的法人,具有相应的部门,其机构和编制均由上述委员会独立确定。

三、选举委员会成员的地位

选举委员会的组成人员中包括有表决权的委员会成员和有发言权的委员会成员。前者不仅参加选举委员会会议并参与讨论问题,而且在选举委员会作出决议时享有表决权;后者有权出席选举委员会会议,参与问题的讨论,提出建议,但是当委员会要做出决定时,无权表决。

至于由谁来任命选举委员会有表决权的成员,前面已经提到,选举委员会有发言权的成员由代表的候选人、选举联合、政党来任命。

2002年的联邦法律(第29条第1项)规定,下列人员不能担任有表决权的委员会成员:(1)不具有俄联邦国籍的人,具有外国国籍或在国外享有永久居留权的俄联邦公民;(2)被法院的生效判决确定为无民事行为能力人或限制民事行为能力人;(3)未满18岁的俄罗斯公民;(4)国家立法权力（代表）机关的代表以及地方自治机关的代表;(5)当选的公职人员、俄联邦主体执行权首脑、地方行政机关的首脑;(6)法官、检察官;(7)在相应的选举中——候选人及其全权代表和代理人,推选候选人的选举联合的全权代表和代理人;(8)在相应的全民公决中——举行全民公决倡议小组的成员及其全权代表;(9)在相应的选举和全民公决中——委员会中有发言权的成员;(10)在相应的选举中——候选人的配偶及其近亲属,候选人配偶的近亲属;(11)受候选人直接领导的人;(12)法院判决从委员会组成人员中除名的人,以及因为委员会解散而失去职权的人(法院已经确认不存在过错的人除外)在5年内不得担任委员会中有表决权的成员;(13)有犯罪前科的人,以及因违反选举法和全民公决立法规定在司法程序中被判处行政处罚的人,自法院作出的行政处罚判决(决定)生效之日起1年内不能担任委员会中有表决权的公民。

如果候选人已经被推选出或者在其他选区进行登记了,第29条第1项第(8)、(12)和(13)的规定不适用于投票点选举委员会、地区选举委员会和选区选举委员会成员。

在同一选举中,一个选举委员会有表决权的成员不能同时担任其他委员会有表决权的成员。

通常情况下,选举委员会中有表决权的成员的权限与他所在的委员会的权限同时终止。但是权限也可能根据委任委员会成员的机关的决定提前终止:或者因为委员会成员书面申请辞去职务;或者出现了前面提到不能担任选举委员会中有表决权成员的情况。

在下列情况,权限立即终止:选举委员会的成员因取得了他国国籍或者在他国境内获得永久居住权而丧失俄联邦国籍的;选举委员会成员因违反选举法或者全民公决立法被法院判处行政处罚的判决或裁定生效的;选举委员会成员被法院认为是无行为能力人、限制行为能力人、宣告失踪或者宣告死亡,且判决生效的;委员会成员死亡的;根据相应选举委员会的申请,选举委员会成员被法院认定玩忽职守且判决生效的。

有表决权的委员会成员当选举委员会解散时，其职权也随之终止。

如果委任委员会成员的机关在一个月内没有做出关于终止委员会成员职权的决定，而在选举期间，自委员会成员书面辞职申请送至该机关或者上述不能履行职责情况出现之日起10日内该机关未作出关于终止职权的决定，那么就由成员所在的委员会在上述期限届满3日内作出终止职权的决定。

前文所述，俄联邦中央选举委员会成员和俄联邦主体选举委员会的主席都要求受过高等职业教育。而对于其他（各级）选举委员会有表决权的成员来说，法律并没有在教育水平上做出专门规定。

至于俄联邦中央选举委员会主席、副主席和秘书，以及俄联邦主体选举委员会主席、副主席和秘书，如前所述，均为常任（在编）工作人员。其他作为常设法人的选举委员会主席也是常任（在编）工作人员。

俄联邦中央选举委员会其他有表决权的成员事实上也都是委员会的在编工作人员。对于俄联邦主体、市政、地区选举委员会有表决权的成员是否为在编工作人员以及他们的工资形式和数额都是由俄联邦主体的法律、其他规范性文件、市政章程、地方自治机关的规范性文件来确定的。

中央选举委员会的在编工作人员担任俄罗斯联邦国家职务。其他选举委员会的成员相应地担任国家职务或者市政职务。

对于另外有本职工作的有表决权的选举委员会成员从事组织和举行选举和全民公决的工作，额外支付报酬。凭借委员会出具的证明，他们可以在选举和全民公决的筹备和进行期间脱离其本职工作。在此期间，为他保留职位，并提供相应的生活保障。

有表决权的委员会成员在其职权终止以前，有发言权的委员会成员在选举期间以及全民公决期间，其雇主不得将其开除或未经其同意调离工作岗位。

选举委员会成员在承担刑事责任和行政责任时有特殊的保障。针对有表决权的委员会成员所犯的刑事案件立案决定以及有表决权的委员会成员作为刑事案件的被追诉人追究其责任的决定,必须要由俄罗斯联邦主体的俄罗斯联邦检察院侦查委员会侦查机关的负责人作出。若在审判前对选举委员会有表决权的成员采取强制拘留,必须经俄罗斯联邦主体的俄罗斯联邦检察院侦查委员会侦查机关的负责人同意。未经俄罗斯联邦主体的检察长同意,不得按照司法程序对有表决权的委员会成员进行行政处罚。

针对俄罗斯联邦中央选举委员会中有表决权的成员、俄联邦主体选举委员会的主席作出的刑事案件立案的决定,以及针对上述人员作为被追诉人追究其责任的决定,都要由俄罗斯联邦检察院侦查委员会主席作出。对俄联邦中央选举委员会中有表决权的成员、俄联邦主体选举委员会主席强制拘留,必须经俄罗斯联邦检察院侦查委员会主席同意。未经俄罗斯联邦总检察长的同意,不得按照司法程序对俄联邦中央选举委员会有表决权的成员、俄联邦主体选举委员会主席进行行政处罚。

自选举委员会向候选人、推荐候选人的选举联合出具登记的文件之日起,该候选人和选举联合都有权在其登记的选举委员会和下级选举委员会中委任一名有发言权的委员会成员。推荐已经登记在录的候选人的选举联合还有权在组织相应选举的选举委员会中委任一名有发言权的选举委员会成员。

当选的公职人员、在部队及军事机构中任指挥员职位的军官、法官、检察官、选举委员会各部门的工作人员、候选人及选举联合的代理人,不能被委任为有发言权的选举委员会成员。

2002年的联邦法律(第29条第22项)规定,除下列权利外,在组织和进行选举的有关问题上,有发言权的委员会成员享有与有表决权的委员会成员同等权利:(1)发放、登记选票及注销证;(2)参与选票的分类、计算和注销工作;(3)制作投票总数记录、选举结果记录和全民公决结果记录;(4)参与选举委员会在解决相应选举委员会职权问题上的表决及签署委员会决议;(5)制作选举违法记录。但是有发言权的委员会成员有权出席上述活动。如果候选人及候选人名单在选举中获胜,并且相应的选举委员会又是常设性机构,那么他们在选举委员会中委任的有发言权的成员的职权一直持续到下次选举中候选人和候选人名单登记结束时。其他有发言权的选举委员会成员的职权至选举结果公布后30日终止。

如果选举委员会仅在当次选举中行使权力,选举结束后其权限终止,那么该选举委员会的两类成员的职权随选举委员会的职权同时终止。

当然,选举委员会中有发言权的成员的职权也可能根据委任该成员的某个人或者机关的决定而终止,或是转移给他人。

四、选举委员会的解散

根据联邦法律《基本保障法》第31条的规定,选举委员会在下列情形下由相应的法院解散:

(1)委员会侵犯了公民的选举权和全民公决的权利,导致俄联邦中央选举委员会和俄联邦主体选举委员会根据法定程序(其中包括根据法院的判决)确认相应区域内的投票结果无效或者选举无效以及全民公决无效;

(2)委员会不履行法院及上级委员会的判决或裁定,不履行俄联邦中央选举委员会、俄联邦主体选举委员会、市政选举委员会的决议;

(3)选举委员会不履行其进行选举的相应职责,由此被迫组成临时的选举委员会。

向法院提交解散申请的方式如下:

(1)联邦委员会成员或者国家杜马议员总数1/3以上联名可以向法院申请解散俄联邦中央选举委员会;

(2)联邦委员会成员或者国家杜马议员总数的1/3以上联名,或者俄联邦主体国家权力立法(代表)机关1/3代表以上联名,或者选举产生的该立法(代表)机关的两院中任意一院的1/3以上代表联名,或者俄联邦中央选举委员会可以向法院申请解散俄联邦主体选举委员会；

（3）俄联邦主体国家权力立法（代表）机关1/3以上代表联名，或者选举产生的该立法（代表）机关两院中任意一院的1/3以上代表联名，或者相应市政代表机关1/3以上代表联名，以及俄联邦中央选举委员会、俄联邦主体选举委员会、市政选举委员会可以向法院申请解散选举俄联邦主体权力立法（代表）机关、市政代表机关的选区选举委员会，以及市政选举委员会、地区选举委员会和投票点选举委员会。

关于解散选举委员会、全民公决委员会的申请可以自选举活动或全民公决活动结束后3个月内向法院提出。关于解散其他委员会的申请可以在投票日的30天以前向法院提出，或者自选举活动或全民公决活动结束后提出，但最晚不得超过委员会解散事由出现后的3个月。在进行第二轮投票时，关于解散投票点选举委员会的申请可以在投票结果确定后、第二轮投票举行前7日内向法院提出。

对于解散选举委员会的申请，法院应当立即审理，并在14日内作出判决，如果提交申请的时间正好处于选举活动或全民公决活动期间，判决应当自提交申请之日起3日内作出。法院审理解散选举委员会的案件时，采取合议庭的方式。

如果法院判决解散俄联邦中央选举委员会，那么将重新组成俄联邦中央选举委员会。其他各级选举委员会如果是在选举活动或者全民公决活动期间解散的，则由上级选举委员会组成临时的选举委员会。当选举活动或全民公决活动结束时，按照法定程序组成选举委员会。

选举委员会的解散不直接导致相应委员会中有发言权的成员权利的终止。

参考文献

比克塔吉罗夫·尔·特、阿德洛夫·阿·恩：《俄罗斯中央选举委员会及其机构组建和工作的法律基础》，《俄联邦中央选举委员会公报》2006年第2期。

布津·阿·尤:《俄罗斯联邦选举委员会法律地位问题》,法学副博士论文,莫斯科,2004年。

韦尔亚舍夫·奥·尤、比克塔吉罗夫·尔·特:《俄罗斯联邦中央选举委员会的国家法律地位》,莫斯科,2006年。

沃尔科娃·尔·德、马捷伊科维奇·姆·斯:《俄罗斯联邦选举委员会组织和工作的法律调整问题》,秋明,2002年。

戈里希纳·姆·弗、拉乌特基娜·恩·伊、米罗诺夫·恩·姆:《市政选举委员会的地位》,《选举杂志》2005年第3期。

杜布罗维娜·耶·普:《选举委员会的组建问题》,《俄联邦中央选举委员会公报》2002年第5期。

伊万琴科·阿·弗:《俄罗斯联邦选举委员会:历史、理论、实践》,莫斯科,1996年。

伊格纳捷恩科·弗·弗:《选区选举委员会组织工作的法律基础》,伊尔库茨克,2003年。

马雷舍夫·弗·阿、拉乌金·弗·阿:《必须完善选举委员会的组建程序》,《俄联邦中央选举委员会公报》2001年第8(122)期。

米罗诺夫·恩:《俄罗斯选举委员会制度:选举程序中的发展趋势和作用》,《比较宪法观察》2007年第2(59)期。

波列夫·弗·阿:《选举委员会独立性问题》,《选举杂志》2003年第2期。

第六节 候选人及候选人名单的提出

一、概 述

候选人的提出是某一候选人或者候选人名单表明其参加当次选举意愿并作出声明的选举程序。

如果选举是按照多数制选举来进行的,那么在选区内就会有特定的公民被推选成为候选人;如果选举是按照比例制选举进行的,在选区内就会提出候选人名单。

随着俄罗斯选举制度的转型,下列个人或组织享有提出候选人的权利：(1) 公民：在选区内推荐自己做候选人(自荐候选人);(2) 公民小组（选民小组）：在选区内提出自己的候选人;(3) 政党及其他社会团体：比例制选举中提出候选人名单参加选举，特定选区中提出候选人参加选举（也可以将他们组成名单）。

随着选举立法的发展，如果大选区选举能够保留下去，那么自荐候选人的权利也就保留下来，只是要求候选人应该提供自己的相关信息（后文将详细说明）。

立法者过去没有规定选民小组提出候选人的权利，因为单独的候选人能够把自己的拥护者召集到一起收集选民签名并在登记的时候将自己作为他们的代表，在某种程度上这也就是支持他的一个群体。但是2002年的联邦法律还是做了一定铺垫——在第34条第2项中规定："联邦法律可以做出规定，为支持自荐候选人，也应该组成有一定数量参加人的选民小组。"

社会团体提出候选人的权利经历了一个比较艰难的过程。最初，只要是社会团体就能享有这项权利（此处与政党一样）。但是很快就发现，由于没有限制，使得40多个社会团体加入选举活动中来，这种情况干扰了选民的判断。并且在这些社会团体中出现了所谓昙花一现的组织，他们在选举前成立，通过选举为自己宣传，没有什么成绩，选举结束后就立即从政治舞台上消失了。此外，这种轻而易举就能参加选举的情况导致那些本来从其名称、目的来看更趋社会性、文化性的社会团体向政治化的方向发展。

立法者为了限制选举参与者的范围，1998年在立法中引入了"政治性社会团体"的概念，主要指在章程中明确了自己的政治目的、参加选举、影响国家权力机关和地方自治机关的那些社会团体。但是收效甚微，因为大多数社会团体都在自己的章程中规定了其政治倾向。

在2001年联邦法律《政党法》通过时，没有使用"政治性社会团体"的概念，提出候选人的权利也仅仅赋予了政党。

但是这样又产生两个问题。

其一，社会团体（该团体是否带有政治性已经不重要）失去参加选举的权利，尤其是提出候选人的权利，这在很多组织中引起强烈的不满情绪，因为他们对谁掌握政权并非漠不关心，因此他们还是希望能够提出自己的候选人并进行宣传。

其二，可以说，政党在联邦层面上以及某些俄联邦主体一级是选举当之无愧的参加者，因为在联邦一级和某些俄联邦主体中，政党是非常活跃的。但并不是所有的俄联邦主体都有党派。所以，立法者逐渐倾向于把国家杜马议员的选举和俄联邦总统的选举打造成"政党"型的选举，同时又不使政党以外的其他社会团体脱离国家杜马议员和俄联邦总统选举的其他选举（是否是暂时性的？）。

解决国家杜马议员选举的相关问题是非常复杂的。如前所述，尽管2001年以社会团体的名义提出候选人的权利仅赋予给了政党，但在2002年，立法者允许在国家杜马议员的选举中成立由三部分组成的选举联盟——一个政党和两个全俄性质社会团体或者两个政党加上一个全俄性质的社会团体。此时，社会团体并没有取得提出自己候选人的权利，他们只是向联盟提出自己的建议，最终的决定权还是交给联盟。但是到了2003年，当某些社会团体参与下届杜马选举的筹备工作时，立法者作出规定：只有政党才能组成选举联盟参加国家杜马的选举。这样就排除了社会团体以选举联盟的方式参加国家杜马议员选举的可能。而在2005年的国家杜马议员选举法中并没有规定选举联盟，而是规定每个政党都以自己的名义提出候选人名单，争取自己的胜利。

随后立法者又开始倾向于在俄联邦主体一级的选举中仅规定政党（就是存在于联邦主体的政党派别）是该选举的参与者。只是在地方自治的层面上，政党以外的其他社会团体才有权参与选举活动。并且，如前所述，按照2008年12月5日俄联邦总统向联邦会议所作的国情咨文中所倡议的，在2009年，在立法上提高这些社会团体的地位，在市政代表机关代表的选举中,党派可以与社会团体共同协商提出一份共同的候选人名单,其中15%的名额是由社会团体提出的。

2009年4月5日,联邦法律《基本保障法》第2条第25项相应地修改为:"选举团体就是根据联邦法律有权参加选举的政党和根据联邦法律有权参加一定层级选举的政党的区域分部或派系。"在单名制选区和(或者)多名制选区进行市政代表机关代表选举以及市政首脑的选举时,其他社会团体以及该社会团体的派系也是选举团体,要求在该社会团体的章程中规定其参与选举的意向并且该社会团体是以社会组织或者社会运动的形式创立的,并且根据法律在相应的选举或更高级别的选举中进行登记。同时,上述社会团体包括在社会团体的章程中修改及补充其参加选举的规定,应该在投票日前一年登记注册,如果是由于地方自治机关提前终止权限而进行的选举,则应该在投票日前6个月登记注册。对于社会团体章程中的其他修改和补充不适用上述期限的规定。

显然,法律没有禁止社会团体在这一级别的选举中单独提出自己的候选人。

如此一来,如果是政党或其他社会团体单独提出候选人,那么在选举期间就把他们称作选举团体。如果是前面提到的同其他团体共同提出候选人,则他们共同称为选举联盟。但是,"选举联盟"这一概念在2005年被从联邦法律《基本保障法》中删除。2009年,市政选举中出现的最新联合形式——政党和其他社会团体的联合则与选举联盟非常相似。

因此,目前有权提出候选人的有:

(1)俄罗斯联邦公民以自荐的方式提出。

(2)根据不同的选举种类——选举团体和政党可以提出候选人。

2002年的联邦法律规定了提出候选人及候选人名单的一般规则:

自荐候选人首先应当携带其最终收集的支持者签名向进行候选人登记的选举委员会告知其自我推荐候选人的事项;过去不需要收集支持者签名,而应该缴纳选举保证金(在市政选举中一个代表名额平均不超过1万个选民签名就可以不用缴纳选举保证金）；但是根据俄联邦总统在2008年11月5日提出的倡议，2009年2月9日出现了新的立法规定，选举保证金被从俄罗斯的选举立法中删除。

选举团体有权提出候选人及候选人名单。在单名制选区中选举团体有权提出一名候选人。在多名制选区中属于这个选区的一个代表席位可以提出一名候选人；政党根据联邦法律《政党法》提出候选人及候选人名单。其他社会团体及其区域或地方部门在其代表大会（会议）上以不记名投票的方式提出候选人及候选人名单，同时还要遵守联邦法律对政党提出候选人的其他要求。

在其登记的章程中标明参加选举目的的社会团体（社会组织或社会运动）是选举团体。社会团体只有在相应选举委员会确认其权利后才成为选举团体，通常选举委员会是从登记机关获取原始信息。

选举团体的名称就是相应政党或者其他社会团体在其章程中注明的名称。

关于提出候选人及候选人名单的特点将在下文进行论述。

二、自荐候选人

在单名制选区中，每个在特定选举中享有消极选举权的俄罗斯公民都有权提名自己为候选人。

公民可以根据相应的选举种类在一个选区中提名自己为候选人。提名候选人的公民应向相应的选举委员会书面告知其自荐的情况。自提交该书面通知之时起该公民就享有法律规定的候选人的权利和义务。在该书面通知中，该公民不仅需要表明自己要参加选举的愿望，还要承诺当选后终止一切与议员身份或其他当选职务不相符的活动。书面通知中要写明该公民的姓、名、父称、出生日期、出生地、居住地，护照或相关证明文件的序列号、号码和颁发日期，以及颁发护照或相关证明文件的机关名称或者代码,该公民的国籍、教育程度、工作地或担任公职所在地(如果未填写工作地或者公职所在地,则应填写职业类别)。如果候选人本身就是代表,但不是专职代表,那么在申请中应当注明相关信息和其代表机关的名称。候选人有权在申请中指明自己隶属于哪一个政党或者哪一社会团体,但该社会团体应当在投票日前一年按照法定程序予以登记,也有权指明自己在该政党、社会团体中的地位,在提交申请的同时,提交政党或社会团体现任领导机构确认的证明信。提交书面通知的同时,候选人还应提交护照或相关证明文件的复印件、教育程度证明文件的复印件、工作地或者任职地证明文件的复印件,担任职务(职业类别)证明文件的复印件,以及候选人是代表的证明文件。如果候选人有过犯罪记录,则应在书面通知中注明其犯罪前科的相关信息(再次重申,2006年新修改的立法中规定,犯有严重、特别严重、极端主义、种族主义犯罪的公民不能成为候选人)。过去候选人应当在书面通知中写明自己具有双重国籍并出具相应的文件;如今,如前所述,具有外国国籍或者在外国具有永久居留权的人无权当选。

此外,还应当向选举委员会告知候选人的收入额及收入来源,候选人(候选人名单中各候选人)的财产所有状况(其中包括共有财产状况),候选人的银行存款和有价证券等信息。上述信息按照联邦法律《基本保障法》附则规定的形式提交,如果联邦法律还规定了补充信息,则应提交补充信息。此外,联邦法律还可以规定要求提交候选人配偶的财产状况及其收入额和收入来源的相关信息。

俄联邦总统的选举中自荐候选人有以下特点:每个享有消极选举权的公民都有权推荐自己为总统职位的候选人;为了支持候选人自荐必须成立由数量不少于500个享有积极选举权的公民组成的选民小组。小组召开会议,登记小组参加人的会议记录应经过公证,如果该居住区没有公证机关,则由具有相应权限的权力执行机关的公职人员或者地方自治机关的公职人员作出公证。相对应的俄联邦主体选举委员会代表,以及俄联邦中央选举委员会的代表有权列席会议；自荐候选人自官方公布举行总统选举的决议之日起20日内向俄联邦中央选举委员会递交书面申请，申请中注明选民小组登记的情况，以及自己同意参加选举的申请，在申请中注明候选人的全部信息（此处适用关于竞选代表时提交的信息）；还要附带上总统职位候选人及其配偶选举举行前4年内（现在应当提交5年内）的收入额及收入来源的相关信息，候选人及其配偶财产所有（包括财产共有）的信息，银行存款、有价证券的相关信息，以及候选人及其配偶财产债务的相关信息。

在任何选举中，自荐候选人的书面通知和应当提交的文件都必须由候选人亲自提交到委员会。法律做出这样的规定是有原因的。曾经出现过这样的情况，为了给选举活动中最有希望获胜的人，制造人为的竞争（目的在于分散选票），也为了迷惑选民，就提出了所谓的"孪生候选人"，代替他们向选举委员会提交文件的看似是他们的代理人，实际上委员会根本就没有与这些候选人联系过，甚至都没有他们的照片。所以立法者要求候选人亲自提交文件。但这并没有杜绝孪生候选人的现象。法律规定，如果候选人患有疾病或者因有犯罪嫌疑或被指控犯罪而被拘留的，根据候选人的申请，文件可以委托他人代为提交。

相应地，选举委员会应立即出具书面证明，表明其已收到候选人同意参加选举的通知、申请和其他相关文件，这也是该候选人收集选民支持者签名的依据。

三、在单名制选区选举团体提出候选人

参加选举活动的选举团体有权在特定选区内提出候选人或者在该选区内作出提出候选人的决定。而且，在一个选区内他们有权提出一名候选人。

每当进行国家杜马议员选举，选举团体在选区内提出候选人的情况就相当多。候选人的提出要经过政党和选举联盟（选举联盟取消以前

的代表大会（会议）的决议确认。候选人名单中应该包括每个候选人参与竞选的选区名称和代码。政党和选举联盟根据其被授权机关的决议或者大会决议在投票日前55日经候选人同意可以变更单名制选区，该候选人初步被推选出来，向俄联邦中央选举委员会和相应的选区选举委员会提交书面通知，告知有关事项。法律允许将候选人列入联邦名单，同时又按照选区推选其为候选人。候选人名单向俄联邦中央选举委员会提交；名单后附有每个候选人同意在相应选区内参加选举的声明，以及其本人的个人信息。名单里面包含的候选人应向相应的选区选举委员会提交本人同意在单名制选区中参加选举的声明，并承诺当选后终止与国家杜马议员地位不相符的活动，并附上前述提到的个人信息。

随着选区制选举国家杜马的取消，上述实践也不复存在了。至于其他选举，按照地域以统一的名单从政党的分部中提出候选人在俄联邦主体一级还保留着，具体按照前文提到的要求实施。

四、提出联邦（地区）候选人名单

在比例制选举中，参与选举的选举团体决定提出一份候选人名单，这样就能够获得大量选票，参与相应代表权力机关席位的分配。

在国家杜马议员的选举中，通常提出一份联邦候选人名单，内部根据地区划分成组，此外，名单也可以包含全联邦的部分（详见下文）。在俄联邦主体立法机关代表的选举中，情况就不太一致：第一类主体中，提出一份名单，但名单中并不区分属于该主体部分区域的小组；在第二类主体中，必须划分成组；在第三类主体中，可以划分，也可以不划分（这由党派酌情处理）。在市政选举中，对整个市政区域内有统一的候选人名单。

接下来探讨在国家杜马议员选举中提出候选人名单的基本规则。这些候选人名单对全国来说是统一的，因此也称为联邦候选人名单，只有政党有权提出。政党在联邦选区（也就是全国）内提出的候选人总数不能超过600人（国家杜马议员选举法第36条第22项）。

关于联邦候选人名单提出的决议是在政党的代表大会上以不记名投票的方式作出的。联邦候选人名单候选人的选拔程序和不记名投票的进行程序由政党章程明确规定。

自官方公布（宣布）举行国家杜马议员选举决议之日起10—30日内在政党的代表大会上提出联邦候选人名单。

政党有权在联邦候选人名单中列入本不是政党成员的人。这样的人不能超过候选人名单中候选人总数的50%。但是政党无权将其他党派的成员列入候选人名单当中（也就是说，这样的候选人都应该是无党派人士，很多人都是宣布退出某一党派，但还没有加入列他为候选人的党派）。

联邦候选人名单根据俄联邦主体、俄联邦主体小组、俄联邦主体部分地区（整个或者部分）划分为区域性候选人小组（国家杜马议员选举法第36条第9项）。政党有权决定俄联邦领土外的选民所投的赞成联邦候选人名单的选票都属于某一区域小组。起初，国家杜马议员选举法规定，党派成立100个以上的区域小组，但到了2007年，这一数字有所降低（第36条第19项）——80个以上（也就是说只能多不能少）。联邦候选人名单的区域部分应该涵盖所有的俄联邦主体，也就是说作为一个参加选举的全俄性组织的政党必须在全国范围内提出自己的候选人。

与候选人区域小组相对应的俄联邦主体小组所属的地域范围内登记的选民数量不能超过300万。与候选人区域小组相对应的俄联邦主体辖区部分登记的选民数量不能少于65万。当主体全部辖区登记的选民数量超过130万时，候选人的区域小组可以与俄联邦主体的辖区部分相对应。

俄联邦中央选举委员会应当最迟于确定国家杜马议员选举期限届满前20日划分俄联邦主体辖区部分的范围，使之与候选人区域小组相当，并公布上述辖区的示意图，包括辖区名称及所属的行政区划或市政或居民区（如果俄联邦主体的辖区部分含有行政区划、市政以及居民区的部分区域，在列表中就应当说明所包含的该行政区划、市政以及居民区的界限范围）。

在2007年12月的国家杜马议员的选举中，并没有为了成立一个区域小组而组成几个俄联邦主体的联合区域。根据2007年8月8日的俄联邦中央选举委员会公报，俄联邦主体都是一个整体，也就是没有划分成区域小组那样的地区。26个俄联邦主体的行政区域被划分为几个部分（其中包括3个共和国、6个边疆区、15个州和2个联邦市）。8个俄联邦主体至少分成两个部分，莫斯科分得最多，有10个。一共是94个部分。这样就建立了153个区域小组。社会正义党的区域小组数量最多，有109个，"统一俄罗斯党"区域小组的数量最少，有83个。

与候选人的区域小组相对应的俄联邦主体辖区部分的界限划分是由中央选举委员会按照以下要求进行的（国家杜马议员选举法第36条第14项）：（1）在俄联邦主体区域内登记的选民数量除以65万。按照这种划分方法得出来的整数就是俄联邦主体划分出来的辖区数；（2）俄联邦主体辖区部分应该大致与允许误差范围内的登记的选民数量相当，该俄联邦主体其他各辖区登记的选民数量允许的误差不超过15%。还要考虑俄联邦主体的行政区划和市政的行政范围。如果市级区的行政范围内有65万以上的选民登记，那么该市级区就可以分成两个俄联邦主体辖区部分。同时，其中一个只含有该市级区。如果在该市级区登记的选民有65万以下、30万以上，那么该市级区就不能划分俄联邦主体辖区；（3）该俄联邦主体内地区和地区之间不接壤的，不允许成立俄联邦主体的辖区部分；（4）俄联邦主体辖区部分的名称应当包含相应俄联邦主体的名称。

在联邦候选人名单中，一个俄联邦主体，包括纳入俄罗斯联邦主体小组的俄联邦主体，或者一个俄联邦主体辖区部分应该至多对应一个候选人区域小组。

不允许把联邦候选人名单分成与不交界的辖区相对应的候选人区域小组，除非俄联邦主体与其他俄联邦主体之间不交界，或者俄联邦主体的一个辖区与该联邦主体的其他辖区不交界。

这样，所有候选人区域小组（对应于俄联邦主体、俄联邦主体小组、俄联邦主体辖区部分）就构成了联邦候选人的区域部分。在联邦候选人名单中每个区域小组都有一个序列号，表明每个区域小组对应哪个俄联邦主体、俄联邦主体小组、主体区域部分或者俄联邦主体辖区部分的小组。

也有联邦候选人名单的全联邦部分。这是名单中的重要部分，通常将党的"核心人物"也就是领军人物列入这部分。选民正是因为更相信这些候选人，才倾向于赞成该份联邦名单。以前规定全联邦部分列入12名候选人，后来这个数字增长到18人。目前只剩下了3名候选人。因此，党内那些积极分子千方百计地说服相应主体（区域）的选民赞成该党及其区域名单，达到最终进入国家杜马的目的。

自官方公布举行国家杜马议员选举的决议之日起30日内政党的全权代表向俄联邦中央选举委员会提交联邦候选人名单。在联邦候选人名单中要标明每位候选人的姓、名、父称、出生日期、出生地、居住地，护照或者相关证件序列号、号码和颁发日期、颁发机关的名称或者机关代码，教育程度、工作地或任职地（没有工作地或任职地时标明职业类别）；如果候选人本身是代表但不是专职代表的，相关信息以及相应代表机关的名称也要标明；如果候选人曾有过犯罪记录，在联邦候选人名单上要标明犯罪记录的相关信息。候选人根据自己的意愿在联邦候选人名单上注明其所属党派或者某一社会团体，但是该社会团体应当最迟于投票日前一年依照法定程序登记，也可以注明他在这个政党或者社会团体中的地位，但是要提供相应政党、社会团体领导机构出具的有关上述信息的证明文件。

政党的全权代表还要提供以下文件：

（1）联邦候选人名单中包括的每个候选人的声明，表明其同意作为该联邦名单的一部分参加选举，承诺当选后终止一切与国家杜马议员身份地位不相符的活动。声明中要写明姓、名、父称、出生日期、出生地、居住地，护照或相关证件的序列号、号码和颁发日期，以及其他前面提到的个人履历信息。如果候选人有过犯罪记录，那么要在声明中提供该犯罪记录的相关信息。在此要强调一点，候选人只能是俄罗斯联邦的公民，如果有双重国籍或者在国外具有永久居留权就不能被提名候选人。候选人有权在声明中表明对推选其为候选人的政党的隶属性，或者隶属于某一社会团体，也可以表明他在该组织中的地位；

（2）提供关于每个候选人的收入额和收入来源，以及财产所有（包括共有财产）和银行存款、有价证券的相关信息。

俄联邦中央选举委员会在7日内审查提交的文件，核实无误的，向政党的全权代表出具联邦候选人名单的副本，或者拒绝上述名单，并说明拒绝的理由。通常情况下缺少某份必要的文件、违反提出联邦候选人名单的法定程序都可以成为拒绝相信联邦候选人名单的理由。对于拒绝相信联邦候选人名单的事实，政党可以向俄联邦最高法院起诉，最高院应当在5日内审理。

联邦候选人名单在提交给俄联邦中央选举委员会以后，对名单的组成以及候选人在名单中的排列顺序不能再加以变动，除非候选人本人申请退出，或者政党将候选人从联邦候选人名单中除名，或者候选人死亡，或者俄联邦中央选举委员会将候选人从联邦候选人名单中除名。一名候选人只能被纳入一个联邦候选人名单中。

五、收集签名

选举法中规定，应当收集选民签名以支持推选候选人及候选人名单。登记候选人和候选人名单，要求签名的数量符合选举法的规定。

2002年的联邦法律(第37条第1项)规定,签名数不能超过该选区登记选民总数的2%。确切数字则由相关法律规定。此外在联邦选举中一个俄联邦主体领域内选民签名的数额也由法律规定。

联邦国家杜马议员选举法曾规定(第39条),收集支持联邦候选人名单的选民签名应当不少于20万个,并且在一个俄联邦主体领域内不得多于1万个,在收集到的选民签名中,常居国外的选民总数不能超过1万。如果在最后一次的选举中获得相当多选票的政党直接参与了议员席位的分配(也就是7%以上),那么在下一届的选举中就不需要再收集选民签名。

但是2009年2月9日、5月12日和6月3日分别对联邦法律作出了重大修正。目前有下列情形的,没有选民签名也可以进行杜马选举登记:(1)超过7%最低得票数的政党直接可以分配代表席位;(2)在最后一轮的杜马选举中没有达到7%最低得票数,但获得了5%的选民投票,在杜马中可以获得1—2个代表席位;(3)候选人名单参与1/3以上俄罗斯联邦主体国家权力立法(代表)机关代表席位分配的政党(在国家杜马选举举行前进行的选举)。

还规定,第六届国家杜马议员选举(也就是2011年"计划内的"选举——C.A.阿瓦基扬注)中,政党收集支持其联邦候选人名单的选民签名不能少于15万个。在下一届的国家杜马议员选举中该政党必须收集12万个以上的选民签名。不论是第六届国家杜马议员的选举,还是下一届国家杜马议员的选举,在一个俄联邦主体收集的选民签名不得多于5 000个,而且这些选民的居住地都应当位于该俄联邦主体,同时还应当在一半以上的俄联邦主体中收集选民签名。如果在俄罗斯联邦境外收集选民签名,签名总数不能超过5 000个。

在提前选举中,所有列举的数字都减半。

俄联邦总统选举法规定,在自荐候选人的情况下(第36条第1项)要求收集200万以上的选民支持者签名。这些签名中,在一个俄联邦主体领域内不得多于5万个居住在该主体领域内的俄联邦公民的签名。如果收集境外选民的签名,则总数不能超过5万个。

如果总统职位的候选人是由政党提出的,那么根据2009年的新规定,在确定总统选举以前举行的选举中有下列情形的政党,其所提出的候选人不需要收集选民签名即可登记:(1)国家杜马选举中获得超过7%最低得票数的政党;(2)没有超过7%,但获得了5%以上选民的投票,并获得1—2个代表席位;(3)候选人名单参与1/3以上俄联邦主体立法机关代表席位分配的政党。

其余提出俄联邦总统职位候选人的政党应当收集选民签名。

自委员会收到提出候选人通知,并确认候选人名单的次日开始收集选民签名。收集选民签名有期限的限制,在规定的期限内,签名单和其他相关文件都应当向有关选举委员会提供,以便候选人及候选人名单进行登记。签名单制作费用由相应的选举基金支付。签名只能向候选人同意参加选举的选区内有积极选举权的选民收集。

法律禁止国家权力机关、地方自治机关、各种所有制形式的管理机关、有表决权的选举委员会成员参与签名的收集活动。在收集签名的过程中,不允许强迫选民,也不允许以报酬交换签名。收集签名按照居住地以及其他法律未禁止竞选宣传和收集签名的地方进行。禁止在发放工资、退休金、补助、助学及其他社会福利的过程中或发放地收集选民签名,也禁止在进行捐助活动时收集签名。

在收集选民签名时,年满18岁的有行为能力的俄罗斯公民都有权利收集选民签名。候选人和选举团体可以与收集签名的人签订合同。劳动报酬由相应的选举基金来支付。

签名单的形式由选举法根据不同的选举类型来确定。比如,在国家杜马议员的选举中(联邦法律第40条规定),签名单上要标明:投票日期、俄联邦中央选举委员会联邦名单的保证日期;收集选民签名所在地的俄联邦主体名称(或者在境外收集的标明外国的名称);提出联邦候选人名单的政党名称、联邦候选人名单中全联邦部分所包含的候选人的姓、名和父称，以及候选人区域小组的前3名候选人的姓、名和父称；政党及其地区分部专门开设的选举基金账户代码，由该账户支付签名单的制作费用。如果签名单上列举的候选人有过犯罪记录，那么在签名单上应载有相关信息。如果候选人明确表明自己对某一政党或者社会团体的隶属性以及他在该政党和团体中的地位，那么在签名单上也可以记录下相关信息。

制作签名单费用由政党的选举基金支付，支付的形式由选举法以附则的形式规定。在收集签名前制作签名单的费用就应该完全支付。

选民在签名单上填写自己的签名、填写日期，并写明自己的姓、名、父称、出生年份（在投票日满18岁的还要写明出生的月和日），护照或者相关证件的序列号、号码，以及护照或者相关证件上标明的居住地址。除选民的签名和填写日期外，上述信息可以由收集签名的人在签名单上填写，但上述信息必须手写。

法律规定，选民可以签名支持不同的候选人联邦名单，但其有权仅签一次名，支持一份候选人名单（因此，不需要从一个签名收集者走向另一个签名收集者，再填写签名支持自己喜欢的党，也即避免了过程的繁复）。

1999年对1997年联邦法律《基本保障法》进行了补充，规定：交纳一定数额的选举保证金，候选人和选举团体就可以不需要收集选民签名，候选人和候选人名单可以在相应的选举委员会直接登记。除了俄联邦总统的选举，其他类型的选举都可以适用选举保证金。

选举保证金的数额为相应选举基金法定支出最高限额的15%。俄联邦主体的法律可以降低保证金的数额，但不能低于选举基金支出最高限额的10%。

2002年的联邦法律最初将收集签名或者交纳选举保证金的选择权交给了候选人和选举团体。该法第38条规定，如果支付了选举保证金，是否收集和提交支持候选人、候选人名单的选民签名不是拒绝登记的理由；同样，如果收集了选民签名，是否交纳选举保证金也不是拒绝登记的理由。但是在2005年立法中增加了规定：要么收集签名，要么交纳保证金。在各类选举中（包括国家杜马议员的选举——2007年增补）相应的规则如下：如果政党向选举委员会提交签名单和其他必要文件后，又将选举保证金转至委员会的专有账户上，此时委员会应将选举保证金退还给该政党；如果该政党向指定账户交纳了保证金后，又提交了签名单，选举委员会就会拒绝接受签名单；如果是同时提交签名单和交纳保证金的，选举委员会更愿意接受保证金，而拒绝接受签名单。

选举保证金由相应的选举基金转账至选举委员会的专用账户。如果候选人当选、候选人名单参与席位分配，则保证金予以返还。如果登记的候选人没有当选，投票结果显示其所获得的参加投票的选民的选票少于法定数额，对于选举团体来说，他们未能参与分配代表席位，那么他们的选举保证金就划拨到相应财政预算的进项中。《基本保障法》规定，前面提到的法定选民票数，对于候选人来说，不能多于该选区内参加投票的选民总数的5%，而对于候选人名单来说，不能多于3%。国家杜马议员选举法规定，如果投票结果显示联邦候选人名单获得不少于参加投票的选民总数的4%的选民票数，或者能够参与代表席位分配，那么选举保证金应当自官方公布国家杜马议员选举结果之日起5日内予以返还。如果选举保证金没有返还，就由俄联邦中央选举委员会自投票日起60日内将其划拨至联邦预算的进项中。

上述提到的规则目前已经成为宪法历史的一部分。因为如前所述，在俄罗斯联邦总统的提议下，有关选举保证金的条款已经于2009年从俄罗斯的立法中删除。

参考文献

杜布罗维娜·耶·普：《政党是俄罗斯联邦选举活动的主体》，法学副博士论文，莫斯科,2004年。

耶雷吉娜·弗·伊:《俄联邦主体选举组成政党名单的地区问题》,《宪法和市政法》2007年第7期。

扎斯拉夫斯基·斯·耶、佐托娃·兹·姆:《政党参加选举的组织法基础》,莫斯科,2007年。

扎斯特罗日纳亚·奥·科:《政党参加地区选举的法律适用实践保障问题》,《选举杂志》2006年第6期。

拉帕耶娃·弗·弗:《选举联合的概念和法律地位》,《俄联邦中央选举委员会公报》1997年第11(53)期。

拉帕耶娃·弗·弗:《选举活动中的政治联盟:立法发展方向》,《俄罗斯法杂志》1997年第11期。

列别捷夫·弗·阿、坎达洛夫·普·姆、涅罗夫纳亚·恩·恩:《选举中的政党:经验、前景、问题》,莫斯科,2006年。

卢戈夫斯卡亚·姆·尔:《俄罗斯联邦政党参加选举活动的法律调整》,法学副博士论文,莫斯科,2003年。

涅罗夫纳亚·恩·恩:《俄罗斯政党参加选举的宪法基础》,法学副博士论文,车里亚宾斯克,2003年。

捷佩里克·阿·弗:《政党参加俄罗斯选举活动的宪法基础》,法学副博士论文,萨拉托夫,2000年。

第七节　候选人及候选人名单的登记

收集签名或者交纳选举保证金之后须进行候选人及候选人名单登记。由相应的选举委员会进行登记。比如,俄联邦中央选举委员会对俄联邦总统职位的候选人以及国家杜马议员的联邦候选人名单进行登记。

进行登记要提交下列文件:签名单(如果收集了选民签名)、签名收集情况记录、签名人的名单、候选人名单修改信息以及候选人个人资料的修改信息、候选人、选举团体的前期财务报告。

选举委员会在法定期间内,通常不超过10日,对候选人及候选人名单是否符合法律要求进行核实，并作出对候选人及候选人名单进行登记或拒绝登记的决定。

在同一选举中，候选人只能在一个选区内登记。如果某人在同一选举中由同一选举团体提出既作为单名制（或者多名制）选区的候选人，又作为候选人名单的组成人员，则登记的时候不受此规则制约。

2002年的联邦法律第38条（第24项）列举了拒绝候选人登记的几种情况：

（1）候选人没有消极选举权；

（2）政党没有按照《政党法》的要求提出候选人；其他社会团体没有按照《基本保障法》的要求提出候选人；

（3）向选举委员会提交候选人推荐申请和（或者）候选人登记申请时缺少相关文件；

（4）在即将召开选举委员会会议讨论候选人登记问题的前一天，发现文件有违反法律要求的情况；

（5）在即将召开选举委员会会议讨论候选人登记问题的前一天，发现文件遗漏了法律规定的相关信息；

（6）在候选人为登记提交的选民签名中，有10%以上的签名是在禁止收集地收集的；

（7）真实的选民签名数量不足或者抽验的签名中有10%以上的签名不符合标准或者是无效的签名；

（8）隐瞒了候选人有犯罪记录的事实；

（9）候选人没有建立选举基金（但没有必要建立选举基金的情况除外）；

（10）候选人在选举活动中，除其本人选举基金的资金外使用了其他资金，数额超过法律规定的选举基金支出最高限额的5%；

（11）选举活动中候选人使用经费超过法律规定的选举基金支出最高限额的5%；

(12)法院判决候选人在竞选期间有违反法律规定的行为；

(13)候选人屡次利用自己的职务便利；

(14)在当次选举中候选人同时在另一个选区登记候选人；

(15)法院判决候选人及其代理人和财务全权代表，以及候选人委托的他人或组织有收买选民的行为。

法律规定的拒绝登记候选人名单的情形基本上与上述列举的情形相同。拒绝登记候选人名单的情形有：在联邦选举中，辞去候选人身份的候选人数量占原候选人名单总数的25%以上；在俄联邦主体国家权力机关选举和地方自治机关选举中，辞去候选人身份的候选人数量占原候选人名单总数的50%以上，选举团体或者选举委员会决定除名的情形除外；候选人及其全权代表或者选举团体的代理人屡次利用自己的职务地位；由于候选人空缺使得候选人名单中候选人区域小组的数量少于法律的规定。法律这样规定的原因在于：拒绝登记的情形采取列举式，其他情况将不会导致拒绝候选人登记。

实践中候选人没有充分理由就退出登记的情况时有发生。对于类似情况，立法规定候选人和选举团体应当补偿选举委员会为此支出的费用。此外，一些必要的机制也应当明确。比如，2002年的联邦《基本保障法》规定投票前3日内候选人可以辞去候选人的身份。2005年这一规定得到修改，现在的规定是：自荐候选人有权于投票日（包括复选）前5日向其登记的选举委员会提交辞去候选人身份的申请，必要时于投票日前一日提交申请；选举委员会决定撤销登记。候选人名单中的候选人有权于投票日前15日提交申请，必要时于投票日前一日提交申请，据此选举委员会将其从候选人名单中除名。

法律规定，在一个选区提出候选人及候选人名单的选举团体的相应机构可以决定召回该候选人及候选人名单。决定作出后，应于投票日前5日向登记该候选人及候选人名单的选举委员会提出。此时，登记候选人及候选人名单的选举委员会应当决定撤销登记。选举团体可以召回自己在选区内提出的候选人。选举团体也可以从候选人名单中将某些候选人除名。

不得向选区的候选人名单中增加新的候选人（比如在国家杜马议员选举中向联邦名单中增加），也不得在候选人名单中调换候选人，除非是由于候选人空缺（包括除名）引起顺序变化所发生的调换。

在此要强调一点，选举中的竞争性原则要求参与竞选的候选人和选举团体要满足一定的数量。如果想竞选的人数很少，为了补充推荐候选人及候选人名单，将推迟投票的时间（如在国家杜马议员选举中，最多推迟3个月）。

第八节　候选人的保障及限制

民主选举的重要保障之一就是候选人平等。2002年联邦法律（第39条）规定，各候选人享有平等的权利，承担平等的义务，除非本法有特别规定。

此外，联邦法律的第40条还专门规定"职务地位的限制"，具体指担任国家及市政职务的候选人、在国家或市政机关工作的候选人、担任财产管理机关（政党除外）成员的候选人，以及在传媒组织工作的公职人员、记者、创作性工作人员出身的候选人，在选举活动中不能利用自己的职务便利。

多数候选人在参加选举时都会暂时放下其本职工作。代表、俄联邦总统（根据俄联邦宪法，临时履行俄联邦总统职责的俄联邦政府总理和作为俄联邦总统职务候选人登记的俄联邦政府总理）还会继续履行其职责，但此时禁止他们利用自己的职务地位。

俄联邦主体的法律可以规定，在地方自治代表机关的选举中，选区内选民的数量一定（不超过5 000选民），在国家机关任职的已经登记的候选人参加选举时可以继续完成其本职工作。

候选人以外的其他人、国家或市政的公职人员不可以利用职务便利提出和（或）推选候选人及候选人名单。

2002年的联邦法律（第40条第5项）列举了详细的清单，规定哪些行为属于利用职务便利的情况，包括：招募下属和亲密的人在公务时间从事推选候选人的活动；利用职务设备，如电话、传真及其他联系方式、信息服务、现代化办公设备、交通工具等进行竞选宣传和全民公决宣传；担任国家或市政公职的人员利用公务出差之便收集选民签名、进行竞选宣传；以候选人的名义发表有利于候选人及候选人名单的宣传演出、发行祝词及其他材料等。

同时，立法还为已经登记的候选人活动提供保障。自候选人登记之日起，至官方公布选举结果之日止，候选人工作、任职、学习单位的行政部门有义务根据已经登记的候选人的申请，在上述期间内任意一天、任意时间停止工作、停止履行职务和暂停学业。

已经登记的候选人在选举进行期间不能被其工作单位的管理部门（雇主）开除、解聘，不能被教育机构开除，在未经候选人本人同意的情况下不能被调职，不能被派出差，不能被召入伍或被派去担任文职。

已经登记的候选人参加选举的时间计入候选人登记前工作专业的总工龄。候选人参与选举的类型不同，其获得的交通补贴也不同。

候选人在刑事侦查和行政违法侦查方面享有一定的保障。根据2007年7月24日修订的《基本保障法》第41条第4项的规定，针对已经登记的候选人提起刑事案件的决定，以及刑事案件中将其作为被控诉人的决定，都要经过俄联邦检察院侦查委员会主席以及俄联邦检察院侦查委员会侦查机关负责人同意（对应着选举级别）。向法院申请对已经登记的候选人拘留的决定需经过俄联邦检察院侦查委员会主席以及俄联邦检察院侦查委员会侦查机关负责人的同意（对应着选举级别）。未经检察长（对应着选举级别)同意，不能对已经登记的候选人按照司法程序处以行政处罚。俄联邦检察院侦查委员会主席以及俄联邦检察院侦查委员会侦查机关负责人同意后，检察长应将此事通知候选人登记的选举委员会。

候选人和提出候选人及候选人名单的选举团体，有权委托代理人。根据候选人的书面申请(选举团体提交的书面申请)和公民本人提交的自愿担任代理人的申请，选举委员会应尽快对代理人进行登记。

比如，俄联邦总统职位的候选人有权委托600个以内的代理人，而提出候选人的政党有权委托100个以内的代理人，由俄联邦中央选举委员会对其进行登记。在国家杜马议员的选举中，政党可以委托500个以内的全权代表和1 000个以内的代理人，他们都由俄联邦中央选举委员会进行登记。

代理人从选举委员会获得证明文件，参与候选人及选举团体的选举活动，包括竞选活动。在代理权行使期间，如果代理人提出申请，代理人的管理部门(雇主)有义务为其提供不带薪的假期。委托代理人的候选人和选举团体有权随时召回代理人，并将此事通知选举委员会，由选举委员会收回出具给代理人的证明文件。

在某些选举中，代理人的权力很大。比如，在俄联邦总统的选举中，总统候选人的代理人有权委任下级委员会(选区委员会、辖区委员会)有发言权的成员并提前终止其职权。在自荐候选人收集选民签名时，其代理人有权签署签名单并参与签名的统计。在通过电视、广播进行竞选宣传、与选民见面的时候，如果候选人本人无法出席，代理人可以代替候选人参加。

参考文献

比克塔吉罗夫·尔·特：《代表候选人及其代表的法律地位》，《选举杂志》2003年第3期。

库钦·阿·斯：《候选人、选举联合的选举活动》，法学副博士论文，托木斯克，2006年。

斯特鲁扎克·耶·普：《俄罗斯联邦选举产生的机关及选举产生的市政和国家职务候选人的法律地位》，法学副博士论文，秋明，2003年。

第九节　选举资讯和竞选宣传

一、概　　述

选举法要求选举过程的相应参与人员保障公民真实、客观地获取选举信息。因此，2002年的《基本保障法》专门设置了第七章《保障公民选举信息和全民公决信息获取权和推广权》。

选举的信息保障包括选民的信息获得和竞选宣传，这能够促使公民充分表达自己的意志，同时也能够保证选举的公开。因此，选举的参与人员首先应当保障选民获取信息，然后才去保障候选人的竞选宣传。实践中常常更倾向于对宣传加大力度，号召选民给候选人投票，因此，很多人宁愿不参加选举。

国家权力机关、地方自治机关、选举委员会、从事信息媒体出版业的组织、个人和法人为选民提供信息。但这只是做一般的信息报道。法律禁止国家权力机关、地方自治机关向选民做有关候选人和选举团体的报道（第45条第1项）。这部分信息公民可以从选举委员会、信息媒体以及候选人本人和选举团体处获取。

关于选举的筹备和进行情况、选举活动的期限和程序、选举的相关立法情况，都是由选举委员会借助于信息媒体告知选民的。

有关候选人、候选人名单信息的宣传自提出之时起进行。2002年的联邦法律引入了一个词语"宣传期"，即从候选人或候选人名单被提出、开设相应的选举基金之日开始，或者进行全民公决时，倡议小组登记并开设相应的全民公决基金之日开始,于当地时间投票日前一天的零点时宣传期终止(第49条第1项)。

这样,竞选宣传从候选人或候选人名单被提出之时起就可以进行了。另外,此时宣传的对象就是想办法使选民支持候选人或候选人名单。而最关键的竞选宣传是从候选人或候选人名单在选举委员会登记以后才开始的。

法律禁止在投票日及投票日的前一天进行竞选宣传。该规定的价值在于:选前最后一天应该让选民恢复理智,让他们从竞选的广告中"喘口气",客观判断候选人或候选人名单的优势与不足。而在投票当天,选民不应该再受到竞选鼓动的影响,因为我们的选举是自由的选举。

在投票当天,投票结束前,在选区的范围内,禁止公布(公开)选举结果的资料,包括将这些资料发布在电视信息公共网络上(包括互联网)。这条禁止性规定的目的在于排除对那些准备去投票的选民的干扰(比如,在俄联邦总统的选举中,全国范围内都是一个大的选区,远东地区的投票结束了,而欧洲部分的大部分选民刚刚去往投票点,此时相关的信息就可能对他们产生强烈的干扰)。

对于社会调查,立法者也做出了明确的规定。公布选举社会调查结果以后,应该指出进行调查的组织、调查时间、接受调查(抽取)的人数、信息收集方法、调查进行的地区、问题的准确表述、可能存在的统计误差、调查的预定人和发行物费用的支付人。更重要的是:投票日前5日以及投票当日禁止公布(公开)社会调查的结果、选举结果预测,其中包括将社会调查结果和选举结果预测发布在电视信息公共网站上(包括互联网)。

二、竞选宣传

2002年的联邦法律(第48条)规定,俄罗斯联邦公民、社会团体有权依法进行竞选宣传。

选举活动期间进行的以下活动属于竞选宣传：

(1) 号召选民赞成或反对某一候选人(候选人名单)；

(2) 表现出对某一候选人或选举团体的好感，尤其是告知选民要赞成哪个候选人或哪个候选人名单以及哪个选举团体；

(3) 描绘某候选人(候选人名单)当选或者未当选可能出现的结果；

(4) 发布关于某候选人或选举团体的正面或者负面评论的信息；

(5) 发布有关候选人与其职业或履行职务无关的候选人活动的信息；

(6) 采取行动，影响选民对候选人及候选人所属的选举团体及候选人名单的态度。

可见，选举立法中的竞选宣传是号召选民"赞成"或"反对"某一候选人或候选人名单，而不是指鼓动选民积极参加投票或者拒绝参加投票。在正常进行的选举中，选民应该积极参加，一方面人民借此实现公权力，另一方面组成长期有效的国家机关，最后还能够节约资金，因为这样就无须举行复选。

但是，有时候地方选举中会经常发生低级的违反立法的行为，此时公民和社会团体也可以号召选民不要参加这样的选举。

但是联邦法律的规定却背道而驰。根据《基本保障法》2006年12月5日的补充条款(第56条第5.2项)的规定，已经登记的候选人或选举团体不得在电视台宣传的专用频道广播进行下列行为：(1) 号召反对某(些)候选人及某(些)候选人名单；(2) 描述某候选人当选或某候选人名单参与代表席位分配的情况下可能出现的消极后果；(3) 发布关于某(些)候选人或选举团体的负面评论信息；(4) 发布使选民厌烦某候选人、选举团体及候选人名单的信息。很多政治家和专家们都不满意法律的这些补充规定，因为这导致出现禁止评价竞争对手、禁止公布竞争对手曾经的违法行为(违反道德的行为)的局面。同时，还要考虑：表述是否准确、信息是否真实、是否对竞争对手的人格给予了尊重，以及是否因诽谤和侮辱而受到处罚（包括取消登记）。

竞选宣传可以以下列方式进行：(1) 在广播电视频道上或定期出版物上发表演说或文章；(2) 通过公众措施（会议、与公民见面、集会、游行、示威、公开辩论和讨论）；(3) 出版、传播印刷、视听及其他宣传材料；(4) 法律没有禁止的其他方式。

候选人和选举团体自己确定宣传材料的内容、形式和宣传方法，独立进行宣传，并有权依法定程序招募人员。在进行竞选宣传的时候，每个参与人的费用由候选人或选举团体自己的选举基金支付。

禁止直接或间接招募于投票日尚未满18岁的未成年人进行竞选宣传。国家机关、地方自治机关、担任国家和市政职务、国家和市政机关履行公职的公务人员无权进行竞选宣传。

法律禁止部队、军事机关和军事组织进行竞选宣传；禁止慈善组织和宗教团体及其设立的组织，以及宗教团体的代表在仪式和典礼过程中进行竞选宣传；禁止选举委员会、委员会有表决权的成员进行竞选宣传；禁止外国人进行竞选宣传；禁止信息媒体发行组织的代表从事职业活动时进行竞选宣传；禁止在选举进行期间被法院判定为有极端主义、宣传种族、民族主义、纳粹象征倾向等违法行为的人进行竞选宣传。

提出候选人及候选人名单并登记后，政党最迟于投票前10日至少在一个国家级或者市政级的定期出版物以及网络上公布自己的竞选大纲。

在进行竞选宣传时不得滥用公众信息自由。竞选大纲、候选人及其代理人的演说、选举团体代表的演说和其他宣传材料不得鼓动暴力夺取政权、暴力改变宪法政治体制、破坏俄罗斯联邦的完整，以及不得宣传战争。禁止激起社会、种族、民族、宗教仇恨和敌意，禁止滥用公众信息自由。

禁止收买选民，也就是：不得给予选民现金、礼物和其他物质利益，支付组织工作费用（支付收集选民签名和宣传工作的劳动费用）除外；不得以选举结果作为影响因素向完成上述组织工作的选民给付补偿或许诺给付补偿；不得进行优惠商品甩卖、无偿推广商品，为选举活动专门制作的印刷材料（包括插图）和标志除外；不得免费提供服务或者给予优惠条件，许诺给予选民或者全民公决参加者现金、有价证券或其他物质财富，或者许诺提供国家权力机关、地方自治机关禁止的服务，以影响选民或全民公决参加者的意愿。

选举活动期间，选举及其结果不能成为彩票、赌博（互相打赌）和其他冒险游戏的对象。

候选人、选举团体及其代理人和全权代表在选举活动期间不得从事慈善活动。其他自然人和法人在选举活动期间不得根据上述候选人、选举团体及其代理人和全权代表的请求委托以其名义在进行慈善活动的同时作竞选宣传。

如果不能为候选人提供条件，免费让其申辩或解释说明，媒体必须拒绝公开（公布）可能给候选人名誉、尊严或商业信誉带来损失的竞选信息材料（包括内容真实可靠的信息）。并且广播应该放在同一时段，时长不得少于提供给初始信息的广播时长，同时不得少于两分钟。如果在印刷品上进行宣扬，那么申辩或者解释所使用的字号应该同最初指定的文本字号相同，并排版于同一版面，篇幅不得小于最初指定的文本篇幅。但上述规则不适用于候选人及选举团体开设的非国家定期出版物。

护法机关及其他机关应当采取措施打击违法宣传活动，抵制虚假、非法竞选印刷品、视听资料和其他宣传材料的制作并将其没收，调查上述材料的制作者和费用的来源，并尽快将所揭露的事实和采取的措施通知相应的选举委员会和全民公决委员会。

国家及市政广播电视组织以及国家和市政定期出版物的出版社应当保障已经登记的候选人和选举团体在同等条件下进行竞选宣传。上述组织在法定情形下的广播时间和印刷版面免费，其他情况下则需付费。

非国有的媒体有权向已经登记的候选人、选举团体在平等条件下有偿提供广播时间和印刷版面(这些规定不适用于候选人和选举团体创设的媒体)。

广播时间在所有情况下都是平等提供的(包括开始广播时间)。时间的分配由参与者抽签决定。

2002年的联邦法律(第51条第4项)规定,为已经登记的候选人、选举团体进行讨论、"圆桌会议"及其他共同进行的宣传活动提供的广播时长不得少于无偿广播总时长的一半。第51条第5项规定,候选人、选举团体有权拒绝参加共同进行的宣传活动。

国家机关、地方自治机关必须协助已经登记的候选人和选举团体组织和举行会议、与选民见面、公开辩论和讨论、集会、游行和示威。

为组织已经登记的候选人及其代理人、选举团体的代表与选民见面而申请使用场地,该申请由国家机关、地方自治机关于申请提交之日起3日内受理。集会、游行和示威组织者的通知由地方自治机关于7日内受理。

根据已经登记的候选人和选举团体的申请,适合群众活动的、属于国家或市政财产的场馆由所有人、占有人向已经登记的候选人及其代理人、选举团体代表无偿提供,用于与选民见面,使用时间由委员会决定,这也是委员会法定义务。同时,在进行群众活动方面,委员会应当为已经登记的候选人提供平等的条件。

如果某场馆属于国家或者市政财产,或者属于国家或市政占有法定资本30%以上份额,提供给一个参与人用于进行选前群众活动,那么该场馆的所有人和管理人无权拒绝在同等条件下提供场馆给其他参与人。

候选人、选举团体有权依据合同租赁属于公民或组织的建筑及场馆,用于召集会议、与选民(全民公决的参加人)见面、集会、公开辩论、讨论及其他群众性活动。

如果候选人想在由国家权力机关、地方自治机关、国家和市政企业、机构为居民拨款、组织并举行的活动上进行竞选宣传和公开演讲,则必须是所有在这个选区已经登记的候选人都知晓这个活动并且享有同等机会进行演说。

候选人和选举团体有权依法自由散发印刷品、视听资料及其他宣传材料。这些宣传材料上应该写明制作材料的单位或者个人的名称、姓名和法定住址，同时还应当写明预约制作该材料的组织或个人的名称、姓名，以及材料的份数和发行日期。

印刷类宣传材料及其复制品的份数、视听类宣传材料的份数以及其他宣传材料的照片份数在散发前应向相应的选举委员会提交，同时还应当提交制作和定购上述材料的单位或个人的相关信息。

宣传材料中不得含有商业广告。禁止在相应的选举基金未支付预付款的情况下制作宣传材料。地方自治机关根据相应选举委员会的建议应当为在每个选区内放置印刷类宣传材料留有专门的地方，便于选民浏览。

经场馆、建筑物、设施及其他物品的所有人或占有人同意，印刷类宣传材料可以悬挂（张贴、摆放）于场馆内、建筑物、设施及其他物体上。如果在国有或者市政所有的物体上摆放、悬挂、张贴宣传材料，不需要支付费用。

参考文献

阿格列耶娃·尔·特：《俄罗斯联邦选举法中的竞选宣传（理论与实践问题）》，法学副博士论文，叶卡捷琳堡，2006年。

别洛乌斯·尤·斯：《区分俄罗斯联邦竞选宣传和选举信息保障的宪法基础》，法学副博士论文，圣彼得堡，2009年。

博尔沙科夫·斯·弗：《媒体参与选举活动的法律调整》，法学副博士论文，莫斯科，2002年。

博尔沙科夫·斯·弗、卡济明·弗·伊、格利希娜·姆·弗、布达里娜·恩·阿：《媒体与选举》，莫斯科，2003年。

博尔沙科夫·斯·弗、戈洛温·阿·格：《俄罗斯联邦选举和全民公决的信息保障》（第2版），莫斯科，2007年。

布津·阿：《行政操纵选举及其预防》，莫斯科，2007年。

孔德拉舍夫·阿·阿、西济赫·尤·阿:《历届选举中"向选民提供信息"和"竞选宣传"概念区分问题》,《宪法和市政法》2008年第24期。

《通过媒体完善竞选宣传的法律调整:选举期间如何预防滥用言论自由》,莫斯科,2002年。

《竞选宣传:理论与实践》,莫斯科,2004年。

法尔科夫·弗·恩:《完善俄罗斯联邦竞选宣传的法律调整》,法学副博士论文,秋明,2003年。

哈恰图罗夫·恩·弗:《竞选宣传的权利:法律调整和实现特征》,法学副博士论文,顿河畔罗斯托夫,2004年。

沙伊胡尔林·格·斯:《媒体作为选举法律关系主体的法律地位》,法学副博士论文,伏尔加格勒,2003年。

第十节　投　　票

一、投票场馆

投票场馆由相应的市政首脑、部队指挥员、船长、极地站负责人、外交代表机构的负责人以及俄罗斯联邦驻外使领馆负责人在选区选举委员会的命令下无偿提供。

投票场馆内应该有大厅,大厅又划分出小的秘密投票室,里面配备照明设备和除铅笔以外的书写工具。

选区委员会应当安置信息栏,所有选票上列举的候选人、候选人名单、选举团体的相关信息都应当在信息栏中展示:

(1)候选人的简历,篇幅由组织选举的委员会确定,但选票上列举的候选人的简历篇幅应大致相同;

(2)如果候选人、候选人名单由某选举团体提出,须标明该选举团体的名称;

(3)如果候选人是自荐候选人,应标明"自荐"字样;

（4）写明候选人或候选人名单登记信息的根据（收集选民签名、交纳选举保证金等）；

（5）用组织选举的选举委员会所确定的篇幅介绍候选人的收入和财产状况；

（6）候选人提交的相对于其简历、收入和财产而言不可信的信息的相关材料（如果确实存在相关信息）。

如果已经登记的候选人，包括候选人名单中的候选人有过犯罪记录，那么在信息栏中要写有相关信息。

信息栏中要有填写完整的选票样本，但选票上不能显示在该选区登记的候选人的姓以及参加该次选举的选举团体的名称。在选票样本上展示填写选票的不同方法。这些样本能够帮助选民投票的时候正确填写选票。

在投票场馆内设有固定投票箱（立法者没有使用"选举票箱""投票箱"的概念）。统计选票的技术设备，包括整理选票的程序技术全套设备都可以与固定投票箱结合一起来使用。

投票场馆中应设有选票发放处、秘密写票处、投票箱和统计选票的技术设备，上述处所及设备都应当处于选区选举委员会成员和观察员的视野范围内。

二、注 销 证

注销证是指选民被列入到某选区的选民名单中，但由于投票日该选民不能到投票场所而由选举委员会向其出具的文件。取得该注销证以后，选民可以在投票日当天去他能够到达的选区参加投票。

在俄联邦总统的选举中，全国是一个统一的联邦选区，所以选民在取得注销证以后，可以在任何一个地方投票（包括在国外投票）。

国家杜马议员根据党派名单进行的选举中，选民有权凭借注销证在任何一个地方投票。

注销证在法律规定的期限内出具。比如,国家杜马议员的选举中,地区(市政)选举委员会最早于投票日前45日、最迟于投票日前20日出具注销证,投票点选举委员会在投票日前19日内出具。每个选举委员会都有一份出具注销证的清单。注销证可以由选民本人领取或者由其代理人出具公证委托书的情况下代为领取。

三、选　　票

选票根据相应委员会的命令制作,是一种有着严格制作程序的文件。选票上不允许编号。选票制作数量不得超过选区内登记选民总数的1.5%。

选票的形式、文本、数量以及选票制作的监督程序都由相应选举委员会在投票日前25日确定。选票的文本只能放在一面上。选票的颜色和大小应该有助于区分同时进行的其他选举的选票。

如果是针对候选人进行投票,在选票上已经登记的候选人按照其姓氏的字母顺序排列。选票上应该有每个候选人的姓、名、父称;出生年份;候选人住所地的俄联邦主体名称,以及所在地区、市、居民点名称;候选人的工作地或者任职地(如果没有经常工作地或者任职地,写明其职业种类);如果候选人本身是代表,但不是专职代表,选票上应表明相关信息并写明其代表机关的名称;如果候选人是由某选举团体提出的,要标有"选举团体推荐"字样,并写明该选举团体的简称;如果候选人是自荐候选人,应标有"自荐"字样(2005年7月21日修改前,要求标有"独立候选人"字样)。如果已经登记的候选人指明了其社会团体属性,那么在选票中要写明该社会团体的简称和候选人在该社会团体中的地位;如果已经登记的候选人同时是登记的候选人名单的组成人员,那么在选票中应当标明相关信息。

如果是针对候选人名单投票,通过抽签决定候选人名单在选票上的排列顺序,选票上写明选举团体的简称,以及名单中前3位候选人的姓、名、父称,以及对应的区域部分和选举团体的标志(用同一色调显示)。

如果选票中列举的已经登记的候选人有犯罪记录,在选票中应写明相关信息。

每个登记的候选人信息右侧以及选举团体名称的右侧都有一个空白的方形格。

法律规定可以对候选人逐个表决,在候选人信息的下方列有"赞成"和"反对"两个选项供选民选择,每个选项的右侧都有空白的方形格。

如前所述,过去,俄罗斯的选民可以反对所有的候选人或者候选人名单。为此,在某些代表的选举中,选票上登记的候选人列表末端有一行"反对所有的候选人",其右方有一个空白的方形格。而在根据名单进行的选举中,选票上选举团体名称列表的末端有一行"反对所有的候选人名单",其右方有一个空白的方形格。自2006年7月起,这种方式已经从选票中删除了。

选票以俄语印刷。根据相应选举委员会的决定,选票以俄语和俄联邦共和国的官方语言印刷,必要时,以某地区聚居的俄罗斯民族语言印刷。如果用两种或两种以上语言印刷的,每张选票上都应当有俄文文本。

投票点委员会在每张选票正面的右上角处签有两个投票点选举委员会成员的签名,并加盖投票点选举委员会印章。

如果登记的候选人或候选人名单在选票制成后退出的,那么地区选举委员会、选区选举委员会、投票点选举委员会根据候选人、候选人名单登记的委员会的指示在选票上划掉退出的候选人及候选人名单的资料。

如果候选人及候选人名单的登记决定,以及调整名单中候选人顺序的决定是在投票日前10日内依法作出的,登记候选人及候选人名单的选举委员会有权决定向已经印刷好的选票中增填必要信息,可以手写,也可以使用技术手段。

法律规定,在特殊情况下投票点的选举委员会可以制作全部选举文件,包括选票。这种情况只能出现在偏远和交通不便的选区、选举时正在航行的船舶、极地考察站、俄罗斯联邦境外的选区。当然,在一定期限内制作一定数量的选举文件,只能经上级委员会同意才能作出。

投票当天,投票时间结束后,委员会中未使用的选票清点完毕后注销,与其他委员会文件一起由委员会秘书保存。

四、投票程序

选举投票的开始时间和截止时间都由法律规定,但持续时间不得少于10小时。实践中采取统一的规定:投票从当地时间8点开始,20点结束。考虑到选区内选民的工作时间不同,投票时间可以提前开始,但不能早于两个小时。法律规定的时间截止后,是否可以延长投票时间并没有明确规定;也没有明确规定如果选民名单上登记的所有选民都已经投了票,是否可以压缩投票时间,因为可能还有人携带注销证来投票(此处不包括极地考察站选区和严寒地区等)。

地区选举委员会和投票点选举委员会应当于投票日前20日通过大众传媒或其他方法(通常公民可以在自己的邮箱里面找到相关信息的印刷品)告知选民投票的时间和地点,如果是举行提前选举和复选——程序和期限由相关法律规定,但不得迟于投票日前5日。

投票日当天,投票开始前,选区的选举委员会主席将空的投票箱交给选区委员会成员、在场的选民、上级选举委员会成员、候选人、观察员、媒体代表检查,然后由选区选举委员会盖章加封起来。

选民本人进行投票。选票由选民凭护照或相关证件领取,如果选民凭注销证投票,则应出示注销证。

选票只能由选区选举委员会有表决权的成员发放。取得选票后,选民在选民名单上填写自己护照或相关证件的序列号和号码。经选民同意或经其申请证件的序列号和号码可以由选区选举委员会成员填入选民名单中。选民检查名单上登记的是否正确，然后在名单上相应的项目栏中签字取得选票。如果同时进行几种选票的表决，选民则应当在每个名单上签字。发放选票的选区委员会成员也应当在选民名单上相应的项目栏中签名。

联邦法律《基本保障法》（2006年7月12日修订）第64条第7项规定，投票就是选民在选票上对着他所赞成的候选人或候选人名单的方形格里面做标记。因此，如果选民取得标有候选人的姓氏的选票，那么就在对着他赞成的候选人的方形格中打标记；在两个或两个以上的方形格中打标记的，选票无效。而如果选民取得带有候选人名单的选票，那么就在对着他赞成的候选人名单的方形格中打标记；在两个或两个以上的方形格中打标记的，选票无效。

选民在专门的投票室或专门的处所填写选票，身边不允许有其他人在场。

如果选民不能独立填写选票，那么他有权寻求其他选民的帮助。但是帮忙填写的人不能是选举委员会成员、候选人、选举团体的全权代表以及观察员。

如果选民觉得他在填写选票时有错误，他有权向发给他选票的委员会成员索要新的选票。发放新选票应当在选民名单上做标记。填错的选票注销，该情况记入相关文件。

选民将填好的选票放入加封（打上封印）的投票箱中。投票箱放于投票场馆内，但不在选票填写室内。不记名投票不仅表现在有专门的选票填写室，还指填写室到投票箱这段距离，以及投票箱旁边，任何人不得要求选民展示填好的选票——比如想检查一下是否填错。

如果投票点选举委员会成员有违反选举法的行为应立刻回避，观察员及其他人员有违反选举法的行为，应立即离开投票场馆。相关决定由投票点选举委员会以书面形式作出。护法机关负责执行该决定,依照联邦法律采取措施追究被开除的投票点委员会成员和被遣走的观察员及其他人员的责任。

2005年《基本保障法》的补充规定增加了电子投票,当然,施行的范围还很小,不超过投票点总数的1%。

在很多选举,尤其是地方选举中还有一个很重要的问题,就是保证选民的足额参选。

法律禁止利害关系人及其代理人统一送选民到投票地点。

如果选民确有原因不能亲自到投票地点,经其请求,选区委员会的成员可以将选票带到其家中,但也要保证不记名投票(秘密投票)。选民应当提前向选举委员会提交书面申请,或者由委员会成员根据其预先的口头请求在投票前写好申请。

2002年联邦法律(第64条第14项)规定,俄联邦主体可以制定法律允许选民通过邮寄的方式投票。相应选举委员会在投票截止前将收到的选票计入总数。

特定条件下允许提前投票。联邦法律和俄联邦主体具体的选举法规定,在偏远地区和交通不便的地区、投票日正在航行中的船舶上、极地考察站等可以进行提前投票(不得早于投票日前20至15天)。

对于一般地区,当进行俄联邦总统选举、国家杜马议员选举和俄联邦主体国家权力机关的选举时,法律不允许提前投票。

进行地方自治机关的选举时,下列情形选民可以提前投票:

法律未规定凭注销证投票的;

投票日当天选民确有理由不在自己的居住地、不能到达自己选区的投票场馆的(休假、出差、工作和学习制度、履行国家及社会义务、身体状况);

提前投票在相应的地区委员会、选区选举委员会、市政选举委员会的场馆内进行(投票日前15至4日)或者在投票点选举委员会的场馆内进行（不得早于投票日前3日）；

提前投票的选民要向相应的选举委员会提交申请，写明提前投票的原因；委员会有权核实原因，如果原因不属实有权拒绝发放选票；

委员会应当保证秘密投票，并保存好选票，与其他选票一同计入投票结果。

提前投票时，选民将填好的选票亲手放入信封中，封存起来。在信封的封口处要有两名有表决权的委员会成员签名以及有发言权的委员会成员和观察员的签名（自愿）。封好的信封由委员会秘书保存：在地区选举委员会、选区选举委员会、市政选举委员会场馆内填写的，一直保存到选票移交至选区委员会之时；在投票点选举委员会填写的，保存到投票日。

在投票日，投票点选举委员会主席在正式开放投票场馆以后到投票开始前，在投票点委员会成员、观察员和其他人员在场下，通报提前投票的选民总数，将存有选票的封好的信封和提前投票的选民名单出示，供在场的人过目；然后投票点选举委员会主席依次拆开每个信封，从信封中取出选票，并立刻在其背面加盖投票点委员会的印章；然后投票点委员会主席保证选民意志表达的秘密性（难以理解可行性有多大——С.А.阿瓦基扬注），将选票投入固定投票箱中。但如果信封中没有选票，或者从一个信封中取出两张或者两张以上的选票，那么这些选票都是无效的。

五、观　察　员

自投票当天选区选举委员会开始工作之时起，观察员有权出席，尤其是外国观察员（国际观察员）。

进行选举时，观察员可以由登记的候选人、选举团体和在相应层级或上级创设和登记的社会团体委任。选任职位及其下属、法官、检察官不能被委任为观察员。

观察员有权进入任意一个投票点选举委员会，包括在部队、封闭式教育场所、医院、疗养院、休养所、看守所和临时拘留所设立的投票点，以及该投票点选举委员会设立的投票场馆。

当其他的选举委员会确定投票结果、确定选举结果、编写投票记录、选举结果记录时以及复核选民票数时，观察员和外国（国际）观察员有权在场。

观察员的权限在已经登记的候选人及其代理人、选举团体、社会团体出具的书面介绍信中载明，而这些观察员代表他们的利益。在介绍信中应当写明观察员的姓、名、父称、居住地址、选区号码、全民公决选区号码、委员会名称以及观察员被派向哪里。如果观察员是候选人及其代理人派出的，介绍信上关于观察员信息的补充不需要加盖印章。介绍信需要出示证实本人身份的证件。有关观察员的介绍信不需要提前出示。

观察员有权了解选民名单；有权于选举日莅临相应选区的投票场馆；有权在选民投票时留在投票场馆外；有权监督选区内选票的计算过程——在保证观察员能够看清选票上选民所做标记的距离和条件下进行监督，在计算选票时查看每张填写或未填写的选票，监督委员会所做的投票结果记录及其他文件；就投票组织问题向选区委员会主席或主席不在时向有关人员提出建议和意见；查看相应委员会和下级委员会关于投票总数和选举结果的记录及相关附件，从相应委员会获取上述记录、文件，经证实无误的复印件或者复印上述记录和文件。观察员有权要求委员会出具上述副本或者在观察员制作的副本上盖章或签字；观察员可以向上级委员会、俄联邦主体选举委员会、俄联邦中央选举委员会或法院申诉；在相应委员会复核选票时观察员有权在场。

但是观察员无权：向选民发放选票；无权在选民取得选票时代替选民签名，即使选民请求其代签；无权替选民填写选票，即使选民提出相应的请求；无权实施破坏不记名投票的行为；无权直接参加有表决权的委员会成员进行的选票计算过程；无权实施妨碍委员会工作的行为；无权在选民或全民公决参加者中间进行宣传；无权参与相应委员会的决议程序。

第十一节　计票、确定投票结果和选举结果

选举过程的这个阶段在每类选举中都有着共同点和不同点。我们来看一下俄罗斯国家杜马议员选举和俄联邦总统选举在这一阶段的共同规则和各自的特点。

一、概　　述

各类选举在投票日当天投票点投票结束后，都要立即开始计算选票。由投票点选举委员会中有表决权的成员完成这项工作，有发言权的委员会成员、上级选举委员会的成员和代表、观察员、候选人及其代理人、选举团体的全权代表及代理人，以及媒体的代表有权在场。所有在场的人都有权监督选区委员会成员的行为。

投票点选举委员会在计算选票的过程中根据计算结果按照投票点编写投票总数的记录，如果既有按选区选举的议员，又有按候选人名单选举的议员，则形成两份单独的记录。当然，如果进行的是不同种类的选举，每个选举都要形成单独的记录。

在记录中写明参加投票的选民数量，选票信息：委员会取得的选票、发放给选民的选票、注销的选票、从投票箱中取出的选票、无效的选票等，每个候选人及候选人名单的投票结果。

计算选票要公开进行。简单说，按照以下方式进行：将未使用的选票注销后就开始计算投票箱中的选票。打开投票箱，委员会成员将选票

按照选举种类分开,再按照赞成各候选人(候选人名单)的选票分组,将不符合形式的选票单放,计算选票时不计算在内。无效的选票单独计算,在选票上相应的方形格中没有任何标记或者方形格中标记的数量多于法定数量的选票都属于无效选票。

接下来对每组选票按照候选人或候选人名单分别计算符合形式的选票。在计算的时候,要一张接一张地将选票从一组转放到另一组,这样就能够使在场的人都能够看到每张选票上选民所作的标记。不允许同时计算各组的选票。

观察员和有发言权的投票点委员会成员都有权在委员会有表决权的成员监督下查看经过筛选的选票。

筛选后的选票放在单独的文件袋里,再放入袋子或箱子中,袋子或箱子上要标明投票点代码以及选票的数量,然后将袋子或者箱子封好。只有经上级委员会或者法院决定才可以开封。

进行完所有必要的程序和计算之后,投票点委员会按照程序应当召开总结会议,会上审理投票和计算选票过程中违法的投诉(申请),之后在投票点委员会的投票结果记录上签名。记录一式两份,由全部在场的有表决权的选举委员会成员签名,并在上面填写签名的日期和时间(小时和分)。使用技术手段计算选票所形成的投票结果记录经签名后具有法律效力。不允许用铅笔填写投票结果记录,也不允许对其加以改动。签署记录时如果有上述违反规定的行为,该记录就有可能被认定为无效,从而重新计算选票。

投票点委员会形成的第一份记录应尽快送至上级委员会,且不需要返还。第二份记录供观察员、候选人等查看,其副本经盖章后张贴于投票点委员会指定的地方供公众查阅。

上级选举委员会根据投票点委员会记录上的数据,经过初步审查记录编写的正确性之后,统计记录上所包含的全部数据,确定相应地区的投票总数。

选举委员会的第一份投票结果记录经所有在场的有表决权的地区委员会成员签署后,连同投票点选举委员会记录和最初的投票结果及该委员会形成的文件一览表,尽快送至上级委员会,以便其统计上述记录中的数据,再转交至确定整个投票结果和选举结果的委员会。

如果选举是按照地区性选区进行的,由选区选举委员会确定投票结果和选区当选的代表。名单制代表的选举中,在相应地域负责所有选举的选举委员会——市政选举委员会、俄联邦主体选举委员会、俄联邦中央选举委员会进行统计。由它来确定该地区内总的选举结果,宣布谁当选为该选区或名单的代表,以及谁当选公职人员的职位。

根据法律的规定,选举可能被认定为没有举行或者无效。如果选举是按照规定进行的,但是参加投票的选民没有达到必需的最低数额(现在俄罗斯取消了这一规定,详见下文),或者选举没有结果,也就是谁也没有当选,此时选举被认定为没有举行。如果进行选举的时候有违法的行为发生,则选举被认定为无效。如果选举被认定为没有举行或者无效,经过法定期间,将进行复选,此时要重新提出候选人或候选人名单(尽管没有禁止再次推选他们)。联邦法律《基本保障法》和具体的选举法对此做出了详细的规定。

比如,《基本保障法》规定,下列情形下,选举被认定为没有举行:

(1)针对一个候选人投票,该候选人所得的赞成票少于参加投票选民总数的50%;

(2)在针对候选人名单进行投票的选举中,依法取得分配代表席位权利的候选人名单少于两份;

(3)依法取得分配代表席位的候选人名单所得选票占一个选区内参加投票选民总数的50%以下(国家杜马议员选举中,名单的赞成率应达到60%以上);

(4)所有的候选人在复选时都退出;

(5)在第二轮选举中只剩下两名候选人,但他们所得选票都没有达到法定数额。

除上述列举的原因以外,其他任何理由都不能够认定选举没有举行。

值得一提的是,之前有很多情形都可以导致认定选举没有举行,但在选举立法改革的时候,相关规定都被删除。尤其是我们前面提到的,2006年12月5日删除了选民参加选举的最低人数标准(一般标准为参选人数不低于25%,在国家杜马议员的选举中不低于25%,在俄联邦总统选举中不低于50%),相应地这一条对于认定选举没有举行也就没有意义了。而且,在这之前2002年的联邦法律允许俄联邦主体的法律作出规定,不设定选民的最低参选人数作为认定地方自治代表机关议员选举有效的标准。除此以外,有两个候选人的第二轮投票中,得票多的当选,法律没有引入选民参加投票的最低人数标准。

过去选票中有一栏"反对所有候选人",如果在单名制选区或者一个大选区,一个候选人的得票数多于其他候选人所得票数,但少于在选票上填写"反对所有候选人"的总票数,此时选举被认定为没有举行。显然,随着这一项的取消,这也不再是认定选举没有举行的根据了。

有下列情形的,相应的选举委员会认定投票结果、选举结果无效(《基本保障法》第70条第9项):

(1)在投票或确定投票结果时,违法行为导致不能真实确定选民意志表达的结果;

(2)部分选区选举被认定为无效,而该选区选民总数不少于登记选民总数的1/4;

(3)法院判决无效。

二、确认国家杜马议员选举结果的特点

在国家杜马议员选举中,投票点委员会的记录提交到地区选举委员

会。地区委员会再将自己形成的投票结果记录，以及投票点选举委员会提交上来的数据一览表，一起送到俄联邦主体选举委员会。

俄联邦主体选举委员会进行数据统计后，确定该主体范围内的投票结果。它再将自己形成的投票结果记录连同地区委员会提交的数据一览表送至俄联邦中央选举委员会。

俄联邦中央选举委员会对俄联邦主体提交的投票结果记录进行初步核实准确性以后，于投票日结束后两周内进行数据汇总并确定国家杜马议员选举结果。俄联邦中央选举委员会有表决权的成员进行数据汇总。

如果有下列情形，中央选举委员会认定国家杜马议员选举没有举行（国家杜马议员选举法第82条第4项）：

（1）没有一个联邦名单获得参加投票选民7%以上的选票；

（2）全部联邦名单总共获得参加投票选民60%以下的选票。

显然，2005年联邦国家杜马选举法不仅保留了7%的最低得票数，还增加了新的规定：参加选举的全部联邦名单总共取得的选票应该多于参加投票选民总数的60%以上。该法在另一个问题上的规定实际是再现了最初的规定：过去为保证选举正常进行，要求有两个互相竞争的联邦名单，然后规定要求有3个，接下来规定要有4个，而现在重新规定两个名单（法律的规定是不少于两个），所以只能让他们总共获得的选票多于参加投票选民总数的60%。

为了让读者容易理解，我们给大家介绍一下俄联邦中央选举委员会确定参与国家杜马议员席位分配的党派名单的程序：

（1）如果有很多联邦名单参加选举，那么所有名单所得票总数超过参加投票选民总数60%、获得7%以上选票的名单参与席位分配；此时，如果只有一份名单所得票超过参加投票选民总数的60%，而其余的名单都少于7%，获胜者也并不能成为垄断者；除了这份名单之外，还有一份没有达到7%最低得票数的名单里面得票最多的名单仍然可以参与席位分配；

（2）如果有很多联邦名单参加选举，并且其中一些（每份）名单获得7%以上的选票，总数为参加投票选民选票的60%或者稍低一些，那么就允许参与席位分配；除了这些名单，那些得票率低于7%的名单的得票数按照递减方式排列——直到允许参与席位分配的名单得票总数超过参加投票选民总数的60%；

（3）显然，没有达到7%的联邦名单在两种情形下可以参与席位分配。但是，根据2009年5月12日的新规定，出现了第三种参与席位分配的情形：根据第82条第10.1项，除了参与代表席位分配的候选人名单，那些获得参加投票选民总数少于7%但不少于5%选票的、没有被允许参与代表席位分配的联邦名单在杜马中也能得到名额。根据第82.1条，这样的联邦候选人名单也能获得代表席位，也就是如我们前面所说，没达到6%的政党获得一个席位，超过6%的政党获得两个席位。

俄联邦中央选举委员会形成国家杜马议员选举结果记录，在该记录中记载不同角度汇总的数据，其中包括：

其联邦候选人名单参与代表席位分配的政党名称、每个名单所得议员席位的数量；

所得选票超过5%，未达到7%，因此而取得代表席位的联邦候选人名单的政党名称，此时各名单所得的代表席位数量为1个或者2个；

分得代表席位的候选人名单的候选人区域小组的代码，以及其取得的代表席位的数量；

取得候选人席位的联邦候选人名单中各当选国家杜马议员的候选人的姓、名和父称。

能够分配席位的联邦名单之间（也就是政党之间）如何来分配代表席位，由国家杜马议员选举法第83条规定。我们来分阶段详细叙述：

第一个阶段。俄联邦中央选举委员会计算可以参与代表席位分配的联邦候选人名单所得总票数。需要明确一点：此时统计的不是所有参加投票选民的选票,而只是可以分配席位的名单所得的票数,在确定这些名单的时候要看是否符合第82条规定的7%和60%的最低得票数的要求。统计出来的选票数除以450,也就是在联邦选区分配的议员席位数。根据该联邦法律第82.1条,授予联邦候选人议员席位时,该选票数除以授予后剩下的议员席位数。这时候就有了第一个选举商数,将在联邦候选人名单之间分配议员席位的过程中使用到。

例如,全俄罗斯联邦有7 000万选民参加选举。他们中赞成可以分配席位的政党的选票有6 000万。那么就是60 000 000∶450=133 333.33。这样我们就得到第一个商数(按照1—2个席位授予给政党的,比如杜马中6个席位给了政党,那么就应该是6 000万除以444。这里我们就不详细说明了)。

第二个阶段。接下来我们进行议员席位的首次分配。每个可以分配席位的名单所得的选票数除以第一个选举商数。这个除法所得数字的整数部分就是相对应的名单经过首次代表席位分配所得到的代表席位数。

比如,有4个党参与席位分配,我们把他们称之为A、B、C、D。A党获得3 200万选票,B党获得1 300万选票,C党获得900万选票,D党获得600万选票。上述选票除以第一个选举商数得出:

党A:32 000 000∶133 333.33=240.01

党B:13 000 000∶133 333.33=97.50

党C:9 000 000∶133 333.33=67.51

党D:6 000 000∶133 333.33=45.02

那么在这个例子中全部名单共同分配449个席位(240+97+67+45)。

第三个阶段。如果上述做法以后还有未被分配的席位,那么就要进行第二次分配。未被分配的席位每次一个,分给前一阶段除以第一个选举商数时,所得最大分数的那个候选人。名单分数部分相等(小数点后第6位以前)的情况下,得票多的候选人名单优先。

例如,我们上面举的例子中还有一个未分配的席位。那么就由C党取得这个席位。因为它的分数最大。假如还有未分配的席位,就由B党、D党,然后是A党,一次一个依次区分的。如果这之后还有未分配的席位,那么就再次按照这个方式从C党开始分配。

第四个阶段。每个联邦名单内部的代表席位分配——也就是在候选人的地区名单和候选人联邦名单全联邦部分(如果有这部分)之间的分配。席位首先给名单中全联邦部分已经登记的候选人——按照名单中的排列顺序。

如果之后该名单还剩有席位,就在名单内部地区小组之间分配。将联邦候选人名单在该对应区域小组的联邦主体内所得的选票数,除以该名单内部剩余的席位数。得数为该联邦名单的第二个选举商数。然后,每个地区小组所的得票数,除以第二个选举商数,相除以后得数的整数部分就是相应区域小组获得的代表席位。如果之后属于该联邦名单的议员席位中还剩有未分配的,就每次一个分给除以第二个选举商数时得数分数最大的那个地区小组。在分数相等的情况下,得票多的地区小组优先。

有可能出现在一个地区小组或几个地区小组中没有登记候选人的情况。那么剩余的未分配的代表席位就在有登记的候选人但没有获得代表席位的联邦候选人地区小组之间进行补充分配(根据除以第二个选举商数所得分数大小依次每次一个分给上述候选人地区小组)。

对于政党由于选民支持取得比其名单中候选人多的席位的情况,法律也作出了规定。未分配的代表席位直到下次国家杜马议员选举前都为空缺。但如果国家杜马因此而出现不能正常行使职权的情况,则未分配的代表席位授予给没有达到7%,但所得选票超过第一个选举商数的联邦名单。

如果分配席位后,国家杜马还不能正常行使职权,未分配的代表席位就授予给最开始不能参与分配席位(指的是没有达到7%的最低得票数)的联邦候选人名单,前提是这些名单所得票数超过第一个选举商数。

席位就在这些联邦名单之间按照他们所得选票比例根据法律确定的方法进行分配。

至于保障得票超过5%不足7%的政党的1至2个席位的分配问题,法律的规定是这样的:首先授予名单中全联邦部分的候选人;如果名单中没有这部分,政党取得一个席位时,该席位就给得票最多的地区名单中的第一个人;政党取得两个席位时,席位就给得票最多的两个地区名单的首要人物(第82.1条第7项和第8项)。

俄联邦中央选举委员会签署国家杜马议员选举结果记录后,通告所有的候选人和当选的代表。根据法律第85条的规定,相关人员在得到通知后5日内向俄联邦中央选举委员会提交解除与国家杜马议员地位不符的职务的命令(其他文件)副本,或者证明其自收到通知后提交的辞职申请的副本。如果不履行,根据最初的法律规定,他将被从名单中除名;但是2007年的法律规定,他的代表席位成为空缺,转给相应地区小组中按照排列顺序没有获得席位的第一个候选人。如果该地区小组中没有这样的候选人,那么根据法律确定的补充分配席位的方法则由另一个地区小组的候选人取得席位。

并且,根据2007年的新规定(2009年进一步修订)当选的代表自获得俄联邦中央选举委员会的通知之日起5日内,有权拒绝代表席位,并向俄联邦中央选举委员会提交相关书面声明。此时该代表席位成为空缺,转移给该联邦名单中其他已经登记的候选人(按照前述的规则)。法律上写得很明确,当选国家杜马议员的人提交的这个声明并不使其从参与分配代表席位的候选人名单中除名,或者从联邦法律第82.1条规定的取得席位的名单中除名。

接下来我们将谈到在选举中领导党派名单全联邦部分或者地区部分并以自己的威望在选举中获胜的党派领导人。分析家们将这些人称为"火车头",因为他们像车头一样"牵引"着党派名单奔向成功。在周期性的变化中,取消此类行为的建议一直未被采纳,因为它能够干扰选民的判断。立法中有一条规定,这些人拒绝席位就要从党派名单中除名,而这个席位转给名单中下一个人;曾经不知何故法律中有一条规定,该席位将转给下一个党派名单,但这条规则没过多久就又被原来的规定取代了。

正如所见的那样,这样的领导人有一种能量,帮助政党实现目的:即使他不再担任职务,但仍然保留在党派名单里面,该党还是可以取得议员职位的。

俄联邦中央选举委员会在下列情形下认定国家杜马议员的选举结果无效(第82条第5款):

(1)投票过程中或者投票结果确定时有违法情况出现,导致无法真实确定选民意志的;

(2)投票结果在部分选区被认定为无效,在投票结束时该部分选区的选民名单占选民总数的25%以上;

(3)法院的判决。

三、确定俄联邦总统选举结果的特点

这些特点表现在以下几个方面(俄联邦总统选举法第76条)。俄联邦中央选举委员会从俄联邦主体选举委员会那里取得投票结果的汇总数据,如果中央选举委员会为了组织境外选举设立了统一的地区选举委员会,地区选举委员会的汇总数据也要报到中央选举委员会那里。

取得参加投票选民一半以上选票的候选人,当选俄联邦总统职位。参加投票的选民数量由投票箱中的选票数量确定。

俄联邦总统选举出现下列情形之一的,由中央选举委员会认定为没有举行(第76条第4款):

(1)选票上有两个候选人,但谁都没有获得参加投票选民半数以上的选票;

(2)在复选前所有候选人都退出;

（3）第一轮投票时谁都没有胜出，第二轮投票时只剩下一个候选人，但该候选人所得选票低于参加投票选民总数的50%。

应当指出，2007年4月26日以前要求在俄联邦总统的选举中要有一半以上登记的选民参加选举。如果参加投票的选民数少于登记选民总数的一半，则认定选举没有举行。现在，这个规定被删除了。

此外，曾经在选票上还有一栏"反对所有候选人"，获胜者不仅要求其所得选票多于竞争对手，还不得少于选民投出的反对所有候选人的票数。自2006年7月起，这个规定也没有意义了。

有下列情形的，俄联邦中央选举委员会认定俄联邦总统选举为无效（第76条第5款）：

（1）投票过程中或者确定投票结果时有违法行为，导致不能真实确定选民意志表达的；

（2）投票结果在部分选区认定为无效，投票结束时这些选区的选民名单中的选民数量占选民总数1/4以上的；

（3）法院判决确认无效的。

如果选票上有两个以上登记候选人，但投票结果显示谁也没有当选俄联邦总统职位，那么中央选举委员会将举行第二轮投票，投票在第一轮中得票最多的两名登记候选人中进行。第二轮投票要有候选人同意参加第二轮投票的书面申请才能举行。

之前对参加投票的选民人数有专门规定的时候，对于第二轮投票的人数也没有选民过半数的要求，因此，第二轮投票时，不论选民参加投票的人数多少，过去和现在选举都认定为已经举行。

第二轮投票自正常选举的投票日21日后举行。如果第二轮投票举行前，应该参加复选的某登记候选人退出选举或者因为某种情况候选人出现空缺，根据中央选举委员会的决议由下一位获选票数较多的登记候选人补足（应当有该候选人的书面同意）。声明最迟应当于原定参加复选的候选人退出后的第二天提交。此时，复选于申请提交之日起或原定的候选人退出之日起14日后的第一个星期日举行。

在第二轮投票中,得票多的候选人当选为俄联邦总统。

如读者所见,如果登记候选人退出,只剩下一个登记候选人,那么第二轮投票也可能在只有一个候选人的情况下举行。此时,只有在他获得参加投票选民总数的50%以上的选票时,才当选俄联邦总统职位。

第十二节　第二轮投票、重新选举、补选

（一）第二轮投票

如果选票上有两名以上候选人,但谁也没有获得当选所必需的选票数,组织选举的选举委员会将在得票最多的两个或两个以上的候选人之间举行第二轮投票。

这就是说,第二轮投票不是新的选举,而是同一选举的继续,是第二个阶段。

如前所述,第二轮投票是在俄联邦总统选举中举行的,前提是初始投票时候选人中没有人获得应得的选票。第二轮投票也可以在市政首脑的选举中举行。对于权力代表机关代表的选举来说,举行第二轮投票的情况相对较少。只有当一个选区提出的候选人较多,而法律又明确规定当选必须达到一定得票数时,可能进行第二轮投票。

在第二轮投票时,可以规定获胜者只需获得比竞争对手多的选票即可。但法律也可能规定,需要获得一定数量的选票才能当选;各候选人都没有达到这个票数时,相应的选举委员会认定选举没有举行。在第二轮投票时,胜利者所得票数应当多于选民所投的反对所有候选人的票数。

如果第二轮投票前,原定参选的某候选人辞去候选人职务或者因为

其他原因退出选举,根据确定选举结果的选举委员会的决定,由之前参加选举获得选票数位列其后的候选人补足。如果所有后续的候选人都退出选举,则针对该留下的一个候选人投票。此时,候选人获得参加投票的选民总数50%以上选票的,当选。

(二)重新选举

重新选举是议员、公职人员的新选举。所谓新选举,是指必须重新提出候选人,可能是之前的候选人,也可能是新的候选人。

引起重新选举的原因法律规定了以下几种:选举被认定为没有举行;选举被认定为无效;当选的候选人不辞去与代表地位或公职人员地位不相符的职务;在第二轮投票中没有人当选或者所有候选人都退出选举。

进行重新选举的期限由相应的选举法规定。

比如,重新选举俄联邦总统自初次选举的投票日起4个月内举行,或者自选举被认定为没有举行或者无效之日起4个月内举行。在重新选举中,因其行为导致初次选举以及第二轮投票被认定为无效的候选人不得被提名为候选人。

如果俄联邦主体和市政权力的代表机关代表、地方自治的民选公职人员的基本选举是在3月的第二个星期日举行,那么重新选举就于10月的第二个星期日举行,如果当天要举行国家杜马议员的选举,则重新选举的日期不得迟于认定选举没有举行或无效之日起一年内举行。

在重新选举中,选举活动的期限根据相应选举委员会的决议,可以缩短1/3。

在重新选举的决定过程中,组织选举的选举委员会应当命令延长投票点选举委员会的职权期限,或者命令重新组成投票点选举委员会。

(三)补选

当单名制选区选出的代表提前终止权限时,在该选区内进行补选。补选投票最迟于代表提前终止权限之日起一年内举行。

补选的日期为3月的第二个星期日，或是10月的第二个星期日。如果机关不能正常工作，那么补选最迟于4个月内举行。

如果由于这些选举议员在一年以上的期限内不能当选，则不举行重新选举和补选。

第十三节　保障合法选举

在俄罗斯联邦，选举的确定、组织和举行程序都有详细的规定，这保障了选举的合法性，因此选举过程的参加者都应当遵守相应的规则。同时，立法还规定，对于侵犯公民选举权的行为可以向选举委员会、法院、选举活动的其他机关，包括护法机关申诉。最后，法律还规定了违反选举立法的宪法责任、行政责任和刑事责任。

认为国家权力机关、地方自治机关、社会团体和公职人员的决定和行为（作为或不作为），以及委员会及其公职人员的决定和行为（作为或不作为）侵犯公民选举权的，都可以向法院起诉。

对俄联邦中央选举委员会的决定和行为（作为或不作为），可以向俄联邦最高法院起诉；对俄联邦主体选举委员会、选举俄联邦主体代表机关代表的选区选举委员会的决定和行为（作为或不作为），可以向俄联邦主体一般管辖法院起诉；对其他委员会的决定和行为（作为或不作为），可以向地区法院起诉。

对选举委员会关于投票结果、选举结果的决议可以向相应级别的法院或上级法院根据其受案范围起诉。同时，法院不仅应当对组织选举的选举委员会的决议和行为（作为或不作为）进行实质审查，如果下级委员会的决议或行为违法且影响了选举结果，还应当对所有参加该次选举组织和举行工作的下级委员会的决议和行为进行审查。

法院有权撤销相应委员会关于投票结果、选举结果的决议或其他决议。

选举委员会及其公职人员的决议和行为（作为或不作为）侵犯公民选举权的，可以直接向上级委员会申诉。上级委员会应当对申诉进行审理并视情况作出以下决定：(1) 驳回申诉；(2) 完全撤销或者部分撤销被诉决定（认定作为或者不作为违法）并作出新的决定；(3) 完全撤销或者部分撤销被诉决定（认定作为或者不作为违法），并责令下级委员会重新审查问题并做出新的决定（采取一定的措施）。

向选举委员会申诉不是向法院起诉的前置程序。

此外，对同一个问题，既可以向法院起诉，也可以向选举委员会申诉。法院受理了申诉，该申请人又向相应的委员会提出了同样的申诉，那么委员会在法院作出生效判决前应当暂停审理。法院应当通知委员会其已经受理了起诉并将对其进行审理。法院就起诉进行审理时，委员会终止对其进行审理。

由此，法院的判决具有优先效力：不服委员会的决定，可以向法院起诉，而法院的判决则可以"推翻"选举委员会的决定。

选民、候选人及其代理人、选举团体及其代理人、其他社会团体、观察员和选举委员会都可以对侵犯公民选举权的决定和行为（行为或不作为）提起申诉。

法院和检察机关应当及时审理案件。

审理侵犯公民选举权的案件时，利害双方都应当受邀出席——申诉人和行为（作为或不作为）受到争议的人。

尤其要保证候选人及候选人名单登记和取消登记或撤销登记时遵守合法程序。

如果候选人在同次选举中同时在几个单名制选区是登记候选人，或者他退出选举，而选举团体不同意，或者候选人失去消极选举权，或者联邦选举中登记的候选人名单中有超过25%的候选人被除名，在俄联邦主体权力机关的选举和地方自治选举中,登记的候选人名单中有超过50%的候选人被除名,那么根据相应选举委员会的决定,要取消登记。各级选举中所有候选人登记的决定都由上级选举委员会通过决定取消,最高一级除外。如果候选人及候选人名单不参加选举,则由登记候选人(候选人名单)的选举委员会根据候选人的退出申请或选举团体召回候选人或候选人名单的决定而取消登记。登记候选人的委员会当候选人丧失消极选举权时撤销对他的登记。候选人及政党、其他社会团体或者其分支机构提出的候选人名单的登记,在政党、该社会团体及其分支机构被撤销,或者其活动依法被中止时,由登记的选举委员会来进行。

法院根据登记候选人(候选人名单)的选举委员会、在同一选区登记的其他候选人、其候选人名单在同一选区登记的选举团体的申请,有下列情形之一的,撤销候选人(候选人名单)登记:

(1)新发现有应当拒绝登记的情形;

(2)候选人、选举团体及其全权代表为了达到一定选举结果,使用了除专项选举基金以外的资金,数额超过选举基金支出法定限额的5%,或者选举基金支出法定限额超过5%;

(3)候选人、选举团体的领导人多次利用自己的职务便利;

(4)候选人、选举团体及其代理人或全权代表,以及他们委托的其他组织和个人有收买选民的行为;

(5)候选人、选举团体违反法律规定,滥用竞选宣传权利(鼓动极端主义行为、煽动民族主义等倾向、煽动纳粹行为等);

(6)候选人有隐瞒犯罪记录的行为。

如果与候选人、提出候选人名单的选举团体有关的情况属实,法院有权在选举结果确定后,撤销选举委员会关于选举结果的决定:

(1)超额开支可使用资金限额的10%以上;

(2)实施了贿选,但没有影响选民的意志;

(3)滥用宣传的权利,但没有影响选民的意志;

(4)利用了自己的职务便利,但没有影响选民的意志。

如果有其他违反选举立法的行为,但这些行为还没有影响选民的意志,法院可以撤销选举委员会关于投票结果、选举结果的决定。

协助选举的违法行为或者号召选民投未当选的候选人的票或投未参与席位分配的候选人名单的票的违法行为,不能作为撤销选举结果决定、认定投票结果和选举结果无效的原因。

针对委员会关于候选人(候选人名单)登记或拒绝候选人登记的决定,提出的申诉自被诉决定作出之日起10日内提交。该期限不能恢复。

公布选举结果后,针对选举期间侵犯公民选举权的申诉可以自选举结果或全民公决结果公布之日起一年内向法院提出。

选举期间有关申诉的处理应在5日内做出决定,但不得迟于投票前一天,如果是在投票日或者投票日的次日接受的申诉,应当立即做出决定。如果申诉中包含的事实需要补充审查,则最迟在10日内做出决定。针对委员会的投票结果、选举结果决定提出申诉的,法院最迟自提出之日起两个月内作出决定。

撤销候选人或候选人名单登记的申请可以最迟于投票日(包括第二轮投票)前8日向法院提交。法院最迟于投票日前5日做出决定。

参考文献

阿克丘林·阿·尔:《俄罗斯联邦公民选举权的保护制度》,法学副博士论文,莫斯科,2007年。

博里索夫·伊·博:《选举权的国际保护:从习惯到国际规范》,《宪法和市政法》2006年第12期。

博罗夫琴科·弗·恩:《俄罗斯联邦选举法上的法律责任》,法学副博士论文,莫斯科,2004年。

弗多温·德·恩:《俄罗斯联邦选举活动中法院的职能》,法学副博士论文,莫斯科,2008年。

沃尔科娃·恩·弗:《在提出候选人(候选人名单)和登记候选人(候选人名单)阶段解决选举争议的宪法程序》,法学副博士论文,莫斯科,2006年。

加卢什科·伊·弗:《俄罗斯联邦选举法中选举纠纷及解决的司法实践》,法学副博士论文,莫斯科,2004年。

季坚科·尤·尤、索洛莫尼季娜·伊·奥:《司法实践对选举立法发展的影响解析》,《俄联邦中央选举委员会公报》2003年第2期。

多罗尼娜·奥·恩:《俄罗斯联邦公民选举权保护机制的完善》,《宪法和市政法》2007年第4期。

伊格纳坚科·弗·弗:《法律责任和选举过程》,莫斯科,2002年。

伊格纳坚科·弗·弗:《选举活动中的违法及其法律责任》,伊尔库茨克,2003年。

克里莫娃·尤·恩:《选举违法的概念和选举立法规定的责任方式综述》,《国家权力和地方自治》2008年第2期。

科尼亚杰夫·斯·德、奥霍特尼科夫·尔·阿:《选举争议:法律属性和审理程序》,符拉迪沃斯托克,2005年。

科柳申·耶·伊:《公民选举权的司法保护》,莫斯科,2005年。

马捷伊科维奇·姆·斯:《俄罗斯联邦公民选举权的保护》,莫斯科,2003年。

西济科娃·恩·姆:《选举法领域的违法预防》,法学副博士论文,莫斯科,2008年。

图马诺娃·尔·弗:《选举法保护问题》,特维尔,2001年。

《俄罗斯联邦选举法和选举程序:高等学校教材》,莫斯科,2003年。

耶·伊·科柳希纳主编:《〈俄罗斯联邦联邦会议国家杜马议员选举法〉释义》,莫斯科,2003年。

《〈俄罗斯联邦公民选举权和参加全民公决权基本保障法〉科学实践释义》,莫斯科,2003年。

波斯特尼科夫·阿·耶、阿列希切娃·尔·格:《俄罗斯选举法指南》,莫斯科,2003年。

第七编

俄罗斯联邦总统

第二十四章
俄罗斯联邦总统职位的确立

第一节　总统职位确立的原因

苏俄的总统职位于1991年3月17日通过俄罗斯全民公决的形式确立。如前所述,这一天在苏俄领土上进行了两个全民公决。第一个是苏联全民公决,由苏联公民决定苏维埃联盟是否继续存在。作为对此的补充,在第二个全民公决上,苏俄公民回应了他们是否需要民选的苏俄总统的问题。用全民公决的方式确立总统职位,也就意味着这个职位可以通过全民公决的方式取消。

要阐述总统的相关问题,首先要明确俄罗斯确立总统职位的原因。这一切在苏联时期就展开了。最初确立了苏联总统(1990年3月),然后一些加盟共和国,包括苏俄也确立了总统职位(1991年3月)。

1990年3月14日,《苏联总统职位确立及修改补充苏联宪法(基本法)法》通过。根据修改后的宪法(第127条)苏维埃国家——苏维埃社会主义共和国联盟——它的首脑是苏联总统。35岁以上、65岁以下的苏联公民有权当选。连选连任不得超过两届。苏联宪法规定,总统由公民直接选举产生。在苏联和大多数共和国,只有获得参加投票的选民总数半数以上的选票才能够当选为总统。

但是在苏联人民代表大会上,法律规定了苏联(由于1991年苏联解体)第一位总统的选举。获得苏联人民代表总数(2 250)半数以上的选票才能当选。如果没有人胜出,则在得票最多的两名候选人中进行第二轮投票。当选的总统宣誓就职。

姆·斯·戈尔巴乔夫在等额选举的基础上当选为苏联总统;尽管一名苏联人民代表自己也提出作为候选人,按他的话说,想让选举带点儿竞争性色彩,但他真的无法与戈尔巴乔夫匹敌。

那么,为什么需要总统职位? 在确立这一职位时官方曾给出如下解释:

(1)这是因党和国家职能分开的结果。我们都知道,当时共产党在全国都处于领导地位,对内和对外的重大问题都要由党的机关来决策,这样,国家生活的决策环节都是在国家体制外完成的。过去是党的决定越权,现在必须要巩固国家权力的决策环节;

(2)分权原则推行以后,就需要协调立法机关和执行机关的活动,那么首先要委任苏联的总统;

(3)急需稳定局势、尽快脱离紧急状态,而现存的机构对此却无能为力。

从上述几个原因来看,只有最后一个原因是比较说得通的——确实需要对局势采取有效措施并尽快作出决定,从这个角度来讲,一个人要比一个集体做得更好。当时有一个苏联最高苏维埃主席的职位,领导最高苏维埃(在召开会议时,也领导苏维埃代表大会)的工作,行使国家元首的职能,但在当时不具有独立性,因此就束缚了他的职能。

另外几个因素则比较含糊。比如,将权力从党的机关转移给国家机关。实际上完全可以部分转移给议会,部分转移给政府;也不清楚为什么分权就需要一个协调机构。分权本身就是想互相制约,而不是一个机关高于其他机关。

这样,是否要确立苏联总统的职位? 这里,主要考虑的因素就是确立苏联总统职位是否合乎目的。

实践中,某些国家将职能和任务分开,而有的国家也可能将职能和任务都集中到一个人的手里。这些职能和任务主要涉及国家、公民和社会的形象和财富。整体而言,一个人来实现上述职能和任务要比一个集体更加有效。这个人:

(1)是国家统一的象征,在国内和世界上都代表着最高的国家利益;

(2)代表全国人民的利益;高于一切社会、党派、民族的主要利益和矛盾;团结社会;融合社会政治和国家生活;

(3)肩负着调整国内局势,保障秩序和安全,履行国际义务的责任;

(4)要么担任国家执行机关的领导,要么位居国家执行机关之上,布置国家执行机关的工作;

(5)宣告自己是国家武装力量的最高总指挥官,领导国防和公民服役工作;

(6)任命执行机关的最高职位,有时任命法官职位;解决国籍问题,对国家公民颁奖和赦免。

上述列举的情形可以综合考量。比如,国家首脑既可以是君主,也可以是总统。但君主制经常是从强权走向衰退,从而只有代表职能(目前仍有例外,比如中东地区的君主制)。总统在形式上是国家元首,但为方便政府,他实际参与管理的能力是受到制约的。但也有这样的模式,总统的法律地位至关重要。总统在法律上受到制约,如由议会监督总统的活动,但实际上总统是完全独立的,这样的情况也存在。

当然,在确立苏联总统职位的时候,这些都考虑到了。不能不顾及本国的实际情况。比如,在斯大林时期,包括该时期之后,国家意识到在很多方面都存在专权的消极后果。所以确立总统职位随之而来的问题就是:这是否意味着恢复专权? 当时,苏联共产党为了防止个人崇拜,采取集体领导国家的原则。但就是这样,总书记的权力之大也是毋庸置疑的。紧接着的问题是:总统的权限如何规定——代表的职能可以由议会主席担任,管理国家的职责由政府总理担任,那么总统的职权是什么呢?

鉴于前面所述,我们也总结了确立总统职位的原因——既有苏联的原因,也有苏俄的原因。

第一,国家领导体制的民主化进程非常快,同时也陷入了瓶颈,议会和政府无法采取有效措施并加以推行,此时需要一位国家领导人,能够时刻领导工作,及时做出决策,稳定社会秩序,使国家不至于滑向缺乏纪律和信心的深渊。接下来,看一下赋予他的个人决定权力。重要的是要求这个人要像议会那样,人民通过直接选举赋予其权力,与其他机关有机结合形成相互作用的专门体制。

第二,确立总统职位的第二个原因是权力的逐渐分立。在苏联以及苏俄时期,国家事业的民主主要表现于议会的建立。常设的苏联人民代表大会和俄罗斯苏维埃联邦社会主义共和国人民代表大会,尤其是苏联最高苏维埃和苏俄最高苏维埃负责众多事项,甚至有权决定一切问题。不夸张地说,总统制就是议会制的平衡器,使权力更加平等、规范,而不是一个权力凌驾于他权力之上(后面还会详细说明)。

第三,如果在议会里面不能形成一党独大的局面,或者议会里(或者在议会的下院)几个政党难以协调配合时,总统就不得不组建政府进行领导,因为如果执行权的主要机关的组建和工作方针都在议会的控制下,那么有冲突的政党就能够使该机关的职能陷入瘫痪。

第四,苏联总统职位的确立,时值执政党——苏联共产党急剧衰退,政治多元化初步形成。该党领袖一直都是国家的元首,同时也常常担任苏联最高苏维埃主席团主席,后期为苏联最高苏维埃主席。但是,随着该党的衰退,总书记的职位逐渐不再起什么作用。此时党内也不希望减少总书记的职权而提高苏联最高苏维埃主席的地位。确立苏联总统的职位也是保持党的影响力的一种方法。

但是,也有另外一方面因素。这就涉及党内领袖人物的野心(中性意义上的理解)。总书记的职位已经不甚重要,而苏联中央委员会主席的职位却不能小觑。苏联总统的职位却可以大有作为。但这还不是全部。有一点很少被提及：总统的职位帮助政党领袖脱离"亲党"的监护。政党领袖进行改革的每一步都要经苏联共产党的政治局和中央委员会审核，并且还要小心提防自己被党内撤职，或是从苏联最高委员会主席的职务上被撤下来，因为苏联人民代表中共产党的成员占了绝大多数。

总统作为全国人民的代表，客观上可能会与本党相对要疏远一些。他会将这个党变成一个普通的政党，当然，苏联共产党是不会放弃丢掉的地位和优势的。总统协助曾经的政党领袖们在联盟一级和共和国一级保住他们的权力地位，同时也与政党势力抗衡。

总统如果觉得某党对自己构成威胁，或者共产党不能容忍的某党，总统都要对其进行禁止。苏俄的第一任总统就是这样做的（就是对自己的动机缄口不提，直接宣告该政党的违宪性）。

上面对确立苏联和苏联的加盟共和国总统职位，包括苏俄总统职位的原因进行了阐述，时隔多年，现在看来这些解释就更有说服力。在确立总统制的时候，说的更多的是它能够将国内的事务进行有序的处理，不会形成总统专权，也没有任何凌驾于苏联权力的最高代表机关之上的企图，但都没有规定该最高代表机关可以监督总统的活动，也没有规定如果总统违反宪法及苏联法律和共和国的法律，该机关有权撤销总统令并提前罢免其总统职务。确实是这样。确立一个能动摇人民代表委员会至高权力的职位，在当时几乎是不可能的。在联盟确立这个职位，以及将它推向全民公决时，代表们所选择的路径与苏俄的路径不一样。并且，开始的时候，总统制的提倡者们也没有打算让总统完全独立于权力最高代表机关。但随着总统逐步行使自己的职权，他的地位逐渐提升，也包括更加独立于最高权力代表机关。

起初，苏联总统是苏维埃国家的首脑，保障苏维埃公民的权利和自由，保障苏联宪法和法律，在苏联民族国家制度的推行下维护苏联及加盟共和国的主权、安全和领土完整，协调最高国家权力机关和管理机关的相互关系。

同时，总统要向人民代表大会做年度国情咨文；向苏联最高苏维埃通报苏联对内和对外的重要问题。根据宪法的新规定，苏联总统在官员任免问题上权力是比较有限的。只能向苏联最高苏维埃，提名苏联部长委员会主席职位、苏联最高法院主席职位、苏联国家总仲裁官职位、苏联总检察长职位的候选人，并向苏联人民代表大会提交批准。部长委员会的成员由苏联最高苏维埃批准，不是根据总统的提名，而是根据政府总理的提名。总统可以根据部长委员会主席和苏联最高苏维埃的最终决定任命和免除苏联政府部分成员。苏联最高苏维埃根据苏联政府的建议，组建或撤销苏联各部及各国家委员会。总统无权解散政府，但可以向苏联最高苏维埃提出解散政府的建议或解散苏联部长委员会的建议。宪法没有规定总统有权领导苏联政府，政府只是向总统报告工作。宪法也没有规定总统对代表大会通过的苏联法律有否决权。而总统违反宪法和苏联法律时，人民代表大会有权免除总统职务。

此后对宪法进行的修改，反映出苏联总统和议会都在努力提高自己地位的现状。比如，1990年12月26日对宪法作出了修改和补充，规定苏联总统领导国家管理机关系统。具体而言，政府——苏联部长办公室直辖于苏联总统，它的权力不是暂缓苏联政府的决定，而是有权撤销政府的决定。还规定，总统经最高苏维埃同意组建部长办公室。还创建了苏联安全委员会，由苏联总统率领。苏联副总统的职位也确立下来。同时，明确了最高苏维埃的职权，保证与总统的职权相符。尤其是，组建和撤销各部及其他苏联中央国家管理机关的权力还由最高苏维埃享有，但不是根据政府的建议，而是根据苏联总统的建议。最高苏维埃仍然有权对政府的组成人员加以变动，但不是根据政府总理的建议，而是根据苏联总统的建议。政府既向苏联总统负责，又向苏联最高苏维埃负责。

由于受篇幅所限，不能详细而全面地介绍苏联总统的地位和工作。

但是，从上述分析中可以看出，总统制模式仍处于发展变化中。

显然，这对还处于争论中的问题，即俄罗斯选择哪种总统制模式，具有非常重要的意义。接下来，我们就来分析这个问题。

第二节　总统职位确立后俄罗斯苏维埃联邦社会主义共和国总统的地位

应该明确指出：在确立俄罗斯苏维埃联邦社会主义共和国总统这一职位的时候，它究竟是什么还不清楚。只有一点是众所周知的：俄罗斯需要一个伟人一样的总统，能够专注于保障共和国的独立，能够代表并保护共和国的利益。

但是建立什么样的总统制能够达到这一点？当时有下列几种方案供选择：

其一，国家元首只履行代表职责，举行正式的典礼、授奖、接待外国使节等；所有管理国家的重要工作都由国务总理来担任；

其二，也是国家元首，但不是"装饰"性的，而是强有力的国家的管理者，自己管理一切或者决定一切；

其三，国家元首是权力执行的首脑，是最高级别的公职人员。这种模式直接把总统推向国家管理机构中的领导地位。这种模式下有些问题的外部表现不太一样。比如说，总统不是政府的首脑，却领导政府，甚至还担任政府会议的主席；总统形式上就是政府的首脑。总统独立组建政府，除了政府总理要经议会同意外；或者总统向议会提名，由议会批准政府的组成人员或者提名一些关键人物，由议会批准。

当然，第一种方案对确立总统制没有任何意义。因为国家需要一个强势的人物来保障和捍卫国家利益。采取第二种模式确立总统职位则不太现实，因为对这个职位可能带来的专权所产生的恐惧完全能够使人打消建立总统制的念头。建立这样的总统制需要总统职权的逐步加强，而不是一开始就能够实现的。这样就只剩下了第三个方案。也正是这个方案在俄罗斯苏维埃联邦社会主义共和国的规范性文件中被确立下来。

当1991年3月17日，全俄全民公决确立了俄罗斯苏维埃联邦社会主义共和国总统职位时，俄罗斯的居民还不了解总统制，也不了解有关总统的法律草案。投票的时候，俄罗斯的公民要么参考的是苏联总统的表征，要么参考世界上存在的几种总统制。

1991年4月24日，俄罗斯苏维埃联邦社会主义共和国最高苏维埃通过了《俄罗斯苏维埃联邦社会主义共和国总统法》。1991年5月24日，第四次俄罗斯苏维埃联邦社会主义共和国人民代表大会通过法律，对俄罗斯苏维埃联邦社会主义共和国宪法进行了多处修改和补充，其中包括确立总统职位的规定。

我们来看一下这份文件中确立的总统地位的基本特征。根据1991年5月24日的宪法第121.1条规定，总统"是俄罗斯苏维埃联邦社会主义共和国的最高级别的公职人员，也是俄罗斯苏维埃联邦社会主义共和国的权力执行机关的首脑"。俄罗斯苏维埃联邦社会主义共和国总统不是人民代表。在4月24日的法律（第1条）中规定，"俄罗斯苏维埃联邦社会主义共和国总统任职期间中止其在政党及社会团体中的成员资格"，但是宪法中没有做出这样的规定。还是在上述法律第1条中也有这样的禁止性规定：总统不得在国家机关及社会组织中担任任何职务。在宪法第121.1条禁止总统在商业组织中担任职务，同时规定，总统无权进行经营性活动。4月24日的法律和宪法都规定，总统由人民直接选举产生。"其他任何形式的选举或者任命，以及授权的方式产生俄罗斯苏维埃联邦社会主义共和国总统都是违法且无效的。"

俄罗斯苏维埃联邦社会主义共和国总统的权力很大：他有权提出立

法案，在法律通过之后14日内签署并公布法律；有权否决俄罗斯苏维埃联邦社会主义共和国最高苏维埃通过的法律，但是当上下两院各自以全体成员多数票通过的时候，否决无效；总统每年至少向俄罗斯苏维埃联邦社会主义共和国人民代表大会提交一次有关代表大会和最高委员会通过的社会经济等政策完成情况的报告和有关国情的报告，有权向俄罗斯苏维埃联邦社会主义共和国、代表大会和最高苏维埃发表国情咨文；总统可以提议召开临时人民代表大会和俄罗斯苏维埃联邦社会主义共和国最高苏维埃临时会议。

总统对俄罗斯苏维埃联邦社会主义共和国政府有很大的权限。他可以经最高苏维埃同意，任命部长委员会主席，而其他政府成员则可以独立任命；领导政府工作；经最高苏维埃同意解散政府。根据宪法第122条，俄罗斯苏维埃联邦社会主义共和国政府是俄罗斯苏维埃联邦社会主义共和国的权力执行机关，向俄罗斯苏维埃联邦社会主义共和国总统报告工作。

在对内和对外的政策、防御和安全问题方面，总统的角色非常重要。他领导俄罗斯苏维埃联邦社会主义共和国安全委员会，以俄罗斯苏维埃联邦社会主义共和国的名义进行谈判并签署合约，有权宣布进入紧急状态。

总统的另外一些权力是自古以来就有的：国籍方面的权力，提供政治庇护，授予俄罗斯苏维埃联邦社会主义共和国国家奖励，授予称号和军衔，赦免权。

本书在第二编提到，1991年4月24日的法律和1991年5月24日修改后的俄罗斯苏维埃联邦社会主义共和国宪法中，有很多条文都规定：总统的行为受到人民代表大会和俄罗斯苏维埃联邦社会主义共和国最高委员会的影响和监督。尤其人民代表大会有权要求总统做临时报告。如果总统令违反俄罗斯苏维埃联邦社会主义共和国宪法和法律、代表大会和最高苏维埃的决议，根据俄罗斯苏维埃联邦社会主义共和国宪法法院的意见，代表大会和最高委员会有权撤销总统令。宪法还规定代表大会既有权撤销总统法令，也有权撤销总统的命令，并且没有规定撤销的理由。代表大会有权审理并处理任何属于俄罗斯苏维埃联邦社会主义共和国内的问题。如前所述，总统只有经最高苏维埃同意才能解散政府。总统的行为，包括总统法令和命令，都是根据俄罗斯苏维埃联邦社会主义共和国宪法和法律，以及代表大会和最高苏维埃的决议颁布的，或者是以实施上述文件为目的而颁布的。

1991年4月24日的法律（第5条第11项）和宪法（第121.5条第11项）专门规定，总统无权解散俄罗斯苏维埃联邦社会主义共和国人民代表大会和俄罗斯苏维埃联邦社会主义共和国最高苏维埃，也无权暂停其工作。此外，宪法第121.6条规定：总统无权改变俄罗斯苏维埃联邦社会主义共和国的民族国家制度，无权解散任何合法选出的国家权力机关，也无权暂停其工作。

宪法规定，如果总统违反俄罗斯苏维埃联邦社会主义共和国宪法和法律，以及其自己的誓言，将被罢免。罢免决定由人民代表大会、最高苏维埃或上院或下院提出，最终由人民代表大会根据俄罗斯苏维埃联邦社会主义共和国宪法法院的决定，以全体代表人数2/3以上多数通过。

以上就是确立俄罗斯苏维埃联邦社会主义共和国总统职位时体现出的基本特点。

1991年4月24日的法律和1991年5月24日修改后的宪法在确立俄联邦总统职位的同时，也规定了俄联邦副总统的职位（稍后将对此进行分析）。

1991年6月12日举行了第一位总统的选举仪式。1991年4月24日，俄罗斯苏维埃联邦社会主义共和国最高苏维埃通过的《总统选举法》，是举行该选举的依据。根据法律，依照规定登记的共和国（俄罗斯苏维埃联邦社会主义共和国）政党、职业联合会、群众性社会-政治运动，以及登记的全联盟（当时苏联还存在）的政党、职业联合会和群众性运动的共和国机关都可以提出总统候选人。此外，根据居住地和服役地，劳动集体、公民联合在收集10万个以上支持候选人的选民签名的情况下，也可以提出候选人。

在不记名投票的选票上有两种候选人：一种是10万人支持的候选人；另一种候选人需要最迟于选举前15天获得俄罗斯苏维埃联邦社会主义共和国人民代表总数1/5以上的支持（或者通过俄罗斯苏维埃联邦社会主义共和国人民代表大会不记名投票获得支持，或者通过收集俄罗斯苏维埃联邦社会主义共和国人民代表的签名获得支持）。

提出总统候选人的同时，提出俄罗斯苏维埃联邦社会主义共和国副总统的候选人。

法律规定选举应进行两轮。获得参加投票选举半数以上选票的候选人当选为俄罗斯苏维埃联邦社会主义共和国总统。同时，选民名单中半数以上的选民参加投票的，则选举被认定为有效。如果选票中有两名以上候选人，但没有人当选，则中央选举委员会举行第二轮投票，在第一轮投票获得选票最多的两名候选人中选出总统。在第二轮投票中，选民名单中50%以上的选民参加投票，获得参加投票选民的选票最多并且所得赞成票多于反对票的候选人当选。

总共有6名总统候选人。B.N.叶利钦在第一轮就胜出了；阿·弗·卢茨科伊当选为俄罗斯苏维埃联邦社会主义共和国副总统。

1991年6月27日俄罗斯苏维埃联邦社会主义共和国《总统就职法》（1993年12月24日被俄联邦总统令撤销）规定，总统就职时应在俄罗斯苏维埃联邦社会主义共和国最高国家权力机关的庆祝大会上向人民宣誓。宣誓后，奏俄罗斯苏维埃联邦社会主义共和国的国歌。总统和副总统自宣誓之时起就职，不再行使代表的职权或担任其他职务。

叶利钦总统于1991年7月10日在俄罗斯苏维埃联邦社会主义共和国第五次人民代表大会上宣誓就职。

第三节　1991—1993年的俄罗斯联邦总统

俄罗斯总统制的确立遇到了以下几个困难：

第一，俄罗斯总统职位的确立及其权利行使的初期还处于国家联盟——苏联存续的条件下。俄罗斯苏维埃联邦社会主义共和国虽然是个大国，但就其地位来讲，也只是15个加盟共和国之一，俄罗斯要想保持它的独立地位，总统就应该直接处理他与联盟机关在关系协调上的问题。

第二，总统制实施的最初几年是与国内社会、经济和政治发生根本改革相伴随的。事实上，社会形态发生变革，总统不仅要参与其中，甚至是这场变革的领导者。

第三，俄罗斯的经济状况在当时是很不好的，几百万人的物质生活水平急剧下降。总统此时就要采取措施改善这种状况，甚至可能因此而丧失在人民心目中的威信和声望。

第四，总统与议会、俄联邦宪法法院的关系难以协调，经常就"如何走出危机"这样的问题而发生冲突。总统和议会的关系本来就很复杂，对于政治关系来说也很正常，但在俄罗斯，议会和总统对此都还没有正确的认识。

第五，不仅仅总统的宪法地位正处于确立的过程中，其他国家机关，尤其是议会和政府的宪法地位也处于这种状态。向前发展的过程中，也作出了很多决定，但这些决定都伴随着激烈的博弈。

第六，在确立总统职位的时候，把这个职位设置成什么样当时还不清楚。当时的情况是总统行政机构的建立、改组、整合和撤销此起彼伏，与俄联邦政府部门、各部、机关、地区机构等单位的关系都比较复杂。

第七，还应当提到一个个人因素。叶利钦总统不是特别顺乎潮流。当时发生的很多冲突和复杂情况都与他的性格有关。他做事不顾后果，又不愿意妥协。可以说，总统制造纠纷的能力超乎人们的想象。

总之，总统坚持己见、企图扩大自己在国家和社会的影响、为自己的权力寻求法律保障，这就是当时的特点。

叶利钦总统就职后的第一件事就是组建俄联邦政府并创建私人的行政机构。但到1991年8月就发生了第一次严峻的考验。8月19日部分联盟领导人宣布成立紧急状态国家委员会，计划借此避免苏维埃联盟的解体。以叶利钦为首的俄罗斯苏维埃联邦社会主义共和国领导人都一致反对。计划失败后，苏联总统戈尔巴乔夫被拘禁在克里木的农庄中，后抵达莫斯科。但叶利钦是实际的国家（而不仅仅是俄罗斯苏维埃联邦社会主义共和国）领导人。从1991年8月22日开始，俄罗斯苏维埃联邦社会主义共和国最高苏维埃、俄罗斯苏维埃联邦社会主义共和国总统采取了很多行动，目的就是建立并巩固俄罗斯苏维埃联邦社会主义共和国的国家制度。联盟制度中很多的机构直接转向苏俄共和国的国家制度中。

诸多文件和行动的目的都是为了提高俄罗斯苏维埃联邦社会主义共和国总统的地位。比如，1991年8月20日，总统包揽了苏联在俄罗斯苏维埃联邦社会主义共和国的军事指挥权——直到宪法机关和国家权力机关完全恢复工作时终止。尽管对外宣布是临时性的，但从那以后俄罗斯总统把自己当作是解决所有军事问题的权威。

1991年8月21日，俄罗斯苏维埃联邦社会主义共和国最高苏维埃通过了《关于为消除苏联国家转型导致的后果、保障人民代表委员会的正常活动，而增加俄罗斯苏维埃联邦社会主义共和国总统职权的条例》。总统的权力扩大到亲自批准有关管理边疆区、州的法律，以及自治州、自治地区的法律；如果该级委员会主席由于未履行俄罗斯苏维埃联邦社会主义共和国法律或者实施了违宪行为，总统还有权解除其主席职务。在这些组成单位的行政机关中设置了由俄罗斯苏维埃联邦社会主义共和国总统任命的负责人职务。并且，总统还抓住时机做出了更多重要决定。第二天，也就是1991年8月22日，发布《俄罗斯苏维埃联邦社会主义共和国权力执行机关活动相关问题》的法令，宣布从总统到下面的所有权力执行首脑，共同组成俄罗斯苏维埃联邦社会主义共和国的权力执行统一体系。实际上在确立总统职位的时候，宪法中就已经规定，总统是俄罗斯苏维埃联邦社会主义共和国的权力执行首脑，而现在他又直接挑明了自己是体系中最高级别的意图。并且，总统向地方指派代表，目的在于协调地区执行权机关的活动。这些代表同时又是总统监管行政机构的组成人员，并都由总统任命。

苏联解体以后，国内的经济状况恶化，总统决定将领导国民经济的重要权力集中到自己手中，并直接领导政府进行经济活动。

1991年7月13日批准的政府总理在位时间不长，9月26日就被调职了。之后很长时间总统都拒绝向俄罗斯苏维埃联邦社会主义共和国最高苏维埃提出新的总理候选人。当时，他向人民代表大会提出增加权力，借此在经济改革时期率领全国走出危机。第五次人民代表大会根据1991年11月1日的《经济改革法律保障条例》赋予总统可以绕开法律、直接以法令形式解决经济问题的权力——他应当向最高委员会或最高委员会主席团提交这些法令，如果法令被拒绝，可以作为法律草案进行审查。政府就是根据《经济改革时期俄罗斯苏维埃联邦社会主义共和国政府组织工作令》组建的，正如该法令中所说，"受俄罗斯苏维埃联邦社会主义共和国的直接领导"。

当时组建权力执行机关有一个特点，就是一部分机关在政府的领导下组建，另一部分机关则直接隶属于总统。总统定期将自己领导的国家委员会和其他部门交给政府管辖。但实践中，很多权力执行机关都被总统控制，而不是受俄联邦政府的领导，至今依然如此。

从1992年1月开始，总统就宣传价格自由政策。一方面，它推动了商品消费市场逐步充实；另一方面，也导致了几百万人民的生活水平迅速降低，老百姓失去存款，而微薄的工资和退休金更买不起昂贵的商品。从那时候开始，俄罗斯苏维埃联邦社会主义共和国人民代表大会和最高委员会就与总统开始了剧烈的对抗。当时的情况比较复杂。所有经济措施都是根据总统的决定实施的，但总统好像又都是根据人民代表大会的授权才作出决定的，而总统的做法以及所带来的后果对代表们来说是没有预料到的。他们只能通过决定加以确认并要求总统改善现状，但他们没有更彻底的解决办法。最高委员会和人民代表大会可以根据宪法以提出不信任案的方式解散政府。但是，总统亲自率领政府，想这样做是不太可能的。

显然，总统的管辖范围过宽，这使得他不能有效管理经济工作，急需直接管理经济工作的政府总理。1992年4月11日的第六次人民代表大会向总统建议，应该向最高委员会提出政府总理的候选人。但是总统故意对此不加理会。1992年6月15日他将政府总理的职责交给耶·特·盖达尔。盖达尔曾任副总理，自3月2日任政府第一副总理。并且"将职责交给"盖达尔，并不意味着他就是名副其实的政府总理。所以，总统也没有义务向最高委员会提出候选人。

这种状况一直持续到1992年12月。当时召开第七次人民代表大会，会上延长了总统的职权期限，并要求他在俄联邦宪法和法律的框架内行使职权。具体地说，大会迫使总统提出政府总理的候选人，由大会批准。同时，对俄联邦宪法作出了重要的修改，目的在于削弱总统职权，加强最高委员会对总统的制约。比如，宪法修改后，最高委员会不仅有权批准总统任命的政府首脑，还有权批准四个重要职位的任命——外交部长、国防部长、安全部长和内务部长。最高委员会还有权任命俄联邦中央银行行长。总统应当向俄联邦最高委员会提交成立、改组和撤销各部、俄联邦国家委员会和机关的建议。最高委员会的权力还增加了：有权制定立法、执行和司法权联邦机关的组织和活动准则，确定俄罗斯领土内代表权和执行权机关体系的组织原则。最高委员会根据俄联邦宪法法院的决定，不仅有权撤销总统法令，还可以像以前一样，有权撤销总统命令。宪法法院对案件审理前，最高委员会有权暂缓总统法令和命令的执行。俄联邦政府要向人民代表大会、最高委员会和俄联邦总统报告工作（此前，只向总统报告工作）。

宪法确立了俄联邦总统的地位，其中包括承认总统是俄联邦武装力量的总指挥官。总统向最高委员会提交法律草案时，可以将其确定为紧急文件处理。宪法中删掉了关于总统"可以根据或为履行"俄联邦宪法和法律、代表大会和最高委员会的决议而颁布自己的文件，仅保留"文件不能违背俄联邦宪法和法律"的规定。因此，在宪法或者法律中缺少相应规定的情况下，总统可能用自己的文件填补漏洞。

但是总统的地位总体而言还是被削弱了。比如，第121.6条规定总统的职权不能用于改变俄联邦民族国家制度，不能解散或者中止合法选举产生的国家权力机关的活动，该条还补充了一句"否则职权立即终止"。因此，对于很多重要问题，立法限制了总统职权，从而保持了自己的至上地位。

1993年，总统和议员的对立情况更为严重。直到总统下令终止俄联邦人民代表大会和最高委员会的活动，进行新议会——俄联邦联邦会议的选举，以及1993年12月12日通过宪法提高俄联邦总统的地位，对立的局面才算结束。

第四节　俄罗斯联邦副总统

如前所述，确立俄联邦总统职位的时候也规定了俄联邦副总统的职位。这个职位不是必须确定的。很多实行总统制的国家都没有设置副总统的职位。显然，我们借鉴的是美国的经验，于是在1990年12月确立了苏联副总统的职位。

根据俄罗斯苏维埃联邦社会主义共和国宪法（1991年5月24日修订），俄罗斯苏维埃联邦社会主义共和国的总统和副总统同时进行选举（第121.7条）。总统候选人推荐副总统候选人，也就是说，他们两人一起参加选举，总统的赞成票或者反对票的数量就是副总统获得的票数。副总统与总统有相同的年龄限制（35—65岁），也不能是人民代表。

众所周知，阿·弗·卢茨科伊当选为俄罗斯苏维埃联邦社会主义共和国副总统。飞行员、上校、苏联英雄（阿富汗战争中他获得了这一称号）、俄罗斯苏维埃联邦社会主义共和国人民代表出身的卢茨科伊在此之前宣布成立自己的社会主义政党（自由俄罗斯人民党），希望获得选民的支持，因为有很多选民都是社会主义的拥护者，只是对共产党太失望了。

宪法规定，总统将自己的部分职权委托给副总统行使，总统缺位时，由俄罗斯苏维埃联邦社会主义共和国副总统担任。

因此，宪法并没有授予副总统具体的职权，他就像是总统的"影子"（按照美国的模式）。但实际也不是这样的，仍然通过了很多文件规定副总统的活动范围。

1991年11月19日总统令《俄罗斯苏维埃联邦社会主义共和国副总统职责》规定副总统负责直接协调和组织国家委员会和其他委员会（规范委员会、度量衡委员会和证明委员会、民用防御事务委员会以及军转民事务委员会等）以及国家近卫军的工作。卫生流行病监督委员会、工业安全监督委员会、采矿及辐射安全监督委员会都在俄罗斯苏维埃联邦社会主义共和国总统的领导下归副总统管辖。三个机关随即共用一个名称，并且11月19日它们还是俄罗斯苏维埃联邦社会主义共和国国家委员会，而不在总统的管辖范围。根据1991年12月3日的总统令，它们成为总统下设的国家委员会，但仍然没有合并为一个机关。国家标准是根据1991年11月26日的总统令设立的。至于近卫军的问题，1991年8月20日的总统令委托副总统起草相关的建议书。但成立近卫军的正式决定没有被通过，随后，成立民族近卫军总指挥部的设想也只能停留在草案中。

但是副总统将11月19日的命令实行了不超过一个月。1991年12月16日和19日的总统令就规定，过去由副总统进行监督和领导的委员会都由俄联邦政府负责监督和领导。

根据1991年11月19日的总统令，副总统受托"监管"新成立的总统机构之一——改革进程监督中心，该中心是根据1991年11月6日总统令《经济改革条件下俄罗斯苏维埃联邦社会主义共和国政府工作组织》而组建。该法令第8项规定，副总统负责协调俄罗斯苏维埃联邦社会主义共和国政府和俄罗斯苏维埃联邦社会主义共和国总统成立的管理机构之间的关系，受总统委托在总统授予的权限内履行其他组织和监管职能。但是，根据1991年12月19日的总统令，该第8项已经失效。

如此一来，副总统就完全没有领导、协调和组织工作的对象了。并且，这还是副总统和总统之间关系正常的状态下。

他们关系疏远是在1992年1月宣布价格自由政策之后。副总统与总统在对待这一政策上观点出现严重分歧。副总统在自己的公开演讲中宣称不能采取这个政策。随着对国家其他问题分歧的增多，总统开始指责副总统。

1992年2月26日《俄罗斯联邦副总统受托职权令》对副总统的权限作出进一步规定。总统将农业工业化体系（土地改革、发展农村新型农业、研究并实施煤气化问题、农业化学化问题、发展农村建筑工业、军工系统军转民提供农业机械化设备、为农业工业化体系改革的实施吸收国外投资和贷款等）的问题交给副总统处理。为了完成这些任务，副总统有权颁布命令，即使俄罗斯联邦各部、各机关及其他执行权机关也有权颁布这类命令。副总统有权依法成立土地改革中心和基金会，为研究计划成立工作小组。1992年6月27日《俄罗斯联邦土地和农业工业化改革中组织措施令》将副总统的权利和义务进行了更加具体的规定。

因此,副总统——曾经的部队飞行官——被"扔"到农业这块"阵地"上。因为此时副总统和总统之间出现分歧,新闻工作者们都还记得,在苏联共产党领导时期,对农业的监督是最艰难的一块,常常是那些被人希望尽快"自毁灭亡"的党内人士被派去做这项工作:因为肯定会失败,他也会因此而失去威信。

很难评价副总统在农业这个领域的工作成绩。首先,农业在客观上还处于衰败期并且还有持续的可能。其次,副总统为了提升农业实力所提出的积极建议,用他的话说,没有得到国家领导的回应。负责农业的国家工作人员都是受俄联邦总统的领导,考虑到副总统专业水平,也就不太顾及副总统这个"实习生",更主要的是因为他们都知道总统和副总统的关系。

副总统还负责一项工作——领导反腐委员会。他发表了大量声明,表示对国家机关、军队里的腐败痛心疾首。他的演说常常带来戏剧性效果,在反腐方面他作出的所有努力不但没有得到总统的支持,反而,很多人都得到总统这把保护伞的庇护。

总统用言词和行动回应副总统的演说。1992年2月26日的总统令被1993年4月23日的总统令撤销,并宣布1992年6月27日的总统令中关于副总统权利和义务的规定部分失效。结果就是副总统"不再是"农业工业领域的"实习生"。很快,他领导反腐委员会的权力也被终止了。反腐委员会的新任领导还企图诋毁副总统,诬告他参与了大量资金的挪用。后来莫斯科市检察院经过调查,证明此项指控为子虚乌有。

可是1993年9月1日,总统发布《暂时解除阿·弗·卢茨科伊和弗·夫·舒梅科职务令》(当时俄联邦政府第一副总理是弗·夫·舒梅科)。总统令中指出,"由于执行权系统内的公职人员互相控告对方腐败并提起申诉,这种情况严重影响了俄罗斯联邦国家权力机关的威信"。

又继续指出：由于案件正在调查，并且副总统也没有接到总统在缺位时交付的工作——因此暂时解除阿·弗·卢茨科伊和弗·夫·舒梅科的职务（总统令中没有提到解除舒梅科职务的原因）。

俄联邦宪法没有规定总统有权暂时解除副总统职务。众所周知，副总统是人民选举产生的，他不是总统的官员，而是代表着高级国家机关。他们的关系不是劳动法管辖的对象，而是宪法调整的对象。宪法规定，解除总统和副总统职务遵循同样的程序，由同一机关作出（人民代表大会）。该总统令被提交到俄联邦宪法法院，审查其是否合宪。

但是1993年9月21日—10月4日的那场轰动事件（总统解散俄联邦人民代表大会和最高委员会）揭示了矛盾是如何解决的。副总统站在俄联邦人民代表大会和最高委员会一边。俄联邦最高委员会通过1993年9月22日的条例宣布自9月21日20点停止叶利钦的职权，自同一时间起由卢茨科伊总统行使职权。1993年9月22日，卢茨科伊宣布着手履行俄联邦总统职务。紧急召开的俄联邦第十次人民代表大会于10月24日作出决议，支持最高委员会和卢茨科伊的举动。

叶利钦显然不同意最高委员会和代表大会的决定。他宣布卢茨科伊行使总统职权是"违法的"，也是"无效的"。

"白宫"屈服后，卢茨科伊被逮捕，关押于列福尔托沃监狱，后被国家杜马赦免出狱。

如果说在过去更平静的氛围里，俄罗斯是否需要副总统的问题还处于讨论阶段，那么这次事件后，已经不再论及副总统职位如何保留的问题了。1993年俄联邦宪法中没有对副总统职位加以规定。近年来，确立这一职位的提议多在学术著作中或者报纸上进行讨论，但都没有起到多大作用。

第二十五章
1993年宪法规定的俄罗斯联邦总统

第一节 地位基础

前一部宪法赋予国家权力的最高代表机关——俄联邦人民代表大会——最高的地位,包括其高于总统的地位。大会有权审查俄罗斯联邦管辖内的任何问题,听取总统的年度报告,如果它认为有必要,随时可以撤销总统的法令。

1993年宪法则规定了总统在国家机关制度中的领导地位。甚至宪法中设置章的顺序时,第四章《俄罗斯联邦总统》放在了第五章《联邦会议》之前。

过去总统是执行权首脑和国家的最高公职人员,现在他是"国家元首",也是俄联邦宪法、公民权利和自由的保障(宪法第80条)。在宪法确定的程序内,总统采取措施维护俄罗斯联邦主权、独立和完整,保障国家机关的协调合作。根据俄联邦宪法和联邦法律的规定,总统确定国家对内和对外的基本方针。作为国家元首,在国内和国际关系中代表俄罗斯联邦。

俄罗斯总统的强权模式体现在以下几个方面:

第一,总统由人民选举产生,其职权也来自人民,正是人民把国家最高的职权委托给了总统。

第二，正如我们在本书第三编提到的，在俄罗斯的宪法政治制度中，总统不在分权制度中，而是高于一切权力。根据宪法第10条规定，俄罗斯联邦的国家权力分为立法权、执行权和司法权。第11条规定，国家权力由俄联邦总统、联邦会议、政府共同行使。也就是说，总统也行使国家权力。但是行使的是"三权"当中的哪一个呢？立法权由议会行使（第94条），执行权由俄联邦政府行使（第110条），而司法权由法院行使（宪法第七章），那就只能是总统有自己的权力形式。宪法注释的作者通常将这种权力称为总统权，也是权力的一个独立的分支。

第三，只有总统能够保证其他国家权力机关，包括联邦一级的也包括俄联邦主体一级的协调合作（宪法第80条、第85条）。其他机关都没有这个能力。

第四，总统独立于其他国家权力机关。议会权和司法权对总统权的抗衡和制约以及监督的力度非常小。

第五，从致联邦会议咨文到提交法律草案由联邦会议优先审议，再到否决权，再到公职人员候选人的提名权，最后到解散下院（国家杜马）的权力，总统本身对议会的权力却是非常大的。

第六，总统有权对属于自己管辖范围的问题进行法律创制，并在一定范围内进行特殊的立法，也就是在没有制定出相关法律的时候，可以发布总统令以调整对应的社会关系，直到制定出相应的法律（如果及时对其进行修订，可以继续生效）。

第七，总统掌控着制定国家对内和对外政策的一切枢纽，指引着它们的方向。

第八，俄联邦政府完全可以将俄联邦总统称之为政府，因为总统可以组建政府，领导其工作并随时有权将其解散。一些政府成员，以及联邦部门（外事、国防、内务、安全领域）担任重要职务的领导人员都直接受总统领导。总统确定执行权联邦机关的整个制度体系。

第九，属于俄罗斯联邦管辖范围内的问题都实行垂直管理，最上面的一级就是俄联邦总统。

第十，总统重视安全问题，决定国家的军事方针。他是俄联邦安全委员会主席，全国的武装力量和最高统帅部都由总统作为总指挥官管辖。总统宣布进入战时状态或紧急状态，命令军事行动的发起和结束，以及采取其他的紧急措施。

因此，总统是领导国家的重要角色，也是国家政治生活的首要人物。在国际舞台上他都有着举足轻重的地位。这都决定了其一个宪法和政治集于一身的形象，他既是国家的领袖又是社会的领袖。

1993年的俄联邦宪法最初规定，总统由俄罗斯联邦公民在普遍选举权的基础上选举产生，任期4年。2008年12月30日对宪法进行了修改，总统任期延长到6年。35岁以上（没有上限）、在俄罗斯联邦连续居住10年以上的俄罗斯公民有权当选为总统。

俄联邦总统职务连任不得超过两届。这个规定也意味着，经过一段间歇之后（哪怕是短暂的，如新当选的总统解职）还有希望当选总统。根据之前的宪法，总统不可以是议员，不可以在国家机关和组织、商业机关和组织以及公共机关和组织任职，也无权从事经营活动。现行宪法没有规定这些限制。2001年联邦法律《政党法》规定，俄联邦总统在其任职期间内有权暂停其政党成员的资格（第10条第4项）。这样，他本身是政党成员；当选后与政党的关系由总统自己决定；并且，法律没有要求退党，而是暂停其成员资格，那么就可以理解为，当总统任期结束时，他可以自动拥有该党成员的充分地位。

候选人当选为总统后，其应于中央选举委员会正式宣布选举结果后的第30日就职。此时，他要向人民宣誓（俄联邦宪法第82条）：宣誓要在联邦委员会成员、国家杜马议员和俄联邦宪法法院的法官们都出席的隆重氛围下进行——这是俄联邦宪法的要求，现实中还有联邦执行权机关的负责人、俄联邦主体权力执行机关的领导，以及政党、社会团体、神职人员、外交使团等的代表出席。

莫斯科的克里姆林宫是总统官邸（1992年1月31日的俄联邦总统令）。

1994年2月15日的《俄罗斯联邦总统旗》法令规定，"俄罗斯联邦总统旗是俄罗斯联邦总统权力的象征"。总统旗是由三条等宽横向条带组成的方形布：最上方的是白色，中间的是蓝色，最下方的是红色（俄联邦国旗的颜色），中央是金色的俄联邦国徽的标志。方形布用金色的穗子缝边。旗杆上固定有银色的柄，上面刻着俄联邦总统的姓、名和父称，以及他就职的日期。旗杆顶上装有矛状的金属物。

俄联邦总统的总统旗原型的制作地点是俄罗斯联邦首都莫斯科市总统官邸的总统办公室。新当选的总统就职时，总统旗就摆放在他的旁边。总统旗的副本悬挂在俄罗斯联邦的首都莫斯科市的总统官邸上方，当总统下榻于其他官邸时，悬挂于该官邸的上方，固定或悬挂在总统的交通工具上。

第二节　俄罗斯联邦总统的职权

一、成立或者组建国家机关，任命公职人员的权力

总统经国家杜马同意，任命政府总理（俄联邦宪法第83条第1项）。在组建下届政府时（第111条第2款），总统向国家杜马提名政府总理候选人。取得国家杜马同意后，总统下令任命政府总理，授权总理提名政府的组成人员。

接下来，由政府总理提名，根据俄联邦宪法第83条第5项，总统组建政府，任命或解职政府副总理及各联邦部长。宪法、1997年12月17日的联邦宪法性法律《俄罗斯联邦政府法》、2004年6月1日的俄联邦政府条例中都没有规定政府总理以什么方式、形式（书面、口头）向总统提名。

俄联邦第一位总统叶利钦有时候并不征求总理的建议就任命政府成员，使之成为既定事实。从法律关系的角度来看，可以认定这种行为没有效力；同时，也出现一个问题，如果政府总理想挑事端，就可能会自毁前程。

只有总统有权确定联邦权力执行机关的组织结构和制度。1997年制定有关俄联邦政府的联邦宪法性法律时国家杜马和联邦委员会都建议，政府机关的制度和组织结构都由联邦法律规定，这样总统的权力就能够受到限制。但是俄联邦的第一位总统就因为这条规定，还有其他一些规定坚决拒绝签署法案。权力之间的冲突从1997年5月拖到同年12月，最终将相应的规定都删掉以后，总统签署了该联邦宪法性法律。

总统当选并就职以后，发布有关联邦权力执行机关的制度和组织结构的命令。并且，每当俄联邦政府辞职、新内阁的组建以及执行权改革，都会发布这样的命令或对命令的修订。此时可能会有一些部门和其他执行权机关保留下来，另一些要重新组建，还有一些被撤销。

任命各部部长——领导相应部门的政府成员的同时，总统还任命其他执行权联邦机关的领导，他们虽然不是部长，但为总统的工作提供保障（其余机关的领导人则由俄联邦政府任命）。在2004年3月9日的俄联邦《关于执行权联邦机关的制度和组织结构》总统令中就有这样一个规则："由俄罗斯联邦总统领导的执行权联邦机关的负责人及其副职，都由俄罗斯联邦总统任命或解职"（第1段第7项）。那么，此处就扩大了总统的权力——如果该部、联邦局或者联邦代表处是受总统领导的，该机关的负责人及其副职就由总统任命和免职。

根据俄联邦宪法（第83条第3项）总统有权决定俄联邦政府辞职。宪法第117条规定两个辞职途径：第一个，政府自己辞职（第1款），总统可以接受，也可以拒绝，如果被总统拒绝，政府则没有选择，应当继续工作；第二个，总统亲自决定政府的辞职（第2款），此时政府只能服从（政府愿意辞职，总统视情况而定的情况也可能存在）。

根据宪法第83条第4项，总统向国家杜马提名俄联邦中央银行行长候选人,也有权向杜马提出解除中央银行行长职务的建议。根据2002年7月10日(2009年修订)联邦俄罗斯银行法第14条的规定,俄罗斯银行行长由国家杜马以全体议员多数票通过任命,任期4年。这个职位的候选人由总统最迟于现任俄罗斯银行行长权限届满前3个月提出。在提前解除行长职务的情况下,总统自解除之日起两个星期内提出候选人。如果提名的候选人被拒绝,总统要在两个星期内提出新的候选人。同一候选人不得提出超过两次。行长职务不得连任超过3届。国家杜马可以根据总统的建议免除银行行长的职务。

根据宪法第83条第6项,总统向联邦委员会提名俄联邦宪法法院、俄联邦最高法院、俄联邦高等仲裁法院法官的候选人;任命联邦其他联邦法院法官。根据1996年12月26日的联邦宪法性法律《俄罗斯联邦司法制度法》(2005年4月5日修订),除上述俄罗斯联邦最高法院外,俄联邦主体行使一般司法管辖权的法院、地区法院、军事法院和专门法院,以及所有仲裁法院都属于联邦法院。因此,这些法院的法官都由俄联邦总统任命。

1992年6月26日《俄罗斯联邦法官地位法》(2009年修订)规定,最高法院和高等仲裁法院的法官都由联邦委员会根据总统提名任命,总统提名时参考最高法院主席和最高仲裁法院主席的意见。联邦区仲裁法院法官由总统根据高等仲裁法院主席的提名任命。其他联邦一般司法管辖权和仲裁法院的法官由总统根据最高法院主席和高等仲裁法院主席的提名任命。军事法院法官由总统根据最高法院主席提名任命。

总统自收到必需材料之日起两个月内任命联邦法院法官,而向联邦委员会提名最高法院和高等仲裁法院法官的候选人或者召回提出的候选人,要将相关信息告知相应法院的主席。只有相应的法官评定委员会出具肯定意见时,才能够任命法官。

在任命联邦法院领导人员的时候,总统起着决定性作用。根据法官地位法第6.1条,最高法院主席、高等仲裁法院主席由联邦委员会根据总统提名任命，同时也要有俄联邦最高法院鉴定委员会的肯定意见，任期6年。上述最高法院的副主席由联邦委员会根据总统提名任命，总统的提名要以最高法院主席、高等仲裁法院主席的建议为依据，同时由俄联邦最高法官评定委员会出具肯定意见，任期6年。俄联邦主体高等法院和军事法院的主席、副主席由总统根据俄联邦最高法院主席的提名、俄联邦高等法官评定委员会的肯定意见任命，任期6年。联邦区仲裁法院、俄联邦主体仲裁法院的主席、副主席由总统根据俄联邦高等仲裁法院主席提名、俄联邦高等法官评定委员会出具的肯定意见任命，任期6年。地区法院的主席、副主席由总统根据俄联邦最高法院主席提名、俄联邦主体法官评定委员会出具的肯定意见任命，任期6年。

以前，俄联邦宪法法院的主席、副主席、秘书法官都是通过无记名投票在内部法官中间选举产生的。2009年6月2日对1994年的联邦宪法性法律《俄联邦宪法法院法》进行了修改，增加了一个副主席的职务来取代秘书法官的职位。同时，还规定：俄联邦宪法法院的主席由联邦委员会根据俄联邦总统提名从俄联邦宪法法院法官中任命，任期6年。俄罗斯联邦宪法法院主席有两名副主席，副主席由联邦委员会根据俄联邦总统提名，从俄联邦宪法法院的法官中任命，任期6年。俄联邦宪法法院主席和副主席任期届满后可以被重新任命。

总统向联邦委员会提名俄联邦总检察长候选人，也有权向联邦委员会建议免除俄联邦总检察长的职务。

对1995年1月11日《俄罗斯联邦检查厅法》（2009年修订）进行了修改，规定自2004年12月起，总统享有任命和解除俄联邦检查厅主席和副主席的权力。此前，主席和副主席的候选人由国家杜马的委员会、议员团、国家杜马议员小组或联邦委员会成员小组向联邦会议的上下两院提出。目前，检查厅主席由国家杜马根据总统提名任命，任期6年。任命检查厅主席的决定由国家杜马以杜马议员多数票通过。国家杜马党团和委员会，以及杜马议员总数1/5以上的议员，可以向总统提出检查厅主席候选人。总统最迟于现任检查厅主席任职期满前3个月提名检查厅主席的候选人。当检查厅主席提前免除职务时,总统自免除职务之日起两个星期内提出候选人。当提名的候选人被拒绝时,总统在两个星期内提出新的候选人。此时,总统可以提出原来的候选人交由国家杜马审议,或者提出新的候选人。

总统向联邦委员会提名检查厅副主席候选人。对应地,联邦委员会的各部门以及联邦委员会成员的1/5以上可以向总统提名候选人。其他规则与任命检查厅主席的规则相同。

俄联邦宪法规定,联邦会议的两院各指派6名检查厅检查员。人选来自两院。2007年4月12日,法律修订后,检查厅的检查员候选人目前也由总统向联邦会议的两院提出,候选人的建议由议会两院的人主动向总统提出。

总统也向议会两院建议免除检查厅主席、副主席的职务(对于会计检查员没有相关规定)。

总统组建并领导俄联邦安全委员会。根据2008年5月25日的俄联邦总统令,安全委员会的组成人员为:安全委员会主席是俄联邦总统;常设成员:俄联邦政府总理、联邦委员会主席、国家杜马主席、俄联邦总统办公厅负责人、俄联邦政府副总理、政府办公厅负责人、国防部长、外交部长、内务部长、俄罗斯对外情报局和联邦安全局局长、安全委员会秘书;安全委员会成员:俄联邦政府副总理、财政部长、司法部长、总统在联邦区的全权代表、俄联邦国防部第一副部长、总参谋长、联邦毒品监察局局长、俄罗斯联邦安全局边检局第一副局长、俄罗斯科学院院长。

联邦国家委员会根据2000年9月1日总统令组建——总统领导下的咨议机关。组成人员包括俄联邦主体权力执行机关的首脑。

总统组建总统办公厅。现实中,总统的职权更广——他不仅组建自己的办公厅,决定办公厅的机构设置,任命组成人员,还批准总统办公厅的相关条例。最新条例由2004年4月6日的总统令批准(2008年修订)。

宪法规定,总统任命并解职俄罗斯联邦总统的全权代表(第83条第10项)。全权代表制度应用很广。首先是总统在俄联邦主体任命自己的代表。2000年5月13日总统下令成立俄罗斯境内7个联邦区,并在每个区任命全权代表,领导联邦监察员。总统的全权代表还常设于国家杜马、联邦委员会、俄联邦宪法法院、欧洲人权委员会。必要时,总统任命全权代表解决特定问题。

自2004年12月起,俄联邦总统在俄联邦主体执行权首脑候选人的选拔和授权方面权力增大。之前的首脑是由俄联邦主体的选民选举产生的。2004年12月29日对《俄罗斯联邦主体国家权力执行机关和立法(代表)权机关组织原则法》进行了修改。现在,俄联邦总统提名这些首脑的候选人,而俄罗斯公民授予俄联邦主体最高公职人员权力的决定由俄联邦主体立法权机关作出。这些首脑在失去总统信任、拒绝撤销或修正自己违反联邦立法、妨碍联邦职权实施、侵犯公民权利和自由保障的行为时,俄联邦总统可以免除其职务。

总统决定国防、对内事务的干部任用。比如,他任命俄联邦军事力量的最高指挥官,并有权免除其职务;授予高级军官军衔——1998年3月28日的联邦《军队义务和军务法》规定的军衔有少将、海军少将、中将、海军中将、上将、海军上将、大将、海军元帅、俄罗斯联邦统帅。

1991年4月18日俄联邦《警察法》规定,在俄联邦主体,俄联邦总统根据俄联邦内务部长的建议任命联邦主体的内务部长、内务局长领导警察局,总统也有权免除联邦主体内务部长和内务局长的职务。

总统在对外政策领域决定人事任免问题。根据俄联邦宪法第83条第12项的规定,总统在征求了联邦会议相应委员会的意见后,有权任命和召回俄联邦驻外国和国际组织的外交代表。必要时,总统任命没有外交地位的临时代表,后者接受其委托与国际组织和其他国家进行交涉,以保障俄罗斯联邦的利益及俄联邦公民的权利(比如,加里宁格勒州居民的出入境问题)。

二、领导国内政策和对外关系领域的职权

（一）对内政策问题

俄联邦宪法第80条第3款规定，总统"根据俄罗斯联邦宪法和联邦法律"决定国家的对内和对外政策。这一条是总统职权的基础。宪法和法律规定的只是最基本的，并没有扩展。宪法和法律还不能预测出时局变化，只能对总统和其权力机关提出更高的要求。

在领导国内事务的时候，总统不能代替其他国家机关，但是国内事务的方方面面他都关注。一部分他亲自处理，一部分建议制定法律草案，还有一部分则授权给政府或者其他联邦权力执行机关。

当然，在联邦一级国内事务的管理有一定的分工。如果某个问题需要立法加以调整，就由俄罗斯联邦会议进行起草并采取必要的措施。通常是政府、各部、联邦局、代表处直接负责国内事务，总统在这方面起到协调、引领的作用。

同时，总统还有权对社会关系进行规范性调整：发布命令和指示，其中含有规范性内容。首先，当法律没有被通过、社会关系还需要调整的时候，总统发布命令或者指示，此时，文件的效力直至法律出台，或者根据法律进行修订后继续生效。其次，法律授权总统调整某些问题作为立法调整的补充（如，关于国徽、国旗的联邦宪法性法律中规定了俄罗斯联邦象征的使用情形，同时也规定其他情况下使用国家象征的，由总统决定）。再次，总统有权就自己管辖内的事务发布规范性文件。

在国内事务中，依法定程序确定俄罗斯联邦的全民公决，就属于总统的权限（宪法第84条第3项）。但是总统无权自己提议全民公决。宪法会议就俄联邦新宪法问题研究后有权提出进行全民公决的建议，200万以上俄罗斯公民通过收集签名就国内民生问题有权提出进行全民公决的建议，相应的国家机关就俄罗斯是否加入某一国际性组织问题也有

权提出进行全民公决的建议。总统收到建议后,向俄联邦宪法法院提交。如果宪法法院认为全民公决的提议符合宪法,则总统有权确定进行全民公决。

总统推进包括社会关系在内的诸多国内关系的规范化,是解决矛盾冲突的裁判官,能够针对许多复杂事项作出相应的决定。

前面说过,俄联邦总统不仅是国家的元首,也是公民社会的领袖,这就决定总统必须长期关注公民社会的各项制度,以及与政党的相互关系。其中包括,俄联邦总统提议将国家杜马的席位分配给没有达到7%最低得票数的政党,也提议降低政党进行国家登记的人数。2005年俄联邦总统提议成立俄罗斯联邦社会院。根据联邦法律,俄联邦总统任命126名社会院成员中的1/3即42位,由全俄的社会团体向总统推荐候选人,由总统亲自选拔。

至于与其他国家机关的相互关系,下文将详细阐述,总之,总统的权力是很大的。

(二)俄罗斯联邦总统与联邦会议的关系

俄罗斯联邦会议作为一个统一的整体而存在,但实际上进行活动的是联邦委员会和国家杜马。总统有一些工作是涉及议会整体的。总统每年向联邦会议作国情咨文,介绍国家对内、对外的一些基本方针(俄联邦宪法第84条第6项)。实践中,总统的咨文通常是对过去一年国家发展状况的总结,明确国家和社会向前发展的指标,指导各个国家机关的工作,这里主要涉及的是地方自治机关和社会团体。

联邦委员会和国家杜马召开全体会议听取总统咨文(宪法第100条第3款)。咨文的文本或者基本内容(整个文本都分发给参会者)都体现在俄联邦总统的发言中。此时不向总统提问,也不进行讨论。之后联邦会议两院在自己的会议上可以进行讨论,发表自己对咨文的态度,以及根据咨文中提到的工作任务,两院研究具体的方案。

如前所述,总统负责协调国家权力机关之间的相互配合。这就说明，总统也为联邦会议两院的工作提供必要的条件，这里主要指组织筹备条件和物质条件（应当说，总统办公厅和它的事务管理局是这项任务的主要负责机关）。总统协调其自己的部门、政府及其他执行权联邦机关与两院的关系，为两院的积极沟通提供便利，尤其在法律制定过程中起到重要的作用。

与议会的日常配合是总统的一项重要工作。制定国家政策，总统有权行使自己的立法建议权，如果他认为需要联邦法律，则可以就国家各项问题向国家杜马提出法律草案。在提出法律草案的时候，总统可以将其中的一部分确定为优先审议。

总统有权参加国家杜马和联邦委员会的会议，包括内部会议，并有权在会上发言。国家杜马和联邦委员会的会议大厅里都有为总统专设的位置。如上所述，为了决定干部任用问题，总统同联邦委员会和国家杜马之间的关系呈现多样化。最后，总统签署并公布修订俄联邦宪法的法律、联邦宪法性法律、联邦法律，并有权否决，即撤销联邦法律，并要求在俄联邦会议上进行二次审议。

根据1998年的联邦《俄罗斯联邦宪法修改的通过程序和生效程序法》，在俄联邦主体审议法律修正案的一年期限届满后，联邦委员会在期限届满后的例会上确定该次审议的结果。俄联邦总统、俄联邦主体立法机关自联邦委员会条例通过之日起7日内，有权就该条例向俄联邦最高法院起诉，最高法院根据俄罗斯联邦民事诉讼立法进行审理。联邦委员会等待审理结果，根据判决可能对该问题再次进行审理。之后，法律的修正案提交总统签署和公布。

俄联邦宪法规定，总统确定国家杜马的选举（第84条第1项）；联邦委员会确定总统选举（第102条第1款第5项）。"确定选举"在词义上就是相应机关的职权——如果在法定期限内他没有确定选举，则俄联邦中央选举委员会举行选举。

总统解散国家杜马的权力更加重要。俄联邦宪法规定，解散杜马的情形有：

（1）如果国家杜马对政府表示不信任，总统有权赞同杜马，而决定政府辞职，或者不同意杜马的决定；如果杜马在3个月内再次表示不信任政府，那么总统宣布政府辞职或者解散杜马（宪法第117条第3款）；

（2）如果政府总理不信任国家杜马，并且国家杜马拒绝信任政府，总统在7日内作出政府辞职的决定或者解散杜马，举行新的选举（第117条第4款）；

（3）如果国家杜马3次否决总统提出的政府总理候选人，总统可以任命政府总理，解散杜马并进行新的选举（第111条第4款）。

在一定条件下，总统不能解散杜马（俄联邦宪法第109条）：杜马选举后一年内；自对总统的指控提出之时起至联邦委员会做出相应决定之前；俄罗斯联邦境内正处于战时状态或者紧急状态；总统任职期满前的6个月。

宪法没有规定总统可以解散联邦委员会，也没有规定总统可以终止联邦委员会的职权。联邦委员会是常设性的机构，没有任职期限。

应该说，总统必须与议会建立正常、高效、积极的关系。

在联邦委员会和国家杜马都设有总统的权力代表。2004年6月22日俄联邦总统令规定了俄联邦总统权力代表在联邦委员会和国家杜马的地位。他们代表总统利益，协助总统在国家杜马和联邦委员会行使其宪法权力。代表们参加联邦会议中其对应的议院会议，不需要总统的专门命令，同时，对议院审议的法律草案和法律提出总统的观点，对总统撤销国家杜马通过的并由联邦委员会确认的联邦法律的相关事项说明理由，向联邦委员会提出进入战时状态和紧急状态的总统令，向联邦委员会或者国家杜马提出职务候选人并进行审议。

（三）俄罗斯联邦总统与俄罗斯联邦政府的关系

总统的职权与政府紧密结合、相互作用。众所周知，这两个机关的关系在不同国家的表现不一样。基本上有这样几种模式：

（1）不设内阁首相职位，总统本身就是政府的首脑；

（2）设立副总统职务，由副总统兼任政府总理；

（3）设政府总理职位，但政府整体上是总统领导下的机构，就像是总统率领的一帮没有发言权的人。

（4）政府是一个独立的国家机关，但是受总统领导。

在俄罗斯，决定选择哪种模式时，除了副总统领导政府这种模式外，把其他模式几乎都做过尝试。在1991年设立俄联邦总统职位的时候，政府是由总统组建的机关，只不过政府总理的候选人需要经俄联邦最高委员会同意。政府向总统报告工作，而总统领导政府的工作。同时，政府在宪法里面是一个独立的机关，有自己的职权，可以以自己的名义发布法律文件。但是如果政府建议通过新的法律，它就必须经过总统，不能直接向最高委员会提出立法建议。总统只有经最高委员会同意才能迫使政府辞职（根据宪法规定总统只能同意政府辞职）。

但是，从最开始，在俄罗斯联邦，政府就是总统的政府，即听从于总统的机关。如前所述，从1991年11月6日，总统就亲自领导政府。由于事务繁多，总统不能过问所有事项，实际上领导政府的职能起初由曾经是政府第一副总理的苏俄国家书记格·埃·布尔布里斯实施，后来由第一副总理耶·特·盖达尔实施，从1992年6月起，盖达尔担任政府总理一职。1992年12月在第七次俄联邦人民代表大会上，叶利钦提出了3名政府总理候选人。弗·斯·切尔诺梅尔金获得高票，当选为俄联邦政府总理。

1992年12月9日对宪法进行修改时打算使政府"脱离"总统，代表们宣布政府向人民代表大会和最高委员会报告工作（而不仅向总统报告工作），授予政府立法提案权，而总统就有关组建、改组和撤销部、国家委员会和局（即政府的下设机关）向最高委员会提出建议。因此，这实际上是使政府直接靠近议会，受议会的"监护"和支持所迈出的重要一步，但却没有起到什么作用，政府还是总统的政府，总统还是根据当时的宪法领导政府工作。

俄联邦宪法规定总统是国家元首,而政府则是俄联邦权力执行机关。宪法中并没有直接规定总统领导政府工作。但是,如前所述,从宪法规范的整体来看,政府在具有独立国家机关地位的同时,仍然是设在总统之下的机关。总统领导政府,并且政府对总统的依赖性在法律上也表现得比较明显。在新当选的总统面前,政府要让出自己的职权,由总统组建新政府,同时总统有权对其进行变更,也有权担任政府会议的主席(宪法第83条)。总统有权撤销政府违反俄联邦宪法、联邦法律和总统命令的决议和指示(第115条第3款)。根据宪法,总统有权不向议会请求批准,独立决定政府辞职(宪法第83条第3项、第117条第2款)。

政府在很多情况下是为了配合总统的工作。总统将很多权力执行联邦机关和政府的高级职员收入麾下,在其领导下工作。

领导政府工作时,总统并不总是担任政府会议的主持(尽管情况存在),更多的是确保政府工作的方向。总统向政府及政府的某些人员和执行权联邦机关负责人授权;定期会见政府总理,召开周例会,会上应有政府总理、总统办公室负责人、重要执行权机关负责人,包括外交、国防、公共秩序保障和国家安全领域的负责人;经常召集部长、联邦局和代表处的负责人,讨论相关领域的发展形势和存在的问题,监督法律的实施情况。

不管怎么说,政府还是俄罗斯联邦的一个独立的国家机关,总统应当调整好自己及自己的办公厅同政府、政府各部门以及各联邦权力执行机关的相互关系。例如,1994年6月10日总统通过了俄联邦《政府与总统合作保障令》(2001年11月26日修订),保留了政府总理向俄联邦总统报告政府工作的规定。因为政府和总统都有权提出立法建议,总统令对两者的立法草案起到协调的作用。他们向国家杜马提交的法律草案,可能涉及对方的职权范围,要求向国家杜马提交草案前不迟于两个星期互相送达,征求对方的同意。涉及政府权限问题的总统命令和指示草案要向政府送达，政府于5个星期内进行审议。同样，政府的条例草案如果应当由总统通过，或者涉及总统的管辖事务，就要向总统办公厅送达，征求其同意。

（四）俄罗斯联邦总统与司法机关的关系

总统与司法机关的关系建立在宪法规定的法院独立原则基础之上。相对来讲，总统或多或少都影响着司法权，因为总统向联邦委员会提名高等法院组成人员的候选人，并任命其他联邦法院的法官。法官的职权没有期限，提前解除其职务要经过非常复杂的程序，总统本人不能恣意解除法官的职务，这也是保证法官独立的砝码。同时，总统还受到某些法院的制约。比如，总统颁布的规范性文件是否合宪，要由俄联邦宪法法院审查（宪法第125条），有关规范性文件的效力案件由最高法院和高等仲裁法院审理。在免除总统职务时，最高法院提交总统行为中是否含有犯罪构成的意见由宪法法院做出决定，确认指控是否符合程序（宪法第93条）。当然，总统也有权向法院起诉，以保护国家利益和维护法律权威。

最重要的是，总统可以凭借自己国家元首的地位加大力度完善司法体制，提高司法机关的工作效率，充实司法干部队伍，加强司法活动的立法依据，打击司法领域的腐败。司法体系中每一次大型活动（会议、法官代表大会等），总统都会参加。总统还定期与宪法法院、最高法院和高等仲裁法院的主席会面。俄联邦总统下设司法完善委员会。

（五）俄联邦总统与俄联邦主体的关系

构建联邦关系、制定并实施民族和区域政策，是国内政治的重要组成部分，其中总统的作用不可小觑。为了便于理解，我们可以将总统的工作和职权分成几部分。

第一，总统在构建联邦关系上有着重要的贡献。比如，为联邦主体的蓬勃发展创造条件，从联邦的角度为其提供支持，在联邦一级照顾各主体的利益，协调俄联邦权力机关与俄联邦主体以及联邦主体之间的关系。

总统致力于不仅在联邦一级,在相应的俄联邦主体或者主体小组也建立必需的权力执行机关。为了协调好俄罗斯联邦及其主体的利益,同时为了便于协调联邦机关部门和主体权力机关的职能,俄联邦总统于2000年建立了联邦区制度,并在这些联邦区中安排了自己的全权代表。

俄联邦宪法(第85条第1款)规定总统有一项非常重要的任务:他"可利用协商程序解决俄罗斯联邦国家权力机关和俄罗斯联邦各主体国家权力机关之间以及俄罗斯联邦各主体国家权力机关之间的分歧"。

第二,总统直接参与作为联邦组成部分的新主体的成立和组建问题。比如,根据2001年联邦宪法性法律《俄罗斯联邦成立和组建俄罗斯联邦主体程序法》:立法权机关和有利害关系的俄联邦主体的高级公职人员,向俄联邦总统提交设立俄罗斯联邦新主体的建议;成立俄联邦新主体的问题在与俄联邦总统进行协商后,如果总统支持该建议,则交由相关的俄联邦主体的全民公决进行讨论;将全民公决结果的官方信息上报给俄联邦总统;如果相应俄联邦主体的全民公决通过了成立新俄联邦主体的决议,就由总统向国家杜马提出成立新俄联邦主体的联邦宪法性法律草案。

第三,总统努力发展国家的民族政策和地区政策,关注大民族和少数民族以及部分地区的需求。俄联邦总统奠定了国家民族政策和地区政策的基础。

第四,总统向俄联邦主体的权力代表机关提出俄联邦主体权力执行机关首脑的候选人,必要时有权解除其职务。

第五,特定情况下总统拟订根本措施调整联邦关系。这些措施不一定受欢迎,但却有其必要性。

俄联邦宪法第85条第2款规定,在俄罗斯联邦各主体权力执行机关的文件违背俄罗斯联邦宪法和联邦法律、俄罗斯联邦的国际义务或者侵犯人和公民的权利与自由的情况下,俄罗斯联邦总统有权中止这些文件的效力,直到相应的法院解决这些问题为止。遗憾的是,只是这样还不够,在宪法里仅提到权力执行机关,而俄联邦主体的立法权机关也可能通过违法的文件。因此联邦法律规定,俄联邦总统对于这类文件都有权采取措施撤销它们。在决定是否撤销俄联邦主体立法权机关时,出于纠正错误的考虑,起初赋予总统向国家杜马提交解散该机关的联邦法律草案的权力,而自2004年12月,总统有权通过自己的法令解散该机关。如果俄联邦主体权力执行机关首脑有类似的情况,总统可以解除该首脑的职务。

俄联邦主体的内部体制问题由主体自己决定。同时,内部行政区域机关由俄联邦总统根据俄联邦政府的建议成立或撤销。

三、对外的职权

在对外政策上,俄联邦总统除了确定对外政策的基础、决定人员任免的权力以外,还有很多重要的职权。

首先,根据宪法第86条第1项,总统"领导俄罗斯联邦的对外政策",即直接决定对外政策的实施。这意味着总统在外交领域亲自采取必要措施,决定国家权力机关工作的方向。

根据俄联邦宪法,总统进行谈判并签署俄罗斯联邦的国际条约(第86条第2项),签署已经批准的国书(第3项),即证明俄罗斯签署的合约生效并在其领土内实施的文件。

1995年7月15日的联邦法律《国际条约法》(2007年修订)对总统的职权,包括总统的作用做出了更详细的规定。该法规定(第11条),俄罗斯联邦进行谈判和签署国际条约的决定按照下列方式作出:(1)如果是以俄罗斯联邦名义签订的条约,则由总统决定,如果是以俄罗斯联邦的名义签订、涉及政府管辖事项的,由政府决定;(2)如果是以政府名义签订的条约,由政府决定。但是,如果必要时,总统也可以决定就属于政府管辖的事项进行谈判和签订条约。

总统作为国家元首在国际交往中代表俄罗斯联邦,并根据俄联邦宪法和国际法进行谈判和签订俄罗斯联邦的国际条约,其间并不需要证明自己的权限(该法第12条)。俄联邦总统可以将代表俄罗斯联邦进行谈判、签订国际条约的权力委托他人。

有很多俄罗斯联邦的国际条约被予以批准,即议会以通过联邦法律的形式批准。如果签署国际条约的决定是由总统作出的,那么国际条约由总统递交到国家杜马批准。签署国际条约的决定是政府作出的,那么国际条约就由政府提交到国家杜马批准。必要时,对于政府决定签署的条约,政府也有权向总统建议批准国际条约。联邦会议通过的关于批准国际条约的法律,根据俄联邦宪法提交总统签署并公布。

根据1995年联邦法律,除了批准这种方式之外,俄罗斯联邦还可以借助于确认、通过条约、加入条约及其他方式表达同意,但前提是缔约各方都接受此种方式。对于以确认或者通过国际条约的方式同意该国际条约的,所涉问题由该法列举,如果是以俄罗斯联邦名义签订的条约,则由总统以联邦法律的形式作出;如果是以政府名义作出的,则由政府以联邦法律的形式作出。但是,如果情况特殊,对属于政府管辖的问题,总统也可以决定确认或通过国际条约。这种程序也适用于加入国际条约的方式。

总统和政府采取措施,保证俄罗斯联邦国际条约的履行。俄罗斯由决定同意履行国际条约义务的机关,根据条约本身的条件和国际法规范终止(包括废约)和暂停俄罗斯联邦国际条约的履行。如果是俄联邦政府同意履行国际条约义务的,必要时,总统可决定终止和暂停国际条约的履行。

以联邦法律形式决定履行的国际条约,在紧急情况下,可以由总统暂停履行,但必须立即通知联邦委员会和国家杜马,并向国家杜马提交相应的联邦法律草案。

总统不仅任命俄罗斯联邦在外国和国际组织的外交代表,还接受派驻俄罗斯联邦的外交代表的国书和召回文书(俄联邦宪法第86条第4项)。

总统是维护和平与安全的国际力量的参与者。俄联邦总统除了与他国领导定期会晤、参加国际会议及其他活动以外，必要时，还有权决定向俄罗斯境外派军。俄联邦宪法规定，联邦委员会决定是否在俄联邦境外动用俄联邦武装力量的相关问题。但是决定的草案由俄联邦总统向联邦委员会提交，如果联邦委员会作出肯定的处理方式，则由总统采取相应的行动。1995年6月23日联邦法律《俄罗斯联邦为维护世界和平和安全出动军队和文职队伍组织程序法》规定，向俄罗斯联邦境外派驻军队维护和平的决定由总统作出（第6条）。总统决定军队的行动区域、任务、隶属关系、驻军期限、换岗制度，根据联邦法律决定该军队及其家庭成员的供给保障和补助。如果国际军事-政治局势发生变化，继续驻军已无意义，总统则有权决定召回军队。

总统根据联邦委员会做出的是否在俄联邦境外动用武装力量的决议，决定向俄罗斯联邦境外派驻俄联邦武装力量的部队参与维和行动。总统向联邦委员会提出的建议应当写明部队活动区域、任务、人数、兵种和组成、隶属关系、驻扎期限或延长期限的规定、换岗制度和撤军条件，以及联邦法律规定的军人及其家庭成员的供给保障和补助。

如果国际军事政治局势发生变化，继续维和的行动已无意义，总统则决定召回部队。

总统将决定通知联邦委员会和国家杜马。

为参与维和行动，除了向俄罗斯联邦境外派驻军队以外，还可以派驻自愿参加的文职队伍。派驻事宜由俄联邦政府决定。如果国际军事政治局势发生变化，继续参加维和已无意义，政府可以决定召回文职队伍。总统也可以在决定召回军队的同时召回文职队伍。

四、保障国家安全和国防、维护国内社会秩序稳定方面的职权

国家安全是总统权力体现的一个重要方面。根据1992年3月5日俄

联邦《安全法》(2008年修订),安全是个人、社会和国家等特别重要的利益免受国内外威胁的保护性状态。特别重要的利益是指能够保障个人、社会和国家生存及发展的需求的总和。属于安全客体的是:个人的权利和自由;社会的物质和精神财富;国家的宪法政治体制、主权和领土完整(第1条)。因此,国家安全的范畴很广,总统直接负责国家安全的各个方面。

如前所述,总统组建俄联邦安全委员会并担任该委员会主席(宪法第83条第7项)。安全委员会的决定通过总统的文件贯彻执行。根据俄联邦宪法(第87条第1款),总统是俄联邦武装力量的最高统帅。总统任命和解除武装力量的高级指挥官职务,对他来说,总统是最高的军事长官,其命令和指示都要无条件服从。

宪法(第83条第8项)规定批准俄罗斯联邦的军事理论也属于总统的职权范围。

1996年5月31日的《国防法》(2009年修订)上规定,总统的权限有所增大了。

法律规定俄联邦武装力量是构建国家国防基础的国家军事组织。俄联邦的武装力量旨在抵抗对俄罗斯的侵略,武装保护领土完整和不可侵犯,根据俄罗斯联邦的国际条约履行职责。联邦安全局的边防军、俄联邦内务部的内卫部队、民间的防卫部队(法律上称其他部队)都属于国防范畴。联邦执行权机关下设的工程技术部队和道路建设部队、俄联邦对外情报局、联邦安全局机关、联邦专门通讯机关、联邦国家防卫机关、俄罗斯联邦国家权力机关的调动保障联邦机关,以及战时成立的专门机构都负责国防领域的部分工作。

因此,武装力量是俄罗斯整个军事化潜能的重要组成部分。俄联邦武装力量、其他军队、部队和军事机关按照俄联邦武装力量的战略方案完成国防领域的任务。其他军队、部队和军事机关同武装力量一起做好战斗和动员准备保护俄罗斯联邦抵抗武装侵略。

根据宪法,总统既是俄联邦武装力量的最高统帅,又是最高的公职人员，所有军队、部队和军事化机关（体系）在履行国家防务时都服从总统的领导。

总统决定国家军事政策的基本方针，确定军事理论，领导俄联邦武装力量、其他军队部队和军事机关。在对俄罗斯联邦进行侵略或者发生直接侵略威胁、发生武装冲突的情况下，俄罗斯联邦总统在俄罗斯联邦境内或其部分地区实行战时状态并立即向联邦委员会和国家杜马通告此事，下达俄联邦武装力量最高统帅关于采取军事行动的命令。总统根据俄联邦宪法和有关战时状态的联邦宪法性法律保障战时状态的施行。总统有权决定召集俄联邦武装力量、其他军队、部队和军事机关在其使命之外使用武器装备完成任务。

总统在保证武装力量的实力方面有着非常重要的权力：

（1）总统有权确定武装力量、其他军队、部队和军事机关建设和发展的理念和计划，确定武装力量使用计划，确定武装力量的动员计划，以及确定俄联邦国家权力机关、俄联邦主体国家权力机关、地方自治机关和国家经济机关转向战时状态下工作的计划（动员计划），确定国家物质资源储备计划和调用储备资源计划，以及确定以防御为目的在国家领土内构筑工事的联邦国家计划；

（2）确定国家武装计划和国防工业体系发展计划，确定核武器和其他试验计划，并批准进行上述试验；

（3）确定武装力量、其他军队、部队和军事机关中高级军官的军事职务，确定上校（一级军衔）军职的数量，授予最高军事称号，委任军职。高级军官的军事称号由编制确定；解除军职，依联邦法律规定的程序免除军职；

（4）确定俄联邦武装力量、其他军队、部队的组织结构和组成人员。总统作出关于武装力量、其他军事组织和部队的兵力部署、换防等决定；

（5）决定军事总纲，确定有关军事战旗、军役、军事会议、兵役委员会、军事运输责任的条例；

（6）确定关于俄联邦国防部和负责管理其他军队、部队及军事机关的执行权联邦机关的条例，决定联邦执行权机关和俄联邦主体执行权机关在国防领域的合作；

（7）确定武装力量、其他军队、部队和军事机关派去联邦国家权力机关军职人员的数量；

（8）确定地区防御状况和民间防御计划；

（9）确定俄联邦领土内核反应堆的安置计划，以及销毁大规模杀伤性武器和核废料计划；

（10）总统下令招收俄罗斯联邦公民服兵役或参加军事集训（命令中标明招收的人数，以及在武装力量、其他军队、部队和军事机关的分配情况），也可以下令将根据联邦法律招收服役的公民解除兵役。

根据俄联邦宪法和2002年1月30日的联邦宪法性法律《战时状态法》，总统有权宣布并保证国家或者部分地区进入战时状态。

本法中所指的战时状态是指国家出现侵略或侵略造成的直接威胁时，总统根据俄联邦宪法在俄罗斯联邦境内或其部分地区采取的特殊法律制度。采取战时状态的目的在于为抵抗或者预防侵略国家创造条件。战时状态时期始于总统令确定的日期和时间，终于战时状态取消的日期和时间。在此期间内，为了保障国防和国家安全，可以对俄罗斯公民、外国公民、无国籍人的权利和自由，以及各种组织形式和所有制形式的组织的活动、任职人员的权利进行必要的限制。公民、组织及其工作人员都承担着附加义务。根据联邦法律和其他规范性法律文件，在俄罗斯联邦境内或者部分地区进入战时状态时，在没有宣布的地区宣布全国总动员或者部分地区的动员。

俄罗斯联邦境内或者部分地区根据总统令进入战时状态。总统应立即将此事通告联邦委员会和国家杜马。进入战时状态的总统令立即通过广播和电视进行官方公布。进入战时状态的总统令由联邦委员会自收到总统令之时起48小时内审查。

在战时状态制度中的保障领域,总统的职权包括:领导战时状态制度保障组织的工作;保障国家权力机关在此期间的相互协调合作;监督战时状态保障措施的贯彻;确定措施,由联邦执行权机关、俄联邦主体执行权机关和进入战时状态的地区的军事管理机关执行;为战时状态的保障制度分配任务,确定俄联邦武装力量、其他军队、部队和军事机关的参加程序。总统有权中止政党、其他社会团体、宗教团体的活动,中止正在进行的宣传活动,以及其他破坏战时状态国家防御和安全的活动。总统还有权禁止或者限制集会、游行、示威和警戒等群众性活动;有权禁止罢工或通过其他方法暂停或终止组织的工作;有权决定进入战时状态地区的交通、通讯、能源适用特殊的工作制度,以及决定其他对人民生活和健康、对周围环境有高度危险的领域适用特殊工作制度。

在民间国防领域总统也有着非常重要的权力。根据1998年2月12日联邦法律《民间国防法》(2007年修订),总统有权:确定民间国防领域统一国家政策的基本方针;确定俄联邦民间国防计划;决定俄联邦民间国防计划在全国境内或者部分地区全部或部分实施;确定民间国防部队的组织结构和人员组成,以及民间国防部队的在编人数;批准民间国防条例;立法规定的民间国防领域的其他职权。

前面提到,在联邦宪法性法律所规定的情况下和程序内,俄罗斯联邦总统有权在俄罗斯联邦全境或个别地区实行紧急状态,并立即向联邦委员会和国家杜马通报此事(宪法第88条)。联邦委员会批准俄罗斯联邦总统关于实行紧急状态的命令(第102条)。

2001年5月30日联邦宪法性法律《紧急状态法》(2005年修订)规定俄联邦总统在两种情形下宣布进入紧急状态:

(1)试图暴力改变宪法政治体制,攫取政权,武装暴乱,群众性骚动,恐怖袭击,封锁或者占领重要目标或部分地区,非法武装部队准备行动,民族间、宗教间和地区间伴有暴力、对公民生命安全及国家权力机关和地方自治机关正常活动有直接威胁的冲突发生;

(2)自然或生产方面的紧急状态,生态环境的紧急状态,包括由自然灾害、危险的自然现象以及其他灾难引发的、能够导致人类受害、给人的健康和周围环境带来损失的传染病和动物流行病、能够造成物质损失并破坏人民的生存条件,需要进行大规模抢险等刻不容缓的工作的情形。

在总统关于进入紧急状态的命令中应当指明:导致进入紧急状态起因;必须进入紧急状态的理由;进入紧急状态地区的范围;紧急状态制度保障力度和措施;列举临时限制俄罗斯公民、外国公民和无国籍人的权利和自由,以及限制组织和社会团体权利的紧急措施的明细及实施的界限;紧急状态下负责采取措施的国家机关(公职人员);命令生效时间,紧急状态的期限。

全国范围内的紧急状态期限不得超过30个昼夜,部分地区采取的紧急状态期限不得超过60个昼夜。期限届满,紧急状态终止。如果在规定的期限内,进入紧急状态的目的没有达到,由总统根据联邦宪法性法律规定的进入紧急状态的要求,下令延长紧急状态的期限。

如果引起紧急状态的原因在确定的期限届满前消失,则由俄联邦总统全部或者部分解除紧急状态,并按照通知进入紧急状态的程序,将解除紧急状态的消息通知给俄罗斯联邦居民或者具体对应的地区居民。

俄联邦总统关于进入紧急状态的命令中规定在紧急状态期间可以采取下列措施和临时限制:(1)在进入紧急状态的地区完全或者部分暂停俄联邦主体执行权机关和地方自治机关的职权;(2)限制进入紧急状态地区的迁徙自由,以及对出入该地区实行特殊的管制,包括限制外国人和无国籍人进入该地区或居住在该地区;(3)加强对社会秩序、国家国防工程和保障居民生活及交通等基础设施的保护;(4)限制部分金融经济活动,包括商品、服务和资金的流转;(5)实行粮食和生活必需品销售、购买和分配的特殊制度;(6)禁止或者限制聚众、集会、游行、示威和警戒等群众性活动;(7)禁止罢工和通过其他方法暂停或终止组织工作;(8)限制交通工具的运行并对其进行检查;(9)暂停危险行业的生产和组织活动,包括爆炸性的、放射性的和生化危险物质的生产;(10)如果由于进入紧急状态,物质和文化珍品存在灭失、侵占或毁损的风险,则将其转移至安全区域。

如果由于对宪法政治体制和社会秩序造成威胁而进入紧急状态的,总统除了上述列举的措施以外,还可以下令戒严,通过预先的书刊检查来限制出版和其他媒体的自由,但要指明进行书刊检查的条件和程序,还可以临时没收或扣押印刷品、无线电发射和视听资料、复印装置,要求记者实施特别采访程序;如果政党及其他社会团体妨碍消除造成紧急状态的原因,则可以暂停该政党及其他社会团体的活动;可以检查公民的身份证件,进行人身检查,对物品、住宅和交通工具进行检查;在紧急状态期间,延长因有实施恐怖主义行为和其他严重犯罪嫌疑,而根据刑事诉讼立法关押的人的关押期限,但不得超过3个月等。

如果紧急状态是自然原因导致的,总统可以下令将居民临时转移至安全区域,进行隔离,采取卫生防疫、动物检疫和其他措施,动员有劳动能力的居民并征用公民的交通工具以采取必要的措施等。

需要强调的是,总统有权暂时停止进入紧急状态的地区的俄联邦主体国家权力机关和地方自治机关法律文件的实施,前提是这些文件与总统关于决定该地区进入紧急状态的命令相抵触。在进入紧急状态的地区,俄联邦总统可以下令对该地区进行特殊管理,方式如下:(1)成立临时紧急状态地区的专门管理机关;(2)成立紧急状态地区的联邦管理机关。

临时专门机关根据总统确定的要求工作。进入紧急状态地区的俄联邦主体执行权机关和地方自治机关的权限可以全部或部分地转移给临时专门机关。进入紧急状态地区的临时专门管理机关的负责人由总统任命。如果该专门管理机关没有达到其设立的目的,就可以成立联邦机关代替它管理该地区。该联邦机关的负责人由总统任命,该机关的地位也由总统批准。成立联邦管理机关后,该地区的俄联邦主体国家权力机关和地方自治机关的权限暂时中止，由联邦管理机关负责。

五、保障个人宪法地位的职权

总统是人和公民权利、自由的保障（俄联邦宪法第80条第2款）。其行使的很多职权都与个人的权利和自由保障紧密相关。

国籍和提供政治避难的有关问题属于总统管辖（俄联邦宪法第89条第1项）。相关的问题规定在第四编。2002年联邦法律《俄罗斯联邦国籍法》规定，总统有权批准外国公民和无国籍人加入俄罗斯国籍，并解决有关退出俄罗斯国籍的问题。1997年7月21日俄联邦总统令（2007年修订）批准了俄罗斯联邦提供政治避难的程序条例。

根据俄联邦宪法第89条第2项，总统有权授予俄罗斯联邦国家奖，授予俄罗斯联邦荣誉称号、高级军衔和专门称号。

1994年3月2日总统颁布《俄联邦国家奖励法令》（2008年修订），批准了俄罗斯联邦国家奖励条例。条例规定国家奖励包括：俄罗斯联邦英雄称号、勋章、奖牌、俄罗斯联邦奖章；俄罗斯联邦荣誉称号。总统有权：下令确认国家奖励和颁布嘉奖令；授予国家奖励；组建俄联邦总统下设的国家奖励委员会，对奖励材料进行社会评估并保证给予公民奖励客观公正；在俄联邦总统办公厅成立单独的部门，保证国家元首在国家奖励方面实现宪法权力、推行统一政策。

总统实行赦免（俄联邦宪法第89条第3项）。赦免是对因实施犯罪而被判刑的自然人采取的最仁慈的行为。某些人因此被释放，免予继续被关押，或者刑期缩短，或者改为执行较轻刑罚。

我们这里提到的都是根据俄联邦宪法只有总统能够解决的问题。但更经常遇到的情况是，公民向总统寻求帮助，就像寻求自己最后的希望，希望总统能够帮助解决机关或公职人员不去解决的问题。因此，总统是个人利益的保护者，也就是俄联邦宪法第80条第2款宣称的：总统是人和公民权利、自由的保障。

六、自身活动组织的职权

为了便于理解,可以将总统的此类职权分为几组。总统有权:

(1)成立联邦权力执行机关,并从中区分出哪些机关直辖于他领导;

(2)组成或组建各类会议、专门委员会及其他辅助性咨询机关,有的直接受总统领导,有的为总统下设机构;

(3)组建总统办公厅并确定其地位,批准相关条例和有关办公厅独立部门及其他保障总统工作的机关的条例,包括总统事务管理局的条例(有关总统办公厅的内容详见本章第五节);

(4)委任其办公厅的公职人员;

(5)规定相应国家活动的一般规则,其中包括总统办公厅和办公厅各部门在某些方面必须遵守的专门规则。

第三节 俄罗斯联邦总统文件

总统在行使职权的同时颁布两种文件——命令和指示(宪法第90条)。

命令是总统文件中最主要的形式。调整社会关系的规范性命令起着非常重要的作用。除此以外,命令调整对于个人或者国家生活来说是非常重要的非规范性质的问题——授奖、批准加入或退出俄罗斯国籍、赦免、进入紧急状态、进入战时状态、任命政府总理、组建政府等。

指示通常不是规范性文件,而是具有法律适用性质的文件,同时,其涉及的问题相对地不是特别重要。

不能说总统文件的法律效力不一样。原则上,总统的一切文件都应该是相互一致的。从形式上来说,总统的文件具有相同的法律效力。

根据俄联邦宪法第90条,俄罗斯联邦总统的命令和指示必须在俄罗斯联邦全境执行。这就要求不仅要遵循这些文件,还不允许俄联邦主体的立法机关和执行机关颁布与总统文件相抵触的文件。

第90条第3款规定,俄罗斯联邦总统的命令和指示不应违背俄罗斯联邦宪法和联邦法律。这说明在制定和通过联邦法律时要考虑到总统命令的存在,但是这不表示法律的通过一定要遵循总统的文件,尤其该部法律是根据宪法或社会关系实践制定的。

很多国家都存在法律和命令的关系问题(或者反过来说——命令和法律的关系问题)。换句话说,某些重要的社会关系既有国家议会通过的法律来调整,也有国家元首颁布的命令来调整。这个问题有两个方面:其一,区分调整对象,即确定下来哪些社会关系由法律调整,而哪些社会关系由命令调整;其二,赋予国家元首以颁布命令的方式调整社会关系的权力,如果相应的法律还没有出台,而社会关系又需要规范化,那么此时命令就可以代替法律,直到通过相关的法律。国家元首的这个权力可能具有普遍性或者是议会授权通过可以代替法律的命令,但仅限于特定情况。因此整体上来讲,这属于授权立法方面的问题。

并且实践中可能出现两种情况:一是在法律上并没有调整,也不知道哪种文件应该对此进行调整——法律、国家元首的命令、政府的条例等;二是问题还没有被调整,但是已经明确,这个问题属于法律的调整对象。叶利钦总统当时持这样的立场:他不仅有权在第一种情况下颁布自己的规范性文件,在第二种情况也有权这样做,即已经明确知道需要法律的情况下仍颁布自己的规范性文件——在没有法律、社会关系确实需要调整的时期,他的文件是为了填补法律空白。同时,总统还认为,如果已经存在生效的法律,那么总统的命令应该与其相符;但如果没有法律,总统在调整社会关系上是自主的。换句话说,他把自己的命令提升为法律,甚至可以代替他们作用于社会关系。

俄联邦总统将这个逻辑放在了1995年2月16日的致联邦会议的国情咨文中:"当前立法工作量很大,议会不能尽快满足实践对法律数量的需求。那么总统就有义务通过自己的规范命令弥补法律漏洞(作者标注——C.A.阿瓦基扬)。"并且,总统还继续阐述,这类总统文件有着宪法基础。首先,总统文件不是权力执行机关首脑的文件,而是国家元首的文件。换言之,总统文件不具有绝对合法的性质(作者标注—C.A.阿瓦基扬)。也就是说,这些命令不得违反宪法和现行法律。但是相应法律出台前,在法律的框架内借助国家元首的规范性文件来填补空白是理所当然的,也是合法的。其次,确定国家对内和对外政策的基本方针是宪法规定的总统特权之一。显然,绝不能只把总统的年度国情咨文当作是实现该权力的方式。而且,总统履行宪法的保障职能的必要性决定了总统应当享有颁布规范性命令,来保障俄联邦宪法效力的权力。因此,总统得出结论:在没有相关法律的情况下,总统的命令是某些社会关系产生和变化的完全合乎要求(摘自咨文——C.A.阿瓦基扬)的法律基础。

总统的结论引起了强烈反响。首先,在某些情况下,由宪法规定或者法律逻辑未必能够得出总统的文件在没有相关法律和有相关法律的情况下都能起到相应作用这一结论。比如,如果宪法(第6条)规定,俄罗斯联邦国籍的取得和丧失是"根据联邦法律",就不能说可以通过命令来代替法律。或者再比如,联邦会议通过法律决定法律的公布和生效程序。而对于这个问题,1994年4月5日俄联邦总统令《联邦法律公布和生效程序法令》就让人生疑,于是议员们都推迟了该法律通过的时间(1994年6月14日总统签署)。

此外,当社会关系构成法律的客体,但不能通过法律,那么也要根据俄联邦宪法由国家杜马通过决议委托总统调整这些关系。在某些国家,这种实践就称为授权立法。如果总统或者政府以这种方式干涉了议会职权,在这些国家就会认定总统或者政府违宪。

因此，如果调整概念明确，各机关对此又没有疑义，那么命令是可以暂时代替法律的。但是相反，命令代替法律所反映的不是别的，正是总统取代议会。这一事实很明显的例子是：1992—1993年第一次国有企业和市政企业的私有化就是以俄联邦总统令为依据的。接下来第二个阶段的尝试，是通过联邦法律开始进行的。但是总统没有得到反对其的国家杜马的支持。1994年7月22日俄联邦总统颁布命令《1994年7月1日以后俄罗斯联邦国有企业和市政企业私有化国家大纲的基本规定》。当然，这是故意刺激国家杜马的行为。这种情况的发生也许就不能再像总统说的那样是社会关系"完全合乎要求的"法律基础。这也就说明了为什么到现在为止，私有化的合法性和合理性问题的风波还没有平息。另外，总统的这些命令经过多次修订（最新的修订是2008年的）后现在还有效力。

如前所述，总统的命令和指示必须在全国境内执行。同时，进入战时状态或者紧急状态的命令还应经过联邦委员会批准。联邦委员会未批准的，自联邦委员会作出相应决议时起命令失效。

总统的文件在信息公报《俄联邦立法汇编》中公布。联邦法律、议会文件、总统的命令和指示、政府的条例和指示都在立法汇编中公布。

1996年5月23日俄联邦总统令《关于俄罗斯联邦总统、俄罗斯联邦政府的文件，以及执行权联邦机关的规范性法律文件公布和生效程序》（2005年修订）规定，总统和政府的文件都要自签署后10日内在《俄罗斯报》和《俄联邦立法汇编》中正式公布。在《俄罗斯报》或者《俄联邦立法汇编》公布的日期视为该文件公布的正式日期。由《制度》法律信息科技中心印刷传播的总统文件和政府文件的文本视为官方文本。总统文件和政府文件可以在其他的出版物上公布，也可以通过广播和电视进行全面通告，由国家机关、地方自治机关、公职人员、企业、机关、组织宣传，也可以通过通信频道传达。

总统发布的规范性文件自首次官方公布之日起7日后在俄罗斯联邦境内同时生效。总统的其他文件，包括含有国家秘密的信息文件或者机密文件自签署之日起生效。总统的文件中也可以规定其他生效程序。

参考文献

C.A.阿瓦基扬：《法律与命令：哪个更重要》，《独立报》1994年1月20日。

沃洛申科·伊·尔：《俄罗斯立法体系中俄联邦总统的法律文件》，《现代俄罗斯法：联邦和地区的比量》，巴尔瑙尔，1998年。

德米特里耶夫·尤、茹拉弗列夫·阿：《立法体系中的总统令》，《总统、议会、政府》1998年第1期。

基恰柳克·奥·恩：《俄罗斯联邦总统文件（宪法观点）》，法学副博士论文，萨拉托夫，1999年。

卢钦·弗·奥：《俄罗斯的"命令法"》，莫斯科，1996年。

卢钦·弗·奥、玛祖罗夫·阿·弗：《政治领域的总统令》，《法律与政治》2000年第2期。

卢钦·弗·奥、玛祖罗夫·阿·弗：《俄联邦总统令》，《基本的专门特征和法律特征》，莫斯科，2000年。

奥库尼科夫·尔·阿：《总统的法律文件：地位、方向和内容》，《俄罗斯法杂志》1997年第2期。

斯图捷尼基娜·姆·斯：《1978年俄罗斯联邦宪法规定的总统文件的法律属性》，《俄罗斯联邦立法问题：立法制度和比较法学》（第53辑），莫斯科，1993年。

基洪·叶·阿：《俄联邦总统向联邦会议作的咨文是决定人权领域俄罗斯战略的政治法律文件》，《宪法和市政法》2007年第16期。

第四节　俄罗斯联邦总统职权的不可侵犯性及其终止

根据俄联邦宪法第92条第1款规定，俄罗斯联邦总统从宣读誓词时起开始行使职权，其总统职务任期随着新当选的俄罗斯联邦总统宣誓时届满。

一、人身不可侵犯性

宪法第91条规定,总统不受侵犯。现行法律中没有对总统的人身不可侵犯性加以解释。所以可以套用联邦委员会成员和国家杜马议员人身不受侵犯的规定,以及2001年2月12日联邦法律《关于停止执行职权的俄罗斯联邦总统及其家庭成员的保障》的规定。但是,在职总统人身不受侵犯性的范围更广。

总统不可侵犯性应当理解为其人身不可侵犯性。任何人不得对总统进行人身或者心理强制。不得基于任何理由对总统扣留、逮捕、搜查、讯问或者人身检查。不受侵犯性还适用于总统住所及办公场所,尤其是使用的交通工具、通信工具和其本人的文件、行李和来往信件。

不得违背总统的意志,对其进行体格检查,强迫总统适用某种作息制度、饮食习惯,强迫其休息、娱乐。

不得追究在任的总统刑事、行政等任何法律责任。俄联邦宪法(第93条)规定,只能追究其宪法责任,将其罢免。追究此责任的前提是总统实施了叛国罪或者其他严重犯罪,而追究责任的程序是非常复杂的。

1996年5月27日的联邦法律《国家保护法》(2008年修订)规定了总统的人身保护措施。对总统采取下列措施进行国家保护:(1)向国家保护的对象提供贴身警卫、专门的通讯和交通工具,以及通报安全威胁的设备;(2)根据联邦立法,由相应国家安全保障机关行使职权进行侦察活动;(3)在国家保护的对象常驻地和临时停留的地方,采取保护措施并维护社会秩序;(4)维护公职人员代表秩序,并对受保护对象实行通行证制度(第4条)。

自官方宣布其当选之日起,在总统的常驻地和临时停留地就安排了上述全部措施,对总统进行国家保护。总统在任职期间无权拒绝国家保护。任职期满，为其提供终身国家保护。总统任职期间，对与其共同生活的家庭成员或者随从人员也提供国家保护。

俄联邦宪法（第92条第2款）规定了3种情况提前终止总统的职权：

(1) 总统辞职；

(2) 因健康状况长期不能行使属于总统的职权；

(3) 解除总统职务。

以上3种情况都属于"俄罗斯联邦总统提前终止行使职权"的情况。"终止行使职权"的表述根据3种情况可以有两个意思。显然，在上述3种情况下总统都可以本人终止职权的；但是对于总统因健康状况长期不能行使属于自己的职权情况和离职的情况，也可能是外界迫使总统终止行使职权。我们详细介绍提前终止俄联邦总统职权的3种情况。

二、辞　　职

辞职是总统自愿离开其岗位。当然，可以"迫使"他辞职，也可以要求他辞职，甚至可以强迫他辞职等。但形式上，辞职决定是总统自己做出的。

法律上有很多方式辞职。比如，总统可以发表相应的正式声明，发布总统令。俄联邦的第一位总统叶利钦就是这样做的。1999年12月31日他发布总统令《关于俄罗斯联邦总统权力的行使》，指出："1. 根据俄罗斯联邦宪法第92条第2款，俄罗斯联邦总统的权力自1999年12月31日12时0分时起停止行使。2. 根据俄联邦宪法第92条第3款，自1999年12月31日12时0分起俄罗斯联邦政府总理暂时行使俄罗斯联邦总统的职权。3. 本命令自签署之日起生效。"因此，代理俄联邦总统职务的弗·弗·普京发布1999年12月31日《临时行使俄罗斯联邦总统职权令》，宣布："由于俄罗斯联邦总统叶利钦辞职，根据俄罗斯联邦宪法第92条自1999年12月31日12时0分起临时行使俄罗斯联邦总统职权"。

自发表声明、颁布命令时起,总统的权力终止。换句话说,不能将辞职推迟——比如,现在宣布两个月后辞职。这样的情况外国发生过,是为了准备事务交接。但在俄罗斯,不可以出现这种情况——社会可能出现不稳定,游行示威活动频发,总统的拥护者们积极劝说总统"重新考虑"等。而辞职是不能反悔的,是离弦之箭。辞职文件的签署和公布之间也不应当间隔时间——避免总统突然反悔而撤销决定(叶利钦是在晚上20时宣布自己于1999年12月31日12时0分辞职的决定的)。即使命令中指出命令自签署之时起生效,但如果文件没有公布的话,人们也不会知道命令是何时签署的。

三、因健康状况终止职权

总统因健康状况长期不能行使属于自己的职权宣布终止其活动的,法律效果与辞职相同。宪法规定健康状况是总统提前终止职权的原因,不需要请求批准,完全取决于总统的意志。但也可能总统失去意志,没有意识,或者总统还有意识,让总统表达自己的观点时,他也能回答上来,但是这没有什么实际意义。因此,与辞职不一样的是,总统个人的意志此时还不是决定性因素,权威医疗机构出具的总统因健康状况长期不能行使自己职权的结论才具有决定性的作用。

俄联邦宪法法院在2000年7月11日做出的案件决议中,对俄联邦宪法第91条和第92条第2款作出解释:"总统因健康状况长期不能行使自己的职权要提前终止职权时,必须遵循特别的程序,以便客观地确定俄罗斯联邦总统身体机能紊乱、长期不能治愈(此处和后面的都为作者标注——C.A.阿瓦基扬)确实不能行使职权的情况,再根据宪法规定的要求做出决定。此时,由于法律规定的这种特殊理由,俄罗斯联邦总统的意志并不是提前终止其权限的必要前提。根据俄罗斯联邦宪法第92条第2款的理解,该条第1款和第3款以及第93条第1款互相制约,只有穷尽了其他所有方式、俄联邦总统仍旧不能行使自己的职权或自愿辞职的,才允许采用此种程序。"

四、解　职

根据俄联邦宪法第93条,联邦委员会解除总统职务的决定,只能依据国家杜马对总统犯有叛国罪或者实施了其他严重犯罪的指控。议会的文件中规定了审理程序问题。本书第八编中详细阐述了相关问题,此处我们只进行概括论述。

对总统的指控由国家杜马以1/3以上议员提议,并表明自己的态度,附上自己的签名。杜马成立专门委员会,由专门委员会出具问题结论,如果有多项指控,则针对每一项指控都应当有结论。根据国家杜马的议事规则,在杜马会议上讨论议员的提案,提出指控的议员代表、专门委员会主席发言,专家旁听,接下来是议员发言;总统代表和政府代表在国家杜马上可以优先发言。根据宪法,指控总统的决议由2/3以上议员通过。

国家杜马的决议转交给联邦委员会,联邦委员会根据杜马提出的指控、俄联邦最高法院出具的总统行为是否符合犯罪构成的结论,和俄联邦宪法法院出具的指控符合法定程序的结论进行审理。根据联邦委员会的议事日程,在联邦委员会会议上,先由国家杜马主席发言,说明指控的根据,提议指控的议员小组代表、国家杜马专门委员会代表都可以发言,宪法法院主席和最高法院主席发言,宣读由他们得出的结论,联邦委员会的宪法事务常设委员会听取结论。总统受邀出席联邦委员会会议,总统或总统代表可以自愿发言。

宪法(第93条第3款)规定,联邦委员会解除总统职务的决定要由委员会成员2/3以上通过,并且该决定应当自国家杜马提出指控后3个月内作出。如果在这个期限内联邦委员会没有做出决定,对总统的指控视为撤销。

五、俄罗斯联邦政府总理履行俄罗斯联邦总统的职责

俄联邦宪法第92条第2款规定,任何一种提前终止总统职权的情况——辞职、因健康状况不能行使职权、解除职务——都"应该自提前终止行使职权之时起3个月内举行"总统选举。第92条第3款规定:"在俄罗斯联邦总统不能履行其职责的所有情况下,俄罗斯联邦政府总理临时行使这些职责。俄罗斯联邦代总统无权解散国家杜马、确定公决以及提出关于修改和重新审议俄罗斯联邦联邦宪法条款的建议。"

出现一个问题:是否如第3款中所说,所有"不能履行自己职责"的情况,这就是指总统职权的彻底终止呢?相应地,不仅政府总理开始临时履行职责,在3个月的期限内还要举行新总统的选举。是不是应该区分彻底不能行使职权的情形和由于临时状况总统不得不将自己的职权交给政府总理行使,而然后又收回职权的情形? 1996年叶利钦总统要做手术,就通过命令将总统职权临时交由政府总理切尔诺梅尔金行使,而一天之后,他又下令通知自己重新返回来行使总统职权。

俄联邦宪法法院受理了这个问题。在1999年7月6日关于案件的决议中,对俄联邦宪法第92条第2款和第3款进行了解释,宪法法院建议应当区分由于总统的健康状况政府总理临时行使职权的情形和总统明显不能再行使职权的情形。根据决议,在特殊的情况下当总统不能履行自己的职责,为了保证连贯地实现国家政权、统领俄联邦宪法,"总统作出决定由俄罗斯联邦政府总理临时履行俄罗斯联邦总统的职责,但要考虑俄罗斯联邦宪法第92条第3款规定的限制"。如果"由于特殊情况俄罗斯联邦总统不能行使自己的职权,也没有做出决定由俄罗斯联邦政府总理履行俄罗斯联邦总统职责,那么政府总理根据俄罗斯联邦宪法第92条第2款和第3款的规定履行职责"。接下

来事态的发展可能是总统回来继续履行职责，或者一去不复返，那么总理就不得不履行职责，直到产生新总统。因此，宪法法院在决议中指出："按照俄罗斯联邦宪法第92条第2款和第3款的规定，俄罗斯联邦政府总理履行俄罗斯联邦总统职责有时间上的限制，即到俄罗斯联邦现任总统返回履行职责以前，或者到新当选的俄罗斯联邦总统就职以前。"

另外一个问题是：政府总理从什么时候开始代行总统职权？对于总统辞职的情况而言，应该从辞职的那天和辞职之时开始。如果总统的健康状况需要政府总理开始行使其职权的，则从总统在自己的命令中标明的时刻开始，或者从专门的医疗机构出具的结论日期开始行使总统职权。如果医疗结论上写明总统还可能回来行使职权，则政府总理将行使职权一直到总统康复，或有新的医疗结论，或者到总统逝世。如果根据医生的证明，总统由于健康状况不能再回来工作，则从此时起3个月由政府总理行使总统职权，但只要新当选的总统就职，其代行总统的权力终止。如果是解除总统职务，则自联邦委员会决定解除总统职务之日起，政府总理开始行使总统职权。

每种情形，除了由总理履行总统职责的法律事实外，还需要明确开始履行职责的时间。如果现任总统以命令的方式委托政府总理临时行使职权，这些问题就都很明确。但是，对于其他情形来说，就需要有代行总统职权的事实，借此表明总理已经着手行使相应的职权了。首先，这意味着在3个月内选举新总统的期限开始计算了。其次，从这时开始，履行职责的人有权进行总统计划进行的工作，但要考虑宪法第92条第3款规定的限制。再次，这也能够保障社会安全、稳定和有序。最后，从国际社会的角度来讲，也需要有个人来代行总统职权。

实践中还有一个问题很重要，即俄联邦宪法第92条第3项限制代行俄联邦总统职责的人其职权和行为是否正确？这部分限制只占总统职权的一小部分，其余所有职权政府总理都可以行使。比如，他可以批准俄罗斯联邦新的军事理论(宪法第83条第8项)、改变政府的人员组成、要求政府辞职等。但是不清楚将要通过什么样的文件——要知道立法并没有对代行总统职责的人的命令和指示作出规定。

我们认为,总统患病期间,政府总理代行职责,他最好只处理现行事务和最紧急的问题,其余的,特别是需要制定规范性文件的事项,待总统康复后处理。对于终止总统职权的情况,在新总统当选之前,政府总理也应当只处理一些眼前的问题,不要着手法律创制活动。当然,3个月的时间不短,其间可能会发生很多事情,要求代总统在总统的权限内采取有效措施。但是,正常情况下,代总统可以不采取任何措施,因为他所做的事情可能会让后当选的总统重新评价前代总统的作为。

六、对俄罗斯联邦前总统的保障

2001年2月12日联邦法律《终止行使职权的俄罗斯联邦总统及其家庭成员保障法》(2007年修订)对这个问题进行了规定。该法针对因任职期限届满,或者提前辞职,或者因健康状况不能行使职权而终止行使职权的总统及其家庭成员规定了法律、社会及其他方面的保障。此处排除了对于被解除职务的总统的保障。

终止行使职权的总统在其常驻地或者临时停留地终身享受国家保护,保护措施为联邦《国家保护法》规定的全部措施,包括提供专门的通讯和交通服务。

终止行使职权的总统及其家庭成员自总统终止行使职权之日起就有享受医疗服务的权利。前总统的生命和健康都接受国家强制保险,由国家财政支付,数额相当于俄联邦总统一年的报酬,保险事项包括:死亡,因身体受伤或其他有害健康的原因死亡;残疾或其他身体伤害。在接受此项保障时,家庭成员的范围由家庭住宅法确定。

终止行使职权的总统享有人身不受侵犯性。不得追究其在任期间实施行为的刑事责任或行政责任，如果是与总统任职期间行使职权有关的案件，在审理过程中，不得对总统扣留、逮捕、搜查、讯问或者人身检查。前总统的人身不受侵犯性还适用于他的住所及办公场所，由其使用的交通工具、通信工具和其本人的文件、行李和来往信件。

终止行使职权的总统如果实施了严重犯罪被刑事起诉的，就不再享有人身不受侵犯性。根据俄联邦总检察院法律的最初规定，以及2007年修订后的规定，俄罗斯联邦检察院下设的侦查委员会主席在对前总统提起刑事诉讼、控告其在行使总统职权期间实施了严重犯罪时，要向国家杜马提出申请。如果国家杜马同意剥夺前总统的人身不受侵犯性，则通过决议，该决议连同俄联邦检察院侦查委员会主席的申请，于3日内提交至联邦委员会，联邦委员会在3个月内对是否剥夺已经终止行使职权的总统人身不可侵犯性的问题进行审理，同时参考侦查委员会主席的申请作出决议并于3日内告知侦查委员会主席。国家杜马拒绝剥夺已经终止行使职权的总统人身不可侵犯性的决定，或者联邦委员会拒绝剥夺前总统人身不可侵犯性的决定将使得案件不再进入审理程序，案件即告终止。在俄联邦联邦会议相应议院的大会上讨论这一问题时，被指控的、已经终止行使职权的总统有权参加。

前总统不论年龄如何都有权终身获得总统月薪75%的生活费用。如果前总统就任俄罗斯联邦国家公职、俄联邦主体国家公职或者国家军队的国家公职，则任职期间此项生活费用暂停支付。

前总统有权终身使用一处国家的郊外房舍。有权免费使用专供官方人员和代表团使用的机场、航空港大楼、火车站、船站（港口）和河站的候车（机、船）厅。有权在俄罗斯联邦领土内免费使用政府通信和其他国家权力机关、地方自治机关和组织控制的通信，有权优先使用通信服务。前总统的所有邮件和电报都通过政府专线邮寄、使用和送达。

前总统有权拥有助理机构，并由联邦财政支付费用。并且这些助理只对前总统负责。前总统的助理月劳动报酬基金自总统终止行使职权之日起,最初30个月的数额不得超过总统月薪的两倍,该期限届满后,不得超过总统月薪的1.5倍。在上述基金的限额内,前总统自己决定助理的公务工资数额以及对他们奖励的程序和数额。

前总统逝世后,其家庭成员每月享有退休金最低数额6倍的补助,退休金的数额由总统逝世当天的联邦法律规定。有权获得该补助的家庭成员范围和支付该补助的期限,根据退休立法按照赡养人去世后发放退休金的程序来确定。自终止行使职权的俄联邦总统逝世之日起5年内,其家庭成员还有权使用公务汽车、享受医疗服务。

参考文献

C.A.阿瓦基扬:《提前终止俄罗斯总统职权:需要法律解决的问题》,《立法》1999年第2期。

叶菲莫夫·恩:《病态的权力花费就大》,《今日俄罗斯联邦》2001年第5期。

济科娃·恩·斯:《解除俄联邦总统职务以及俄联邦宪法法院在此程序中的作用》,《宪法和市政法》2006年第11期。

科尔巴雅·斯·格:《总统权力的期限:宪法调整》,法学副博士论文,莫斯科,2005年。

科罗巴耶娃·恩·耶:《俄罗斯联邦总统的责任》,《俄罗斯司法体制和诉讼的观念问题》,叶卡捷琳堡,2006年。

科罗巴耶娃·恩·耶:《俄联邦总统工作保障的法律规定》,《俄罗斯法律杂志》2007年第1期。

科罗夫尼科娃·耶·阿:《罢免总统是议会监督的一种形式》,《宪法和市政法》2007年第17期。

库尔布巴诺娃·姆·尤:《俄罗斯联邦国家元首责任的宪法问题》,法学副博士论文,萨拉托夫,2009年。

罗季奥诺娃·格·斯:《宪法责任制度下的解除职务》,《法律:理论与实践》2005年第8期。

罗季奥诺娃·格·斯:《俄罗斯的解除国家职务制度》,法学副博士论文,顿河畔罗斯托夫,2007年。

卢涅茨·斯·弗：《国家元首的责任（俄罗斯和国外经验）》，法学副博士论文，莫斯科，2008年。

斯科博利科夫·普·阿：《终止执行权力的俄联邦总统的豁免权》，《法律与政治》2000年第12期。

索佩利采娃·恩·斯：《终止执行权力的俄联邦总统的宪法豁免权》，《车里雅宾斯克大学学报》（第9辑）2002年第2(4)期。

索佩利采娃·恩·斯：《俄罗斯联邦总统法律豁免权问题》，《法律问题》，2003年第1期。

索佩利采娃·恩·斯：《俄罗斯联邦宪法里的豁免权》，车里雅宾斯克，2004年。

第五节　俄罗斯联邦总统下设机关和俄罗斯联邦总统办公厅

一、简　述

随着俄罗斯苏维埃联邦社会主义共和国总统职位于1991年确立并举行了总统选举，出现这样一个问题：就是关于保证总统正常工作的机关、公职人员和组织部门的问题。不能将他们理解为"总统的机构"，因为这个词只是针对这些机构中的一部分，尤其是为总统工作服务的机构。为了将全部机构囊括进来，我们可以使用"总统班底"，尽管这个词在规范性文件中不予采用。总统职位确立后，流行一种观点，认为总统就应该领导政府的工作，有自己的"指挥部"，其由高级公务人员和一些政治咨询机关组成，其中一部分是专门成立、由总统率领的机关，负责帮助总统，实现其管理国家的蓝图。

在成立"班底"的最初阶段，总统法和后来的宪法（1991年5月）都规定，总统领导俄罗斯苏维埃联邦社会主义共和国部长委员会的工作。俄罗斯苏维埃联邦社会主义共和国国家书记和国家顾问等高级职位确定后,就出现了总统的顾问和助理,成立了俄罗斯苏维埃联邦社会主义共和国国家委员会。1991年7月19日颁布了总统令《有关俄罗斯苏维埃联邦社会主义共和国总统办公厅》,规定俄罗斯苏维埃联邦社会主义共和国总统办公厅作为总统的机构,由下列人员组成:总统秘书处;副总统秘书处;俄罗斯苏维埃联邦社会主义共和国部长委员会主席秘书处;俄罗斯苏维埃联邦社会主义共和国国家书记办公室;总统顾问;俄罗斯苏维埃联邦社会主义共和国国家顾问法律政策处,经济政策处,科学、教育、文化处,社会团体协调处;事务管理局(在部长委员会管理局基础上成立的);监管局;信息分析管理局;安全局;新闻处。总统办公厅的负责人统筹领导办公厅的工作。

协助总统工作的机构其发展趋势表现如下:

首先,总统和政府的工作发生有机分离。政府的机构逐渐从总统办公厅中脱离出来。权力执行机关移交给政府,对国民经济进行有效管理。

很多联邦权力执行机关都受总统的直接领导。这就要谈到从事管理安全战略的机关。1994年1月10日《执行权联邦机关的组织结构》命令中规定,这些机关受俄联邦政府管辖,但"保障俄罗斯联邦总统行使宪法职权的情形以及根据俄罗斯联邦立法文件属俄罗斯联邦总统管辖的事项以外"。每次批准上述组织结构时,总统都划分出哪些机关直接受总统领导,尽管在严格意义上,他们还是联邦权力执行机关。

其次,俄联邦总统下设很多提供咨询的委员会。不能把这些委员会看作是总统机构或是总统办公厅的组成部分,因为这些委员会的组成人员都根据公职地位或社会基础而履行职务。总统办公厅的组成部分为这些委员会提供服务。

再次,总统办公厅一直在发展变化着。作为总统的机构,新设、改组和撤销是常有的事情。为了对办公厅进行改革,更好地体现总统的意志,办公厅也积极吸纳新人,为办公厅的组成、工作模式甚至国家和政治生活带来新的理念。

二、俄罗斯联邦总统下设的会议和专门委员会

在分析这个问题之前，首先要明确一点，就是俄联邦总统下设的会议和专门委员会的成立处于不断变化之中。实行总统制以来，出现了很多类似的机关，其发挥过职能，接下来被撤销、改组，又成立新机关。总统下设的会议也好，专门委员会也好，并没有一个确定的标准，只是由总统自己来决定，并且有时一个机关直接改组成为另一个机关（比如，接下来读者将看到，总统下设的人权委员会改组为俄联邦总统下设的公民社会发展与人权促进会）。一些专门委员会，最初为俄联邦总统下设的机关，后来却被改组为俄联邦政府下设的部门，履行职责。还有一些跨部门的专门委员会由俄联邦总统创建，但却不清楚是否属于俄联邦总统的下设机关。在俄联邦总统的官方网站上，相应栏目里并没有标明会议和专门委员会，当然也就没有被撤销的信息。有鉴于此，我们就以总统关于这类机关的命令和指示为基础分析俄罗斯联邦总统下设的会议和专门委员会。

（一）会议（委员会）

（1）俄联邦宪法（第83条第7项）规定的俄联邦安全委员会是一个非常重要的部门。前面已经提及该机关的作用和组成人员。它工作的法律基础是前面提到的1992年3月5日的《安全法》(2008年修订)和2004年6月7日俄联邦总统令批准的俄联邦安全委员会条例。法律规定，俄联邦安全委员会的主要任务包括（第15条）：明确个人、社会和国家的根本利益，揭露国内外的安全威胁；研究保障国家安全战略的基本方针，组织筹备安全保障的联邦计划；在个人、社会和国家的安全保障领域，就对内和对外政策问题向总统提出建议；准备有效预防紧急情况的方案，避免出现社会政治、经济、军事、生态及其他严重后果，当后果出现时，提出消除后果的解决方案；向总统建议进入、延长或者取消紧急状态；为权

力执行机关在安全保障领域执行决议过程中协调合作提出建议,并对成效进行评估;建议改革现有的保障个人、社会和国家安全的机关或者成立新机关,以完善安全保障体系。

安全委员会会议按照法律每月至少召开一次,根据2004年的条例,一个季度召开一次。必要时可以召开临时委员会会议。安全委员会的常任委员和安全委员会成员必须出席安全委员会会议。安全委员会常任委员和安全委员会成员不得将自己的职权委托给别人。根据讨论问题的性质和内容决定邀请其他人参加安全委员会会议。

安全委员会的决议在会议上由常任委员多数票通过,经安全委员会主席批准后生效。安全委员会的常任委员享有平等的表决权。安全委员会的成员参加委员会会议时享有发言权。安全委员会的决议以会议记录的形式作出。为执行该决议可以发布命令、指示。

安全委员会按照工作的基本内容成立各常设的部门间专门委员会。为起草建议预防紧急状况、消除紧急状况带来的后果,保障国家和社会稳定及有序,保护宪法政治体制、国家主权和领土完整,安全委员会必要时可以成立临时的部门间委员会。

由安全委员会秘书领导的机构负责安全委员会的组织技术和信息保障工作。2004年6月7日俄联邦总统令批准了安全委员会机构条例(2008年修订)。

(2)总统下设俄联邦国家委员会。俄联邦宪法中并没有规定这个机关,它是根据2000年9月1日总统令《关于俄罗斯联邦国家委员会》组建的,也正是这个总统令批准了国家委员会条例(2007年修订)。

2000年成立国家委员会时存在一定的先决条件。20世纪90年代初的时候,总统下设共和国首脑委员会和其他俄联邦主体行政机关首脑委员会,借此讨论有关联邦主体的问题。后来打算成立一个总统下设的统一俄联邦主体权力执行首脑委员会,但是在组建议会的联邦委员会时,那些首脑都通过选举被选进了议会,成为第一届联邦委员会的成员。根据1995年的联邦委员会产生办法的规定，每个主体的立法权首脑和权力执行首脑都是联邦委员会的成员。2000年，当上了总统的普京不满意联邦委员会在联邦一级的超大影响力，想集中上述领导人的力量为各自的俄联邦主体的发展尽力。根据2000年重新颁布的联邦委员会产生办法，俄联邦主体立法机关选出的联邦委员会成员和联邦主体最高公职人员任命的联邦委员会成员共同组成联邦委员会。联邦主体权力机关的领导人在联邦委员会都失去了成员资格，也失去了联邦一级的亲自代表资格。为了缓和形势，调解同联邦主体权力执行首脑的关系，普京总统开始组建国家委员会，联邦主体的权力执行首脑都是该委员会的成员。

根据条例，国家委员会是协助国家元首实现职能的咨议性机关，负责保障国家权力机关的协调合作。

国家委员会的基本工作有：在协调国家权力机关职能合作方面协助总统行使职权；对涉及俄罗斯联邦和联邦主体相互关系、国家建设、巩固联邦制基础等具有重大国家意义的问题进行讨论，并向总统提出必要建议；对涉及联邦国家权力机关、俄联邦主体国家权力机关、地方自治机关及其公职人员执行（遵守）俄联邦宪法、联邦宪法性法律、联邦法律、总统的命令和指示、政府的条例和指示的相关问题进行讨论，并向总统提出相应建议；在调解程序中协助总统解决俄罗斯联邦国家权力机关和俄联邦主体的国家权力机关之间的矛盾，以及俄联邦主体国家权力机关之间的矛盾；审议总统提出的具有全国意义的联邦法律草案和总统令草案；讨论联邦预算草案；讨论政府有关联邦预算执行进度的信息；讨论干部任用政策的基本问题；讨论其他总统提出的全国性问题。

总统是国家委员会的主席，俄联邦主体的最高公职人员是国家委员会的成员。此外，最初的条例还规定：根据总统的决定，任职两届或两届以上的联邦主体最高公职人员也可以成为国家委员会的成员。但是2007年进行了修改：俄罗斯联邦主体最高公职人员（最高国家权力执行首脑）和有丰富公共（国家和社会）活动经验的人可以成为国家委员会的成员。为了解决相关工作问题,国家委员会成立了由7名委员会成员组成的主席团。主席团的全体成员由总统决定,半年轮换一次。国家委员会主席团审议委员会的工作计划、例会日程,分析委员会工作计划和其决议的执行。国家委员会主席团会议根据具体情况召开,但通常每月至少召开一次。

2007年规定,为了给国家委员会、国家委员会主席团提供咨询帮助,成立了国家委员会咨议会。咨议会的全体成员都由俄联邦总统决定。根据总统的决定,国家委员会咨议会的成员可以是在公共(国家和社会)活动领域具有丰富经验的人。咨议会成员参与国家委员会的工作。咨议会成员的工作有的是公益性质,有的则有工作报酬。

总统办公厅负责人将国家委员会秘书的职务委任给总统的一名助理。国家委员会秘书不是国家委员会的组成人员。他负责委员会工作计划和委员会的日常事务。

国家委员会及其主席团可以成立常设工作小组和临时工作小组,筹备委员会将要在会议中讨论的问题,也可以按照法定程序吸收学者和专家担任部分工作,可以与其签订工作合同。

国家委员会会议定期举行,通常3个月至少召开一次。经委员会主席决定可以召开委员会临时会议。当全体成员多数出席委员会会议时,才能作出有效决议。会上讨论后通过委员会决议。在委员会成员达成一致的情况下,国家委员会主席也有权规定对国家有特别意义的问题的决议通过程序。

国家委员会的决议以会议记录的形式作出,由委员会秘书签名。必要时,委员会的决议也可以以总统命令、指示或委托的形式作出。

(3)俄联邦总统下设的司法完善问题委员会。根据2003年8月11日的俄联邦总统令和经由其批准的该委员会条例(2004年修订)的规定,司法完善问题委员会是咨询机关,设立的目的在于为国家率先进行的司法改革提出建议,拓展司法权联邦机关、审判机关、法律领域各组织和机关之间的相互合作。委员会主席是前俄联邦宪法法院主席，委员会的成员主要是俄罗斯联邦高等法院的法官或者工作人员、国家杜马和联邦委员会各分会的代表、俄联邦总检察院的代表、俄罗斯内务部代表、律师协会和法学协会的代表。

（4）俄联邦总统下设的公民立法编纂与完善委员会。委员会的任务正如它的名称。1999年10月5日关于设立该委员会的俄联邦总统令和由总统令批准的委员会条例（2008年修订）中对委员会的工作进行了规定。前俄联邦高等仲裁法院主席，也是俄联邦总统的顾问，担任委员会主席，宪法法院、最高法院、最高仲裁法院等法院的法官、知名学者等是委员会的成员。设有委员会主席团。

（5）俄联邦总统下设的反腐委员会。2008年5月19日俄联邦总统令《打击腐败措施》指出：为了在俄罗斯联邦建立反腐制度，清除腐败的滋生，成立俄罗斯联邦总统下设的反腐委员会。可能有人会认为这个委员会是第一次成立，但实际上并不然，这个委员会很早就有，2003年11月23日的总统令就批准了有关这个委员会的条例。2008年总统令的颁布意味着新当选的俄联邦总统把打击腐败当成其工作的一个重要内容。

委员会的主席是俄罗斯联邦总统。委员会的基本工作包括：就反腐领域的国家政策制定和实施问题向总统准备提案；在反腐领域国家政策的实施方面协调联邦权力执行机关、俄联邦主体权力执行机关和市政地方自治机关的工作；监督反腐国民计划措施的贯彻执行。为了解决委员会的日常工作，总统令中还规定组建委员会主席团。俄联邦总统办公厅负责人是委员会主席团的主席。

（6）俄联邦总统下设的重点国民计划实施和人口政策委员会。根据2005年10月21日俄联邦总统令成立了重点国民计划实施委员会，并批准了委员会条例。2007年7月13日的总统令在委员会的名称和条例中都增加了人口政策一词。委员会的主要工作包括：就重点国民计划的制订向俄联邦总统准备提案；研究人口政策的基本方针，包括对家庭、母亲和儿童给予国家支持,决定贯彻方针的措施;审议国民计划的理论基础、目的和任务,审议人口政策问题,决定政策实施的方法、形式和阶段;分析上述政策贯彻的实践。委员会的主席是俄联邦总统,副主席是俄联邦政府第一副总理,委员会的成员包括俄联邦政府成员、俄联邦主体首脑、学者、俄联邦会议两院的代表等。

(7)俄联邦总统下设的科学、技术和教育委员会。2004年8月30日俄联邦总统令规定,该委员会取代过去的科学和高等技术委员会。根据总统令批准的委员会条例,委员会是咨询机关,成立的目的在于就科学、技术和教育领域的发展现状向国家元首提供信息,保证总统与学术组织、教育机构、科学和教育活动家之间的协调合作,就国家的科技创新政策和教育领域的国家政策中的迫切问题为总统拟定提案。委员会还组织接受和鉴定科学技术领域俄联邦国家奖金申请人的申请,审议国家奖金授予的相关问题,并向总统提出相关建议。总统是委员会主席,委员会的成员都是俄罗斯的知名学者。

(8)俄联邦总统下设的文化艺术委员会。根据2004年11月29日俄联邦总统令和其批准的委员会条例(2006年修订)的规定,委员会是咨询机关,成立的目的在于为国家首脑提供文化艺术领域发展状况的信息,保证总统与创作团体、文化艺术组织、知识分子代表之间协调合作,就文化艺术领域的国家政策中的迫切问题为总统制定提案。委员会组织接受和评估文学和艺术领域的俄联邦国家奖金申请人的申请,审议国家奖金的授予问题,以及审议对在人文工作领域有突出贡献的人,授予俄联邦国家奖金的问题,并向总统提出相关建议。总统是委员会的主席,委员会的成员是俄罗斯知名的文化和艺术活动家。

(9)俄联邦总统下设的徽章委员会。1999年6月29日俄联邦总统令批准成立该委员会,并批准了徽章委员会条例(2004年修订)。委员会是咨询协商性机关,为了在徽章领域执行国家的统一政策而设立。委员会的主席是国家的宣令局长,委员会的成员主要是学者和艺术家均为该领域的专家。

（10）俄联邦总统下设的公民社会发展和人权促进委员会。2004年11月6日俄联邦总统令将总统下设的人权委员会改组加入该委员会中。该总统令批准的委员会条例规定，委员会是总统下设的协商机关，协助国家元首在人和公民的权利和自由保障领域实现其宪法权力，为总统提供人权保障现状的信息，促进公民社会制度的发展，就委员会职权范围内的问题为国家元首准备提案。社会团体推荐委员会主席。委员会成员是社会组织代表，包括权利保护组织的代表、学者和新闻工作者。

（11）俄联邦总统下设的宗教团体合作委员会。委员会的工作性质体现在它的名称中。1995年8月2日俄联邦总统指示批准了该委员会条例（2004年修订），同时也规定了委员会的工作性质；委员会的组成人员由2004年2月7日的俄联邦总统指示（2007年修订）规定。总统办公厅的负责人是委员会主席，委员会成员包括办公厅代表、各种宗教的神职人员、学者。

（12）俄联邦总统下设的体育运动、高水平运动、2014年索契市第22届奥林匹克冬季运动会和第11届残疾人奥林匹克冬季运动会及2013年喀山市第27届世界夏季大学生运动会组织筹备委员会。最初根据2002年8月14日和同年10月15日的俄联邦总统令成立了体育运动委员会，将促进体育事业的发展作为一项重要的国家任务。从2007年起，委员会的名称随着俄罗斯将举办的国际体育赛事而有所补充。2007年9月26日总统令批准了该委员会的条例（2009年修订）。委员会的全体成员身份更提升了委员会的地位。总统是委员会主席，委员会的成员包括俄联邦政府总理（委员会的第一副主席）、俄联邦政府副总理、区域发展部部长、俄联邦总统办公厅负责人及其他责任人员、一部分联邦国家机关负责人、俄联邦部分主体的领导人以及大学代表、运动员、教练、新闻工作者等。委员会的主要任务就像它的名称一样——为确定体育运动领域国家政策的重点方向提出建议，审议相关的公共性规划，分析实际状况，不仅审议奥林匹克和世界大学生运动会的筹备问题,还对筹备的规范性文件草案、计划、大纲和其他材料进行评议等。为解决日常工作问题成立了委员会主席团。必要时,委员会设立由委员会自己成员和其他人员组成的部门间工作小组。委员会下设评审委员会,由高水平体育领域的专家、奥林匹克运动体育联合会代表、组委会代表,以及科学等组织的代表组成。

（13）俄联邦总统下设的地方自治发展委员会。在俄联邦总统下设的咨议机关中,这个委员会是随着国家对地方自治制度的逐渐重视而成立的,而当这种重视逐渐淡化的时候,这个委员会又被取消了。现在,由于地方自治在发展中出现了很多不协调的问题,俄联邦总统又重新审视这个问题,相应地成立了委员会。2007年11月2日总统令批准了该委员会条例。根据该条例,委员会是总统下设的咨议机关,旨在完善地方自治领域的国家政策。委员会的主要工作包括：在地方自治发展领域为完善国家政策准备提案,并确定政策实施的重点方向；保证联邦国家权力机关、俄联邦主体国家权力机关和市政地方自治机关的协调合作；审议有关地方自治问题的联邦法律草案和其他俄联邦规范性法律文件草案。委员会由委员会主席、副主席、秘书、委员会成员组成,他们在委员会的工作都是公益性质的。俄联邦总统是委员会主席。委员会的组成人员由俄联邦总统确定,并且地方自治的公职人员可以在委员会中工作,为期一年。总统可以决定将该期限延长,并接收地方自治的其他工作人员成为委员会的组成人员。委员会根据其负责的主要工作可以成立评估工作小组,由委员会自己的成员组成,同时还吸收外来的资深专家。为解决委员会的日常工作问题,成立委员会主席团,由俄联邦政府总理领导,主席团的组成人员由俄联邦总统确定。

（14）俄联邦总统下设的俄联邦信息社会发展委员会。根据2008年11月1日俄联邦总统令组建,同时批准了该委员会条例。该委员会的主要工作包括：就俄罗斯联邦信息社会的发展向俄联邦总统准备提案；审议俄联邦信息社会发展的基本问题,确定其解决方法和形式；就俄罗斯联邦信息社会的发展战略实施问题和俄罗斯联邦信息社会发展的其他问题,为俄联邦总统准备提案;审议和批准俄联邦政府制订的战略实施计划;分析信息和遥控通信技术发展领域的战略、纲要,规划实践,为完善该领域的活动准备提案;就俄罗斯联邦信息社会的发展问题作年度报告等。俄联邦总统领导委员会,某些部长、俄联邦总统办公厅高级人员、某些俄联邦主体的领导人等是委员会的成员。设有委员会主席团。

（15）俄联邦总统下设的俄罗斯联邦金融市场发展委员会。根据2008年10月17日的俄联邦总统令（2008年12月3日修订）组建,同时,批准了委员会条例。其主要工作包括：审议保障金融市场稳定发展方面的问题,评估在该领域所采取的措施的有效性;就投资商权利保护、预防金融市场危机、继续发展金融市场、保障金融市场的稳定等问题为俄联邦总统准备提案;受俄联邦总统的委托对有关保障金融市场稳定发展方面的联邦法律草案进行审议;就金融市场现状和发展问题向俄联邦总统作年度报告。俄联邦政府第一副总理是委员会的主席,个别部长、部分联邦权力执行机关的负责人、联邦会议议院的代表等是委员会的成员。

（16）俄联邦总统下设的残疾人事务委员会。根据2008年12月17日的俄联邦总统令组建,同时批准了委员会条例。委员会的名称已经决定了委员会的工作——针对残疾人的国家政策起草制定和实施提案。俄联邦总统办公厅负责人是委员会主席,委员会的成员包括俄联邦总统办公厅的责任人员、部分联邦部长（或副部长）、俄联邦主体的负责人、各界社会团体代表。

（17）俄联邦总统下设的哥萨克人事务委员会。根据2009年1月12日的俄联邦总统令组建,同时批准了委员会条例和委员会组成。委员会负责就确定该领域国家政策的重点方针为俄联邦总统准备提案,保证公权力机关与哥萨克协会和哥萨克社会团体协调合作。俄联邦总统办公厅副职领导人是委员会主席,委员会成员包括联邦权力执行机关代表、联邦会议议院代表、部分俄联邦主体州长、哥萨克组织代表等。设有委员会主席团。

(二)专门委员会

(1)俄联邦总统下设的国家公职改革与发展问题专门委员会。该专门委员会根据2008年12月15日俄联邦总统令组建,总统令同时撤销了完善国家管理与司法问题委员会,批准了组建新委员会的条例。委员会的名称决定了委员会的任务:除了为俄联邦总统准备提案以外,委员会负责审议改革和发展国家公职问题的材料,包括后备干部材料,并对实践问题进行分析。委员会主席由俄联邦总统办公厅负责人担任,委员会的成员包括办公厅的高级公务员,政府和个别部门的高级公务员等。

(2)俄联邦总统下设的管理型干部后备力量的组建和培养专门委员会。根据2008年8月25日的俄联邦总统令组建,同时批准了委员会条例。它的任务有:就俄罗斯联邦组建和有效利用管理型干部后备力量领域的国家政策制定问题为总统准备提案;协调权力执行联邦机关、俄联邦主体权力执行机关、地方自治机关在选拔、培养、重新培训和推荐管理型干部后备力量制定规划方面的工作;就成立相关委员会的问题,向俄联邦主体权力执行领导人提出建议;确定规划参与人数据库和规划参与人担任的职位目录的录入程序;就联邦管理型后备力量的建立准备提案,包括俄联邦总统名下的后备力量(1 000人以内);审议规划参与人的选拔、培养、重新培养和推荐的方法;监督规划中确定的措施的推行。委员会主席是俄联邦总统办公厅的负责人,委员会成员包括办公厅的高级公务员、俄联邦政府和各部的高级公务员等。

(3)俄联邦总统下设的联邦法官职位候选人初步评议专门委员会。委员会根据2001年10月4日俄联邦总统令成立。该总统令(2007年2月12日修订)批准的委员会条例中规定,委员会为总统起草建议推荐所有联邦法官职位的候选人,以及在联邦法院法官职位干部培养领域,向总统提出完善立法和国家统一政策的建议。总统办公厅、最高法院各部门的负责人和责任人员共同组成委员会。

(4)俄罗斯联邦同外国军事技术合作问题专门委员会。最初从名称来看，它属于俄联邦总统下设的委员会。但是2000年12月1日俄联邦总统令对委员会进行了改组。根据2005年9月10日总统令批准的委员会条例，委员会仍然是咨询协商性质的机关，负责在俄罗斯联邦同外国军事技术合作领域，针对国家政策的基本方针为国家元首起草建议。

（5）俄联邦总统下设的俄罗斯现代化和经济技术发展专门委员会。2009年5月20日俄联邦总统令组建了该委员会，并批准了委员会条例。委员会的主要工作除了审议有关国家政策外，协调联邦权力执行机关、俄联邦主体权力执行机关、地方自治机关、企业协会和评估机构在俄罗斯现代化和经济技术发展领域的工作。俄联邦总统领导委员会，组成人员包括总统办公厅和俄联邦政府的高级职员、部长、国家行业协会的负责人等。

（6）俄联邦总统下设的国家奖励专门委员会。委员会成立于1995年，现在的名称来自2008年12月2日的总统令，同时批准了委员会条例。委员会是俄联邦总统下设的咨询机关，负责在俄联邦授予国家奖励领域保障总统行使职权。俄联邦总统办公厅的负责人是委员会主席，成员包括部分联邦权力执行机关的代表、联邦会议两院的代表、社会组织代表等。设有委员会主席团。

（7）俄联邦总统下设的打击篡改历史以损害俄罗斯利益的委员会。该委员会根据2009年5月15日俄联邦总统令成立，同时批准了委员会条例。委员会的基本任务包括：对旨在贬低俄罗斯联邦国际声誉伪造的历史事实和事件相关内容进行归纳、分析，并向俄联邦总统准备相应的报告；制定打击篡改历史事实和事件以避免损害俄罗斯利益的方案；为打击篡改历史事实和事件以避免损害俄罗斯利益，向俄联邦总统提出解决措施的建议；审议打击篡改历史事实和事件以避免损害俄罗斯利益的提案，并协调联邦国家机关、俄联邦主体国家权力机关和组织的工作；消除因篡改历史事实和事件给俄罗斯带来的负面效应。俄联邦总统办公厅的负责人是委员会主席，委员会成员是办公厅的公职人员、联邦权力执行机关的负责人或他们的副职人员、科学界代表等。

（8）俄联邦总统下设的国籍问题委员会。根据2002年11月14日俄联邦总统令批准的委员会条例，该委员会是总统下设咨询协商机关，负责保障国家元首就解决俄罗斯联邦国籍问题和提供政治避难等方面的问题行使宪法权力。委员会预先审议提交给总统的加入、退出俄罗斯国籍和提供政治避难的有关材料。委员会由经常从事相关问题的各部门代表和国家杜马委员会的代表组成。

（9）俄联邦总统下设的政治镇压受害者平反委员会。委员会根据1992年12月2日的俄联邦总统令成立，委员会条例经2004年8月25日的俄联邦总统令批准。除了为总统行使权力以及研究、分析和评价政治镇压活动提供条件外，委员会负责在职权内协调联邦权力执行机关的活动，为俄联邦主体相关委员会提供帮助，就相关问题向社会发布信息。委员会的组成人员包括社会公众和公权力机关的代表。

三、俄罗斯联邦总统办公厅

俄联邦第一位总统在自己身边设立了一些高级国家职务，包括：俄罗斯苏维埃联邦社会主义共和国国家秘书、俄罗斯苏维埃联邦社会主义共和国国家顾问等。根据1991年11月30日的总统指示，国家顾问就总统委托的相关事项为总统提供协商和评估帮助。他们无权干预国家权力和管理机关的工作，无权发布指示要求其他国家和社会机关必须执行。1992年5月6日俄联邦总统令将俄罗斯苏维埃联邦社会主义共和国的国家顾问职务改组为实际上一直就存在的总统顾问职务，同时设立了俄罗斯苏维埃联邦社会主义共和国国家秘书职务。格·埃·布尔布里斯的国家秘书职位是为专门负责总统选举活动设置的。凭借这一职务，他后来成为国家的第二号人物，而实际上是政府的第一副总理。1992年5月6日，俄罗斯苏维埃联邦社会主义共和国国家秘书的职务被改组为俄罗斯苏维埃联邦社会主义共和国总统下设的国家秘书职务。这个决定的作出，包括职务的名称里字母由大写改为小写，都意味着实际上降低了该职务的级别。1992年11月26日，该职务被取消。

从这时起，相应公务员以及总统办公厅部门都起着非常重要的作用。1993年宪法通过的时候，办公厅获得了宪法地位（第83条第9项）。但是办公厅的任务并没有任何变化。

至于办公厅实际起到的作用，很大程度上取决于办公厅的负责人。比如，1996年叶利钦担任总统时，著名政治家阿·博·丘巴斯担任这一职务。他决定提高办公厅的地位，加强对社会政治进程的影响，使联邦权力执行受办公厅的影响较大。1996年10月2日俄联邦总统令批准了总统办公厅条例。在该条例中反映了总统办公厅负责人的要求。条例中写道，办公厅是"保障俄罗斯联邦总统工作的国家机关"，扩大了它对其他机关，尤其是权力执行机关的监督职能。

国家杜马议员向俄联邦宪法法院起诉，反对该总统令。在对办公厅的条例进行了修改、弱化了它的职能后，议员们就从宪法法院撤回了起诉。但条例中依旧保留了办公厅作为国家机关的规定，并且在2004年3月25日俄联邦总统令《俄罗斯联邦总统办公厅》和2004年4月6日总统令（2008年修订）批准的俄罗斯联邦总统办公厅新条例中，再次出现类似的表述。

办公厅的机构设置长期以来多次发生变动。随着办公厅新部门的设立，总统令不断批准办公厅条例。2008年第三任总统就职后，就没有再通过新的办公厅条例，基本上保持着原来的机构设置，仅限于一些小变动，包括干部任用方面的变动。

2004年对办公厅进行了改革，目的是使机构更加合理、提高工作效率、缩减办公厅的联邦预算经费。同时规定，办公厅是保障总统工作、监督总统决议执行的国家机关。

根据条例（第4项），办公厅成立的任务包括：

（1）保证总统行使国家元首权力；

（2）监督总统决议的执行；

（3）就维护联邦主权、独立和国家完整向总统准备提案；

（4）协助总统决定国家对内、对外的基本方针；

（5）制定国家对外政策的战略大纲，在对外政策方面保证总统实现领导权力；

（6）同相应的联邦权力执行机关和组织共同制订全民计划，并监督计划的实施；

（7）对于总统权限内的干部任免问题和国家奖励及荣誉称号的授予问题，保证总统工作的顺利进行；

（8）在人和公民的权利和自由保障方面协助总统处理有关问题；

（9）协助总统保障国家权力机关的协调合作；

（10）保障总统实现俄联邦宪法和联邦法律规定的其他职权。

为了保障总统工作的顺利进行，办公厅履行下列职能：组织起草法律草案，由总统按照立法提议程序向国家杜马提交；针对国家杜马通过的法律草案起草结论；起草由总统签署联邦法律或撤销联邦法律的提案；为总统起草、商议总统的命令、指示、委托和宣告的草案，然后向总统提交，并向总统提供分析报告、情报和总统必需的其他文件的草案；负责公布联邦法律、总统命令和指示，以及总统签署的其他文件；为总统向俄联邦联邦会议作年度咨文准备材料，并为总统的纲领性发言准备材料；保障俄联邦安全委员会、俄联邦国家委员会和其他总统下设的咨询和协商机关的正常工作；监督联邦法律（包括涉及总统权限的法律，以及有关保障人和公民权利和自由方面的联邦法律）、命令和总统其他决议的实施；为总统向俄联邦宪法法院提出请求准备草案；就保障国家权力机关的协调合作向总统提出建议；保障总统与政党、社会团体和宗教团体、行业协会、企业家联合和工商业协会之间的协调合作；保障与公民社会组织机构之间的对话，促进其发展和巩固；保障总统与外国国家机关及其公职人员的合作关系，保障总统与俄罗斯和外国的政治活动家、社会活动家、国际组织和外国组织的合作；协助总统在干部任免方面行使职权；保障总统在处理俄罗斯国籍问题方面行使职权；保障总统行使赦免权；收集、整理国内外社会、经济和政治发展过程中的信息，并对其进行分析；分析公民向总统提出的请求、社会团体和地方自治机关向总统提出的建议，以及提交给总统的相关报告；保存联邦法律、总统命令和指示的官方文本。

根据2004年条例，办公厅在行使其职能时，与联邦委员会、国家杜马、政府、宪法法院、最高法院、最高仲裁法院、俄罗斯联邦其他法院、俄联邦总检察院、俄联邦总检察院侦查委员会、联邦权力执行机关及其地区机关、俄联邦主体国家机关及其部门、地方自治机关，以及外国国家机关及其公职人员、俄罗斯组织、国际组织和外国组织之间保持协调合作关系。

办公厅在保障人和公民在媒体领域享有的自由和权利，以及保障公民客观知晓国内外政策方面为总统献计献策。同时，办公厅根据法定程序与联邦权力执行机关协调合作，行使创办媒体的职权。

必要时，办公厅向总统建议在国家权力机关和地方自治机关采取反腐措施，解决国家职务和地方职务利益及改革的冲突；向总统建议在地方自治领域贯彻国家政策。办公厅负责对担任俄罗斯联邦国家职务的人员、担任国家公职的人员，和被总统解除职务的人员进行登记。

办公厅有权向联邦国家权力机关、俄联邦主体国家权力机关、地方自治机关和组织质询，获取必要信息。办公厅可以使用国家数据存储库，使用国家包括政府的通信系统。

办公厅执行总统的委托，并监督委托的执行情况。

办公厅领导其权限内的组织，进行科学研究工作，包括与科学机构、学者、鉴定专家签订合同，进行科研工作。

办公厅在与总统事务管理局的合作中，为担任俄罗斯联邦国家职务的人员（在法定情形下）、在办公厅担任联邦国家文职的人提供财政、信息技术和组织方面的保障和社会日常服务,并为办公厅的工作提供保障,包括办公厅内文件使用的统一规定和档案资源。

总统办公厅的组成人员包括(条例第3项):

办公厅负责人;两名副职负责人——两名总统助理;总统的新闻秘书;总统礼宾负责人;总统在联邦大区的权力代表;总统顾问;总统在联邦委员会、国家杜马、宪法法院的权力代表;总统的参事长和办公厅的其他公职人员;

总统管理局;

办公厅的其他独立部门。

总统办公厅的独立部门由厅组成。办公厅工作人员总数及其轮换制度由总统规定。

2004年3月25日总统令附则中列举了总统办公厅的各独立部门:俄联邦安全委员会机构(管理身份);联邦大区总统权力代表机构(管理身份);总统顾问机构;总统国家法律管理局;总统办公室(管理身份);监督管理局;总统咨询处;办公厅负责人秘书处(管理身份);总统对外事务管理局;总统对内事务管理局;总统干部事务及国家奖励管理局;总统国家公职问题管理局;总统公民宪法权利保障管理局;总统信息保障局;外国地区文化交流管理局(2005年成立);公民信访管理局;总统新闻服务和信息管理局;总统议定书局;总统评定管理局。在总统的官方网站上,还有国家委员会工作保障管理局。

当然,总统办公厅有一定的公务员等级制度。总统办公厅的负责人及其两个副职人员在第一等级上,紧随其后的是总统助理。办公厅的负责人和总统助理都服从总统。办公厅负责人协调助理们的工作,并确定其工作权限。办公厅的副职负责人也是总统的助理,受办公厅负责人的委托负责办公厅的干部任用,处理其他组织问题。当办公厅负责人缺位时,副职受其委托代行使其职务。

助理、新闻秘书和总统议定书负责人对其权限内的问题有权向有关联邦部长和其他联邦权力执行机关负责人提出请求。助理、新闻秘书和总统议定书负责人根据总统的决定可以领导办公厅的独立部门（如总统的一名助理领导国家法律管理局），也有权保障俄联邦国家委员会及其他总统下设的咨询和协商机关的正常工作。

2004年3月25日总统令规定，总统的顾问隶属于总统，组建顾问机构，由负责保障工作的各处组成。办公厅负责人协调总统顾问们的工作并划分顾问权限。总统顾问为了给总统准备报告，有权向联邦部长和其他联邦权力执行机关的负责人询问其权限内的事项。总统顾问工作的协调任务由办公厅的一名副职负责人，也即总统的顾问承担。总统的顾问们受总统委托保障总统下设的咨询和协商机关正常工作。

由于总统在联邦区的权力代表也是办公厅的公职人员，因此2004年3月25日总统令规定，办公厅负责人负责协调他们的工作。总统的其他权力代表——在联邦委员会、国家杜马、俄联邦宪法法院的代表——由办公厅副职负责人协调他们的工作。

根据条例总统全面领导办公厅的工作。办公厅的下列人员直接隶属于总统：办公厅的负责人、办公厅的副职负责人、总统助理、新闻秘书、议定书负责人、总统在联邦区的权力代表、顾问、总统在联邦委员会、国家杜马、宪法法院的权力代表、参事长和参事；俄联邦安全委员会秘书（重申一点，秘书作为总统办公厅的公务员，其地位由联邦安全法和总统批准的安全委员会条例确定）。

总统的职权包括：任命办公厅的公职人员、直接下属及总统办公厅各管理局主任、其他独立部门的负责人和安全委员会的副秘书长，并有权解除上述人员的职务；决定办公厅内的其他由其任命或解除职务的人员和隶属于他的人员；批准总统管理局及其他办公厅独立部门的条例。

总统办公厅负责人的职权包括：在联邦国家权力机关、俄联邦主体国家权力机关、地方自治机关以及俄罗斯组织、国际组织和外国组织中代表办公厅；全面领导总统管理局主任和办公厅其他单独部门负责人的工作；在办公厅负责人的副职之间划分职务；协调总统助理和顾问的工作，确定他们的权限；协调总统在联邦区的权力代表的工作；受总统委托在履行办公厅的职能过程中，为向政府提出建议而准备联邦法律草案、总统的命令和指示草案，以及建议通过政府规章和指示；向总统提交总统管理局及办公厅其他独立部门的条例草案，由总统批准；向总统提出职位候选人，建议总统解除有关公职人员的职务；根据办公厅副职负责人和总统助理的建议，批准他们负责领导的管理局和办公厅其他单独部门的组织结构和编制数量；根据安全委员会秘书的建议，批准安全委员会机构的组织结构和编制数量；根据俄联邦总统在联邦区的权力代表的建议，批准该机构的组织结构和编制数量；确定办公厅机密信息目录；任命俄联邦总统办公厅负责人秘书处的负责人及其副职，任命总统管理局的副主任和办公厅其他单独部门的副职负责人，任命总统在联邦区权力代表的副职，任命办公厅独立部门的其他工作人员，并有权解除上述人员的职务；在任命和解除公职人员职务、奖励、处罚方面，确定办公厅副职负责人的权力；就办公厅权限内的工作问题发布指示；负责评价办公厅工作人员的情况，授予办公厅工作人员职衔，由总统授予职衔的工作人员除外；组织执行总统的委托事项；向国家权力的联邦机关、俄联邦主体国家权力机关、地方自治机关及其他组织提出质询并获取必要信息；依特定程序起草并提交保证总统正常工作、办公厅日常开销、总统在联邦区权力代表和代表副职的日常开销的预算申请；根据办公厅的预算支配财政经费；根据总统授权对办公厅的预算进行部分调整，该调整不得超过相应年度联邦预算划拨的经费支出；有权委托一名办公厅副职负责人根据办公厅的预算支配财政经费。

办公厅的副职负责人根据其职责、依据办公厅负责人确定的程序就办公厅的工作问题发布办公厅指示。

办公厅负责人的秘书处直接保障办公厅负责人、办公厅副职负责人和总统助理（办公厅负责人确定的情形除外）的工作。

总统助理的职权包括：就总统行使其职权问题提出建议；联合总统管理局和办公厅其他独立部门为总统准备分析、参考及信息类材料；就总统未来工作和当前工作计划问题向总统提出建议；与总统管理局、办公厅其他独立部门、联邦权力执行机关、俄联邦主体国家权力机关共同筹备总统的国事访问、正式访问等其他访问、正式会见、交谈、谈判、工作出行，以及总统与公民、政党代表和其他社会团体代表的见面；根据总统或者办公厅负责人的决定保障俄联邦国家委员会、总统下设的其他咨询和协商机关的正常工作；拟定总统授权草案并执行总统的部分授权。

总统助理在行使其职能时有权：与总统管理局和办公厅其他独立部门协调合作；根据总统和办公厅负责人的授权将发给总统的请求及其他文件送到总统管理局和办公厅其他独立部门进行审议，并拟定决定草案；就总统助理权限内的问题向联邦部长、俄联邦政府的其他成员、政府成员以外的联邦权力执行机关负责人请求协助，并从上述人员那里获取相关信息；就提交总统审议的联邦法律、总统令和总统指示提出建议；签署权限内公函；根据总统或者办公厅负责人的授权，领导有总统参与的措施筹备工作小组；使用办公厅、政府的数据存储库；在权限内向办公厅负责人和一名办公厅副职负责人提名职位候选人，并有权建议解除负责总统助理工作的工作人员的职务。

总统助理根据总统的决定可以领导办公厅独立部门的工作。总统助理的人数由俄联邦总统确定。2004年的条例规定，总统的新闻秘书和总统议定书负责人具有与总统助理相同的地位。根据办公厅负责人的决定，新闻秘书和总统议定书负责人可以领导相应的总统新闻信息管理局和总统议定书组织管理局。

总统顾问的职权包括：就权限内问题根据其职责为总统准备分析、参考和信息类材料及建议；受总统或者办公厅负责人的委托保证俄联邦总统下设的咨询和协商机关的正常工作；执行总统的部分委托。总统顾问在行使职权时，与总统管理局、办公厅的其他独立部门协调合作；在权限内签署公函；根据总统或者办公厅负责人的委托，领导有总统参与的措施筹备工作小组；使用办公厅和政府的数据存储库。总统顾问的人数由总统决定。

总统的参事长和参事负责拟定总统的发言和宣言提纲，准备情报和备忘录，进行信息协商工作，执行总统和办公厅负责人的部分委托。总统参事长和参事的人数由总统决定。

总统的权力代表在国家联邦权力机关和俄联邦主体国家权力机关中代表总统的利益。总统权力代表的机构负责保障他们的工作。总统在联邦区的权力代表向办公厅负责人提名其副职候选人和总统权力代表助理候选人，并有权向办公厅负责人建议解除他们的职务。总统权力代表机构的其他工作人员由总统的权力代表经总统干部任用和国家奖励问题管理局同意任命和解职。俄联邦主体高级公务员选用新规定出台后，权力代表在相应联邦区向总统办公厅的负责人提名该职位的（两名）候选人。

总统办公厅是法人，有带俄罗斯联邦国徽图案和名为"俄罗斯联邦总统办公厅"的印章，在银行和其他信贷组织有结算账户和往来帐户。

参考文献

С.А.阿瓦基扬：《俄联邦总统：法律地位的演变》，《莫斯科大学学报》1998年第1期。

阿沙耶夫·德：《俄罗斯总统的执行权和它在分权制度中的地位》，《联邦主义》2003年第1期。

比克塔吉罗夫·尔·特、福明·阿·阿：《俄罗斯联邦总统：宪法地位和选举程序》，喀山，2006年。

沃洛申科·伊·尔：《俄罗斯联邦总统制（比较法分析）》，法学副博士论文，托木斯克，1999年。

久卢米扬·弗·格：《国家元首的否决是他参加立法活动的形式：国外的经验和俄罗斯联邦宪法》，《圣彼得堡章程法院学报》2003年第2(6)期。

捷格杰夫·格·弗：《俄罗斯联邦总统和美国总统的宪法地位：比较法分析》，莫斯科,2003年。

祖伊科夫·阿·弗:《俄罗斯联邦总统制的演变》,法学副博士论文,莫斯科,2009年。

凯诺夫·弗·伊:《俄罗斯总统的宪法地位:理论和实践》,圣彼得堡,1999年。

科瓦列弗·阿·姆:《分权制度中的总统制(法国和俄罗斯的经验比较)》,法学副博士论文,莫斯科,1999年。

科罗巴耶娃·恩·叶:《俄罗斯联邦总统的宪法地位(理论与实践问题)》,法学副博士论文摘要,叶卡捷琳堡,2007年。

科坚科夫·阿·阿:《提高俄罗斯联邦总统与俄罗斯联邦联邦会议的国家杜马在立法领域合作效率的宪法基础、实践和问题》,法学副博士论文,莫斯科,1998年。

克拉斯诺夫·姆:《俄罗斯的人格化制度:制度分析的经验》,莫斯科,2006年。

卢钦·弗·奥、玛祖罗夫·阿·弗:《总统——宪法的保障》,《法律与政治》2000年第3期。

奥库尼科夫·尔·阿:《俄罗斯联邦总统.宪法和政治实践》,莫斯科,1996年。

奥库尼科夫·尔·阿:《总统地位和职权的相关问题及宪法法院的实践》,《俄罗斯联邦宪法法院公报》1997年第2期。

奥库尼科夫·尔·阿:《政府与总统:合作的界限》,《俄罗斯法杂志》1998年第9期。

奥库尼科夫·尔·阿、罗辛·弗·阿:《总统的否决》,莫斯科,1999年。

尤·阿·德米特里耶夫主编:《俄罗斯联邦总统的法律地位》,莫斯科,1997年。

弗·伊·拉德琴科主编:《分权制度下的俄罗斯联邦总统》,萨拉托夫,1996年。

帕诺夫·阿·阿:《俄罗斯联邦总统是国家统一的保障》,法学副博士论文,莫斯科,2008年。

拉德琴科·弗·伊:《俄罗斯联邦宪法政治体制下的总统》,萨拉托夫,2000年。

罗季奥诺娃·格·斯:《俄罗斯免除国家职务制度》,法学副博士论文,顿河畔罗斯托夫,2007年。

斯库拉托夫·德·尤:《俄联邦总统参与立法活动的几个问题》,莫斯科,2007年。

斯库拉托夫·尤:《俄罗斯的总统权:宪法规范和实践》,《法律与生活》1992年第3期。

斯库拉托夫·尤·伊:《俄罗斯联邦的议会和总统》,《俄罗斯宪法政治体制》(第2辑),莫斯科,1995年。

苏沃罗夫·弗·恩:《俄罗斯国家元首(法律地位、权力制度中的地位)》,莫斯科,2000年。

菲利普波夫·伊·弗:《总统在俄罗斯联邦权力分立与合作保障中的作用》,法学副博士论文,莫斯科,2002年。

霍尔姆斯·斯:《超总统制及其问题》,《宪法:东欧观察》1993年第4(5)期、1994年第1(6)期。

许季纳耶夫·伊·德:《俄罗斯联邦总统》,法学副博士论文,莫斯科,1994年。

齐尔金·弗·耶:《总统权》,《国家与法》1997年第5期。

《俄罗斯宪法(第1卷)》目录

第一编　作为部门法与科学的俄罗斯宪法

　　第一章　作为部门法的俄罗斯宪法的概念与对象

　　　　宪法的对象　宪法法律关系及其主体　部门法名称和对象的争论　宪法法律调整的方法及特点　作为部门法的俄罗斯宪法的渊源　俄罗斯宪法法律的结构、宪法法律规范　宪法法律责任　宪法法律在俄罗斯联邦法律体系中的地位和在当代条件下宪法法律中的前景与作用

　　第二章　作为科学的俄罗斯宪法法律

　　　　科学的任务　俄罗斯宪法法律科学的发展　当代俄罗斯宪法法律科学

第二编　宪法学说和俄罗斯宪法

　　第三章　宪法学说的基本理论

　　　　概述　宪法的作用　新宪法产生的原因　宪法调整的对象和范围与宪法的内容和结构　宪法的主要特征　宪法的法律属性

　　第四章　俄罗斯宪法发展简史

　　　　1917年10月前具有宪法意义的法案　1917年十月革命后社会主义初期宪法新体系的形成　1918年俄罗斯苏维埃联邦社会主义共和国宪法　1924年苏维埃社会主义共和国联盟宪法、1925年俄罗斯苏维埃联邦社会主义共和国宪法　1936年苏维埃社会主义共和国联盟宪法、1937年俄罗斯苏维埃联邦社会主义共和国宪法　1977年苏维埃社会主义共和国联盟宪法、1978年俄罗斯苏维埃联邦社会主义共和国宪法

　　第五章　1988—1992年俄罗斯宪法改革

　　　　前提条件　1988—1989年苏联宪法改革　1989—1990年苏联宪法改革　1991年苏联宪法改革　1992年苏联宪法改革　总结和概括

　　第六章　1993年俄罗斯联邦宪法的制定和通过

　　　　导言　宪法委员会提出的草案　可供选择的几部草案　1992—1993年宪法起草的基本过程

　　第七章　1993年宪法内容的基本特点、效力及修改

　　　　1993年宪法内容的基本特点　俄罗斯联邦宪法的效力及其与其他规范性文件的关系　俄罗斯联邦宪法的重新审议和修改问题　新俄罗斯联邦宪法的通过方式

《俄罗斯宪法(第2卷)》目录

第三编 俄罗斯宪法制度基础

第八章 宪法制度的概念

　　基本概述　宪法制度、社会结构、社会制度、国体　宪法制度的基本特征

第九章 人民权力(人民主权)作为俄罗斯宪法体制的基础

　　总体特点　国家权力　社会权力　地方自治权力　人民主权和国家主权、民族主权

第十章 俄罗斯国家——全体人民的组织、宪法制度的基础

　　民主国家　联邦主权国家　法治国家　共和政体　分权原则　福利国家　世俗国家

第十一章 俄罗斯联邦宪法制度中的直接民主制和代议民主制

　　直接民主的概念和制度　直接民主制中的全民公决　作为直接民主制的选举　召回代表和当选的公职人员　民意测验(咨询性公决)　全民讨论　听证会　公民对社会问题的集体诉求(请愿)　人民的立法倡议　选民委托　居住地的公民大会　代议民主的概念及制度

第十二章 俄罗斯宪法制度中的公民社会制度

　　公民社会问题是宪法制度的组成部分　俄罗斯宪法制度中的意识形态多样性和政治多元化　俄罗斯联邦的社会院　社会团体地位的宪法基础　宪法调整政党地位的特点　作为公民社会成员的公民个人——社会和职业联系的制度化

第十三章 宪法对俄罗斯联邦经济活动原则和财产形式的规定

　　宪法规定的俄罗斯联邦多种所有制形式　俄罗斯联邦经济活动的宪法基础

第四编 俄罗斯联邦个人的宪法地位

第十四章 俄罗斯联邦人和公民宪法地位的基础与原则

　　现有的规定　俄罗斯联邦人和公民的宪法地位之原则

第十五章 俄罗斯联邦国籍

　　一般原则　俄罗斯国籍的取得：总则、新旧规定、进程　根据出生取得俄罗斯联邦国籍　加入俄罗斯联邦国籍的普通程序　加入俄罗斯联邦国籍的简易程序　俄罗斯联邦国籍的恢复　驳回加入国籍申请和恢复俄罗斯联邦国籍申请的理由　俄罗斯联邦边界改变时国籍的选择(选择国籍)　俄罗斯联邦国籍的终止　有关国籍问题决定的撤销　国籍、婚姻、子女　俄罗斯联邦国籍事务的有权管辖机构　关于国籍问题的

决定：形式、期限和日期、执行、申诉
第十六章　俄罗斯联邦公民的基本权利、自由与义务
综述　基本的个人权利与自由　基本的政治权利和自由　基本的经济、社会和文化权利　保护公民其他权利和自由的基本权利　公民的基本义务　对权利、自由和义务进行限制的问题　公民的基本权利与自由实现及义务履行的保障和保护
第十七章　对国内外因冲突受害的俄罗斯联邦公民，以及在国外的俄罗斯同胞政策的宪法基础
被迫移民　国外的俄罗斯同胞
第十八章　俄罗斯联邦外国公民和无国籍人地位的宪法基础
俄罗斯联邦外国公民和无国籍人地位的一般原则　俄罗斯联邦部分外国人状况的特点

《俄罗斯宪法（第4卷）》目录

第八编　联邦会议——俄罗斯的议会
第二十六章　通往现代议会之路及俄罗斯人民代表制形成的特点
议会在国家机关体系中的地位　常务原则　代议机关的属性和职能问题　议会两院的内部机构、设立程序和相互关系问题
第二十七章　俄罗斯联邦联邦会议议院的职权和权力行使程序
联邦委员会职权　国家杜马的职权
第二十八章　联邦会议两院内部结构和工作组织
联邦委员会　国家杜马
第二十九章　联邦会议的立法程序
俄罗斯联邦法律类型和立法程序的概念　立法过程的主要阶段
第三十章　联邦委员会成员和国家杜马议员的宪法法律地位
宪法法律地位的一般原则　联邦委员会成员和国家杜马议员的主要权力和活动保障

第九编　联邦执行权力机构组织与活动的宪法原则
第三十一章　俄罗斯联邦国家权力执行机构体系的一般特征
概念问题　联邦执行权力机构的体系
第三十二章　俄罗斯联邦政府
俄罗斯联邦政府地位的宪法法律基础与其在国家权力机构体系中的地

位 俄罗斯联邦政府的组成及其形成方式 俄罗斯联邦政府的职能和行为 俄罗斯联邦政府的活动组织 俄罗斯联邦政府活动的保障

第十编 俄罗斯联邦司法权与检察长地位的宪法基础

第三十三章 俄罗斯联邦司法权的宪法基础

司法权的宪法法律性质与实质 俄罗斯联邦法院体系的宪法法律基础 俄罗斯联邦诉讼的宪法基本原则与类型 俄罗斯联邦法官地位的基础

第三十四章 俄罗斯联邦检察机关地位的宪法基础

检察机关与检察监督的宪法法律本质和意义 检察机关的体系

第十一编 俄罗斯联邦宪法法院

第三十五章 俄罗斯宪法监督的本质及其建立的特点

推行宪法监督制度之路 苏联宪法监察委员会 俄罗斯苏维埃联邦社会主义共和国宪法法院的建立

第三十六章 俄罗斯联邦宪法法院

俄罗斯联邦宪法法院活动的规范性法律基础 俄罗斯联邦宪法法院权限及其实现问题 俄罗斯联邦宪法法院法官职务的任命程序和地位 俄罗斯联邦宪法法院活动的组织和结构 俄罗斯联邦宪法法院的一般诉讼规则 俄罗斯联邦宪法法院的判决：形式、通过、法律效力

第十二编 俄罗斯联邦主体的国家权力机关

第三十七章 俄罗斯联邦主体国家权力机关体系的建立

俄罗斯地方权力机关体系形成简史 俄罗斯联邦各主体国家权力机关的现行体系、规范性法律原则、对组织与活动的一般要求

第三十八章 俄罗斯联邦主体的国家立法（代表）机关

俄罗斯联邦主体国家权力立法（代表）机关的地位、形式、结构的一般原则 俄罗斯联邦主体权力立法（代表）机关的主要权力 俄罗斯联邦主体代表机构的内部组织与活动

第三十九章 俄罗斯联邦主体的行政权力机关

一般原则 俄罗斯联邦主体的最高公职人员 俄罗斯联邦主体最高国家权力执行机构的活动原则

第四十章 俄罗斯联邦各主体的宪法（宪章）法院

地位和权力范围的基础 组成与组织活动

第十三编 俄罗斯联邦地方自治的宪法原则

第四十一章 俄罗斯联邦地方自治的形成与发展概要

地方自治 革命前俄罗斯的地方国家管理、地方与城市自治 苏联时期

的地方权力组织　向地方自治制度的过渡

第四十二章　俄罗斯联邦地方自治

地方自治组织的本质和基础　市政机构的权限　居民直接实行地方自治与参与地方自治的形式　地方自治的机构与公职人员　地方自治的经济基础　城市间的合作　地方自治机构与公职人员的责任

图书在版编目(CIP)数据

俄罗斯宪法. 第3卷 /(俄罗斯)C.A.阿瓦基扬著；哈书菊译 .— 上海：上海社会科学院出版社，2023
ISBN 978-7-5520-3489-9

Ⅰ.①俄… Ⅱ.①C…②哈… Ⅲ.①宪法—研究—俄罗斯 Ⅳ.①D951.21

中国国家版本馆CIP数据核字（2023）第070589号

上海市版权局著作权合同登记号：图字09-2021-0079

Конституционное право России. Учебный курс.
© by Авакьян Сурен Адибекович

俄罗斯宪法（第3卷）

著　　者：	［俄］C.A.阿瓦基扬
译　　者：	哈书菊
责任编辑：	董汉玲
封面设计：	周清华
出版发行：	上海社会科学院出版社
	上海顺昌路622号　邮编200025
	电话总机 021-63315947　销售热线 021-53063735
	http://www.sassp.cn　E-mail: sassp@sassp.cn
排　　版：	南京展望文化发展有限公司
印　　刷：	苏州市古得堡数码印刷有限公司
开　　本：	710毫米×1010毫米　1/16
印　　张：	23.5
字　　数：	311千
版　　次：	2023年6月第1版　2023年6月第1次印刷

ISBN 978-7-5520-3489-9/D·683　　　　　定价：110.00元

版权所有　翻印必究